北京市属高等学校创新团队建设与教师职业发展计划项目
城市化进程中的首都人口、环境与发展问题研究

首都人口增长与政策模拟

童玉芬　盛亦男　著

中国劳动社会保障出版社

图书在版编目(CIP)数据

首都人口增长与政策模拟/童玉芬等著. —北京：中国劳动社会保障出版社，2015

(城市化进程中的首都人口、环境与发展问题研究)

ISBN 978-7-5167-2233-6

Ⅰ.①首… Ⅱ.①童… Ⅲ.①人口增长-研究-北京市②人口政策-研究-北京市 Ⅳ.①C924.24 ②C924.21

中国版本图书馆 CIP 数据核字(2015)第 315018 号

本成果出版接受以下项目资助

1. 北京市属高等学校创新团队建设与教师职业发展计划项目（项目号：IDHT20130523）

2. 北京市哲学社会科学规划项目"北京市的人口增长和调控对策研究"（项目号：12SHB001）

中国劳动社会保障出版社出版发行

（北京市惠新东街 1 号　邮政编码：100029）

*

中青印刷厂印刷装订　　新华书店经销

787 毫米×1092 毫米　16 开本　16.75 印张　217 千字
2015 年 12 月第 1 版　　2015 年 12 月第 1 次印刷
定价：48.00 元

读者服务部电话：(010) 64929211/64921644/84626437
营销部电话：(010) 64961894
出版社网址：http://www.class.com.cn

版权专有　　侵权必究

如有印装差错，请与本社联系调换：(010) 50948191
我社将与版权执法机关配合，大力打击盗印、销售和使用盗版图书活动，敬请广大读者协助举报，经查实将给予举报者奖励。

举报电话：(010) 64954652

总　　序

　　本丛书是首都经济贸易大学劳动经济学院童玉芬教授主持的北京市属高等学校创新团队建设与教师职业发展计划项目（项目号：IDHT20130523）"城市化进程中的首都人口、环境与发展问题研究"的系列成果。

　　北京市人口在过去几十年内的一个最为突出的特点，就是人口规模的不断膨胀。全市常住人口在1978年只有871.5万人，2010年第六次人口普查结果显示，北京市常住人口达到1 961.2万人，城市人口的比重从1978年的54.96%上升到2010年的85.96%。2014年年末，北京市人口进一步增加到2 151万人。与此同时，北京市的人口空间格局不均衡特征并没有显著改善，加上进入21世纪以来人口老化现象开始加剧，就业压力大且质量低，以及规模庞大的流动人口融合问题，都成为首都所面临的重大人口问题。

　　伴随着北京市人口的持续增长和人口结构、分布等多方面的变化，我们也面临着一系列愈演愈烈的城市问题，包括城市交通道路的拥堵、公共医疗服务和教育资源的严重不均衡和紧张；城市环境质量的恶化，城市贫富差距加大，城市水资源和土地资源日益紧缺。尤其是近年来北京频繁出现的雾霾，给全城人民心头笼罩了一层深深的阴影，也给政府的治理能力带来了严峻的考验。

　　北京市人口变动及其相关的问题，与城市化的进程、阶段和发展有着十分密切的关系。人口城市化是人口发展过程中必然要经历的阶段。联合国人口司发布的《世界人口城市化展望2009》提供的数据显示，2010年全世界城市人口达到34.86亿人，占全世界人口的50.46%。根据联合国人口司的预测，世界人口还将继续城市化，到2050年世界城市人口将达到62.86亿人，占全世界人口的68.70%。虽然从20世纪80年代以来中国的人口城市化发展非常迅速，但是整体上水平并不高，还有将近一半的人口为农村人口。整体上来说，中国一方面依然处在城市化水平快速上升的时期和阶段，这决定了北京市的人口发展必然深深烙上中国城市化整体发展阶段的烙印，反映在人口规模增长过快，以农村流动人口流入为主要特征的人口快速膨胀以及由此带来的资源环境和就业、教育等各方面压力不断增大；另一方面人口的整体素质偏低，就业的层次低下，人口空间分布高度不均衡，以及近年来出现的人口性别比偏高等多个方面问题突出。这些人口问题的出现和形成，与中国城市化发展的阶段与过程密切相关。然而关于城市化发展和人口问题关系的研究，在国内并不多见，目前的研究主要集中在城市化和人口各自的发展研究中，将二者整合起来，或者将人口问题放在城市化进程中加以分析的视角，国内还不多见，因此非常有必要开展这方面的综合性研究。

在这种背景下，我们于2013年申报了北京市教委资助的市属高等学校创新团队建设与教师职业发展计划项目"城市化进程中的首都人口、环境与发展问题研究"，该项目围绕城市化进程中的首都人口、环境、经济和社会发展及其关系展开了一系列的研究。参加团队建设的主要是首都经济贸易大学劳动经济学院和人口经济研究所的中青年学者以及硕士、博士研究生们。团队项目被分成6个子课题，分别对首都的人口增长问题、首都人口空间分布变动、首都人口老龄化问题、首都劳动力就业、首都流动人口及城市融合问题、首都人口政策调控以及首都人口与环境资源问题展开了系列性的研究，并最终完成了这些系列专著。

本系列研究成果是在前人研究成果的基础上，进一步对首都人口在城市化大背景下所面临的一系列人口、环境和发展问题展开的有针对性的系统研究,各个子项目研究的风格和内容体系尽管有所不同,但是均是对城市化发展背景下的首都人口最新问题展开的系列研究,期望不仅能够对大都市人口问题方面提供学术上的借鉴与交流,同时对于北京市政府和相关部门制定人口发展战略和相关政策起到参考作用。

感谢北京市教委启动的创新团队资助项目,使得这一套研究丛书得以面世。也感谢中国劳动社会保障出版社各位编辑为本书出版所付出的艰辛和努力。

北京市属高等学校创新团队建设与教师职业发展计划项目
"城市化进程中的首都人口、环境与发展问题研究"项目负责人
童玉芬
2015.11.30

目 录

第一章　北京市人口增长过程及特征 … 1
- 一、北京市人口增长的历史变化过程及阶段划分 … 1
- 二、不同人群人口增长的比较及分析 … 6

第二章　北京市人口增长的机制和影响因素 … 36
- 一、文献回顾与分析 … 37
- 二、北京市人口增长的微、宏观机制：理论分析 … 44
- 三、北京市常住人口增长影响因素的实证分析——宏观模型 … 49
- 四、北京市人口增长的微观迁移选择模型及因素分析 … 58

第三章　北京市人口增长空间差异及影响因素 … 64
- 一、关于大城市人口增长空间差异的文献回顾 … 65
- 二、北京市人口空间分布的格局和变化 … 73
- 三、影响北京市人口密度差异因素的实证分析 … 86
- 四、北京市人口空间分布合理性评价 … 99

第四章　北京市人口增长的环境影响与后果 … 102
- 一、文献回顾 … 103
- 二、北京市的资源环境基础与状况 … 108
- 三、人口膨胀对北京资源环境的压力产生机制及后果分析 … 122
- 四、本章结论与讨论 … 147

第五章　北京人口增长的政策调控效果评价 … 149
- 一、人口调控政策的概念和体系 … 152
- 二、人口调控政策梳理 … 153
- 三、北京市人口调控政策的效果分析 … 168

四、本章结论与讨论 …………………………………………… 197

第六章　不同调控政策下北京人口增长的变动趋势模拟………… 203
　　一、文献回顾与综述 …………………………………………… 204
　　二、研究方法 …………………………………………………… 207
　　三、北京未来人口增长动态模拟模型构建 …………………… 208
　　四、不同政策方案下北京市未来人口增长趋势仿真模拟 …… 212
　　五、本章结论与讨论 …………………………………………… 220

第七章　**基本结论与对策模拟**……………………………………… 222
　　一、基本结论 …………………………………………………… 222
　　二、人口调控对策与建议 ……………………………………… 225

参考文献 ……………………………………………………………… 229
后记 …………………………………………………………………… 251

图表目录

表号	标题	页码
表1—1	历次人口普查北京市的人口规模	2
表1—2	1949—2014年北京市常住人口规模	3
表1—3	1978—2014年北京市户籍人口与常住外来人口的变动趋势	7
表1—4	2003—2014年北京市分区县常住人口	12
表1—5	2004—2014年北京市分区县常住人口较上年增长量	14
表1—6	2004—2014年北京市分区县常住人口较上年增长率	16
表1—7	近年来北京市劳动年龄人口的变化情况	26
表1—8	北京四大功能区的城乡人口变化趋势	32
表1—9	北京不同受教育程度人口增长变动情况	33
表2—1	2013年北京与常住外来人口主要来源地方面对比	48
表2—2	变量选取	52
表2—3	各变量的原始数据	53
表2—4	变量统计描述	54
表2—5	Newey-West 估计结果1	55
表2—6	Newey-West 估计结果2	55
表2—7	变量定义	59
表2—8	变量分布	60
表2—9	Logistic 回归结果	62
表3—1	2014年北京市人口规模、比重和密度分组	73
表3—2	2010年北京市分圈层人口密度	76
表3—3	2000年和2010年北京市各区县的人口规模和人口密度	77
表3—4	2003—2014年北京市分区县人口年增长量	78

表 3—5	2004—2014年北京市分区县人口年增长率	79
表 3—6	北京市2000年、2010年人口重心经纬度	83
表 3—7	2000年、2010年北京市及四大功能区人口集中指数	86
表 3—8	变量名称及选取原因	90
表 3—9	变量描述	93
表 3—10	双向固定效应估计结果	96
表 3—11	分区县的个体固定效应模型各地区系数	101
表 4—1	北京市水资源历年变化及现状	108
表 4—2	北京市水资源供水量及其来源构成	109
表 4—3	北京市土地面积及利用状况	110
表 4—4	北京市能源生产量和消费量状况	112
表 4—5	北京市第二次和第三次经济普查能源消费量	116
表 4—6	北京市分产业和行业亿元资产能源消费情况	119
表 4—7	北京市分产业行业水消费情况	121
表 4—8	北京市分产业行业的就业结构及变化	125
表 4—9	按照不同用途分的北京市历年用水量变化	130
表 4—10	北京市建设用地及人均建设用地的变化	133
表 4—11	2000—2012年北京市人均生活用能源情况	139
表 4—12	2000—2012年北京市主要能源日均消费情况	139
表 4—13	Newey-west稳健回归模型分析结果	144
表 5—1	1984—2000年国家和北京市主要人口调控政策措施	159
表 5—2	2000年以后国家和北京主要人口调控政策措施	166
表 5—3	北京市城市规划方案中的人口规模调控	175
表 5—4	北京市外来人口调控政策措施与管理办法	179
表 5—5	国家外来人口管理服务政策	180
表 5—6	北京市城市规划	181

表 5—7	单位根平稳性 ADF 检验	182
表 5—8	多元回归模型结果	182
表 5—9	外来人口调控政策的 MARMA 模型拟合结果	184
表 5—10	样本描述	192
表 5—11	变量的分类检验结果	193
表 5—12	模型匹配后数据的平衡检验	195
表 5—13	倾向值分析结果	196
表 6—1	系统变量	211
表 6—2	方案设置	214
表 6—3	不同方案下 2010—2050 年北京人口规模	215
图 1—1	历次人口普查北京市的人口规模	2
图 1—2	历次人口普查北京市的人口规模增长状况	3
图 1—3	1949—2014 年北京市常住人口规模	4
图 1—4	1949—2014 年北京市常住人口年增长变化	5
图 1—5	北京市户籍人口与常住外来人口规模变动趋势	8
图 1—6	北京市户籍人口与常住外来人口年增长量变化趋势	9
图 1—7	北京市户籍人口年增长速度变动趋势	10
图 1—8	北京市常住外来人口年增长速度变动趋势	11
图 1—9	2003—2014 年北京市各功能区常住人口规模	13
图 1—10	2004—2014 年北京市分功能区常住人口较上年增长量	15
图 1—11	2004—2014 年北京市各功能区常住人口较上年增长率	17
图 1—12	历次普查北京市不同年龄人口规模	19
图 1—13	北京市主要年龄组占比情况	19
图 1—14	北京市分年龄人口不同时期增长规模	20
图 1—15	北京市分年龄人口增长率变化情况	21
图 1—16	北京市 2011—2013 年劳动年龄人口增长情况	22

图 1—17　北京市 2000 年以来分年龄人口增长情况 …………………… 22
图 1—18　北京市劳动年龄人口及总人口增长率比较 …………………… 23
图 1—19　北京市近年少儿人口与老年人口增长率情况 ………………… 24
图 1—20　北京市近年不同劳动年龄人口增长量 ………………………… 25
图 1—21　1949—2014 年城乡人口增长趋势 …………………………… 28
图 1—22　1949—2014 年城乡人口年增长率 …………………………… 30
图 1—23　1949—2014 年城乡人口比重变化趋势 ……………………… 31
图 1—24　北京不同受教育程度人口增长的变动趋势 …………………… 34
图 1—25　北京不同受教育程度人口年均增长速度比较 ………………… 35
图 3—1　2014 年北京市分区县人口规模和人口密度 …………………… 75
图 3—2　2010 年北京市人口密度分布 …………………………………… 75
图 3—3　北京市分街道总人口空间分布图 ……………………………… 83
图 3—4　北京市 2000—2010 年人口重心移动 ………………………… 84
图 3—5　2000 年北京市人口—土地洛伦兹曲线 ………………………… 85
图 3—6　2010 年北京市人口—土地洛伦兹曲线 ………………………… 85
图 4—1　2013 年北京市空气质量达标情况 ……………………………… 114
图 4—2　北京 PM1 来源 …………………………………………………… 114
图 4—3　2013 年京津冀地区能源消费总量对比 ………………………… 115
图 4—4　2013 年京津冀地区废气中主要污染物排放情况 ……………… 116
图 4—5　北京市分行业能源消耗总量 …………………………………… 118
图 4—6　北京市分产业分行业亿元资产能源消费量 …………………… 120
图 4—7　北京市分行业第三次经济普查水消费总量和单位资产水
　　　　　消费量 ………………………………………………………… 122
图 4—8　北京市人口、资源、环境和经济相互作用因果关系 ………… 123
图 4—9　北京市分行业第二次、第三次全国经济普查从业人员
　　　　　规模 …………………………………………………………… 127

图 4—10 北京市分行业第二次和第三次经济普查从业人员增长率
与增长率 …………………………………………… 128

图 4—11 北京市分行业第二次和第三全国经济普查从业人员
增长率 ……………………………………………… 129

图 4—12 北京市各年人均水资源变化情况 …………………… 133

图 4—13 北京市生活垃圾产生量及无害化处理 ……………… 134

图 4—14 北京市历年能源消耗总量及生活消费能源量情况 … 138

图 4—15 北京市近年来主要能源日均消费量 ………………… 140

图 4—16 北京市历年全社会用电量情况 ……………………… 141

图 4—17 北京市历年分城乡用电量变化情况 ………………… 141

图 5—1 主要五年计划时期实际人口超过调控目标的数量和
比例趋势 …………………………………………… 176

图 5—2 模型（5—2）残差的序列相关检验 ………………… 183

图 5—3 模型（5—3）残差的序列相关检验 ………………… 183

图 5—4 模型（5—4）中 MARMA 的特征根分布 …………… 184

图 5—5 模型（5—5）中 MARMA 的特征根分布 …………… 185

图 5—6 实际常住外来人口增长与模型拟合流动人口增长趋势 …… 186

图 5—7 滞后一期情境下无外来人口政策调控方案 ………… 187

图 5—8 滞后二期情境下无外来人口调控政策调控方案 …… 187

图 5—9 估计倾向值的箱线图 ………………………………… 194

图 5—10 估计倾向值的直方图 ………………………………… 195

图 6—1 模型构建总体思路 …………………………………… 209

图 6—2 北京人口增长基本变量因果关系图 ………………… 210

图 6—3 北京市人口增长的系统流程图 ……………………… 213

图 6—4 基准方案下北京未来人口的变动趋势 ……………… 216

图 6—5 产业结构调整对北京未来人口的影响 ……………… 217

图 6—6　调整经济增长目标对北京未来人口的影响 …………………… 217

图 6—7　生产技术进步对北京未来人口的影响 ………………………… 218

图 6—8　户籍制度调整对北京未来人口的影响 ………………………… 218

图 6—9　单个政策调整对北京未来人口影响对比 ……………………… 219

图 6—10　综合政策调整对北京未来人口影响 ………………………… 219

第一章
北京市人口增长过程及特征

人口是城市赖以生存和发展的基础，人口的规模决定着城市的空间扩展范围和内部疏密程度。北京市具有丰富的教育、科技资源和就业机会，吸引了不同行业、不同层次人口涌入北京。这些外来人口为北京市创造物质财富的同时，也加剧了发展与交通拥堵、水资源不足、环境污染等"城市病"的矛盾。因此，分析北京市人口增长的演变过程，寻找人口增长的动力机制，探寻在合理资源环境制约下北京市人口规模调控的有效措施，对于解决北京市资源环境矛盾，创建宜居城市具有重大现实意义。

要对北京市的人口增长问题进行深入分析，首先要在宏观上和历史趋势上对近年来北京市人口增长的现状、特征与趋势进行把握。本章将全面展现北京市人口增长的特征，作为后续章节研究的基础。本章将从人口规模、流动人口与户籍人口、各区县人口、不同年龄层次人口、城乡人口以及不同受教育程度人口增长的特征与趋势进行分析。

一、北京市人口增长的历史变化过程及阶段划分

北京古称蓟、涿郡、幽州、燕京等，曾经有战国时的燕国、五胡时的前燕，以及辽、金、元、明、清等朝代定都于此。自公元1421年明成祖迁都北京，在这之后直到北洋政府垮台，北京一直是中国的政治中心，人口不断增长，由明初的几十万人增长到民国时期的数百万人。

从新中国成立以来，北京作为全国的政治、文化中心，其多元化的

功能定位对政治、经济、文化等各方面的人才产生了巨大的吸引力；作为中国最发达的城市之一，北京经济的快速增长创造了大量的就业机会，同时，拥有的全国最优质的教育、医疗、文化等公共基础设施和服务资源，对全国和周边地区人口产生了强大的吸引力，人口开始了较快速的增长，但是也出现了几次大的波动（见图1—2）。根据全国第六次人口普查资料数据分析，1953年北京市人口规模达到512.9万人，1964年达到776.3万人，1982年第三次人口普查北京市的人口规模为924万人，1990年为1 081.9万人，2000年为1 356.9万人，2010年达到1 961.2万人（见表1—1、图1—1），与1953年相比，人口总量翻了近两番，常住人口年均增长率节节攀升。

表1—1　　　　　　　历次人口普查北京市的人口规模

年份	常住人口总量（万人）	年均增量（万人）	年均增长率（%）
1953	512.9	—	—
1964	776.3	23.95	3.84
1982	924.0	8.21	0.97
1990	1 081.9	19.74	1.99
2000	1 356.9	27.50	2.29
2010	1 961.2	60.43	3.75

资料来源：1953年和1964年数据来自于北京市2014年统计年鉴；1982年、1990年、2000年、2010年数据来源于北京市第三、四、五、六次人口普查资料。

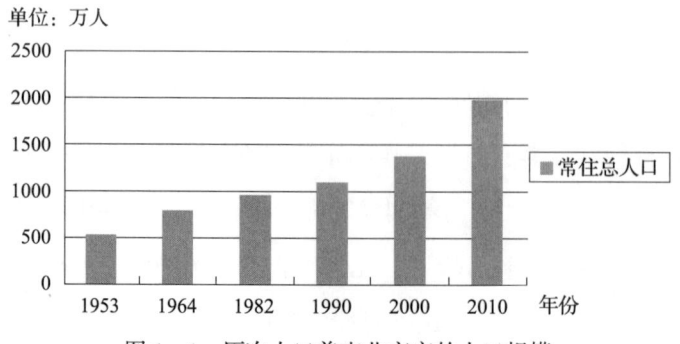

图1—1　历次人口普查北京市的人口规模

资料来源：同表1—1。

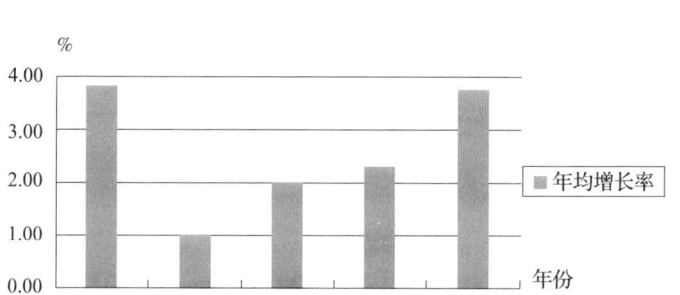

图1—2 历次人口普查北京市的人口规模增长状况

资料来源：同表1—1。

为了更加清晰地观察改革开放以来北京市人口增长的动态过程，这里采用北京市统计年鉴中的历年常住人口规模指标进行分析（见表1—2）。其中，受统计数据来源的影响，历次普查时点上的人口规模均为普查数，与前后数据有一定差异。我们在分析北京市人口规模的增长动态时，忽略数据因统计来源带来的偏差。

表1—2　　　　　　　1949—2014年北京市常住人口规模

年份	常住人口总量（万人）	年增量（万人）	年均增长率（％）	年份	常住人口总量（万人）	年增量（万人）	年均增长率（％）
1949	420.1	—	—	1964	776.3	18.4	2.43
1950	439.3	19.2	4.57	1965	787.1	10.8	1.39
1951	463.6	24.3	5.53	1966	782	-5.1	-0.65
1952	489.9	26.3	5.67	1967	796.4	14.4	1.84
1953	512.9	23	4.69	1968	794.7	-1.7	-0.21
1954	555.7	42.8	8.34	1969	779.6	-15.1	-1.9
1955	563.8	8.1	1.46	1970	784.3	4.7	0.6
1956	617.5	53.7	9.52	1971	797.4	13.1	1.67
1957	633.4	15.9	2.57	1972	809.2	11.8	1.48
1958	658.8	25.4	4.01	1973	826	16.8	2.08
1959	706.9	48.1	7.3	1974	836.8	10.8	1.31
1960	739.6	32.7	4.63	1975	844.4	7.6	0.91
1961	729.2	-10.4	-1.41	1976	845.1	0.7	0.08
1962	732.2	3	0.41	1977	860.5	15.4	1.82
1963	757.9	25.7	3.51	1978	871.5	11	1.28

续表

年份	常住人口总量（万人）	年增量（万人）	年均增长率（%）	年份	常住人口总量（万人）	年增量（万人）	年均增长率（%）
1979	897.1	25.6	2.94	1997	1 240	−19.4	−1.54
1980	904.3	7.2	0.8	1998	1 245.6	5.6	0.45
1981	919.2	14.9	1.65	1999	1 257.2	11.6	0.93
1982	935	15.8	1.72	2000	1 363.6	106.4	8.46
1983	950	15	1.6	2001	1 385.1	21.5	1.58
1984	965	15	1.58	2002	1 423.2	38.1	2.75
1985	981	16	1.66	2003	1 456.4	33.2	2.33
1986	1 028	47	4.79	2004	1 492.7	36.3	2.49
1987	1 047	19	1.85	2005	1 538	45.3	3.03
1988	1 061	14	1.34	2006	1 601	63	4.1
1989	1 075	14	1.32	2007	1 676	75	4.68
1990	1 086	11	1.02	2008	1 771	95	5.67
1991	1 094	8	0.74	2009	1 860	89	5.03
1992	1 102	8	0.73	2010	1 961.9	101.9	5.48
1993	1 112	10	0.91	2011	2 018.6	56.7	2.89
1994	1 125	13	1.17	2012	2 069.3	50.7	2.51
1995	1 251.1	126.1	11.21	2013	2 114.8	45.5	2.2
1996	1 259.4	8.3	0.66	2014	2 151.6	36.8	1.74

资料来源：根据北京市统计年鉴网站资料整理，http://www.Bjstats.gov.cn/

注：1949—1981 年为户籍统计数，含暂住人口；1982—1989 年数据是根据 1982 年、1990 年两次人口普查数据调整的；1990 年以后数据为人口变动情况抽样调查推算数，其中 1995 年、2005 年为 1% 人口抽样调查推算数；2000 年为第五次人口普查快速汇总推算数；2010 年为第六次人口普查推算数。2006—2009 年常住人口、出生率、死亡率等数据又根据 2010 年人口普查数据进行了调整。

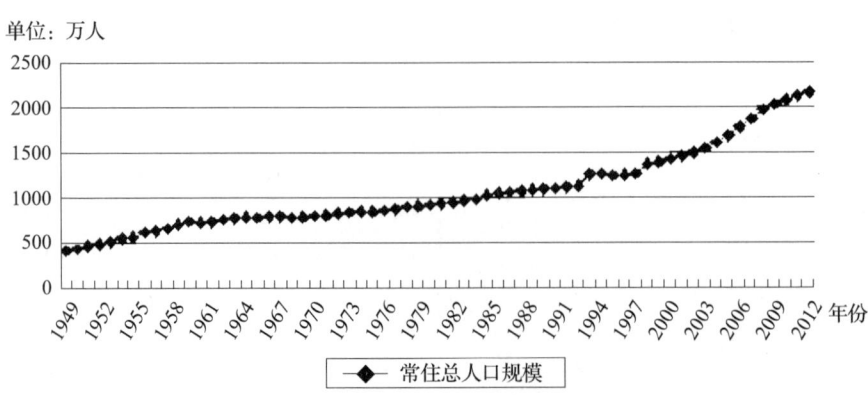

图 1—3　1949—2014 年北京市常住人口规模

资料来源：同表 1—2。

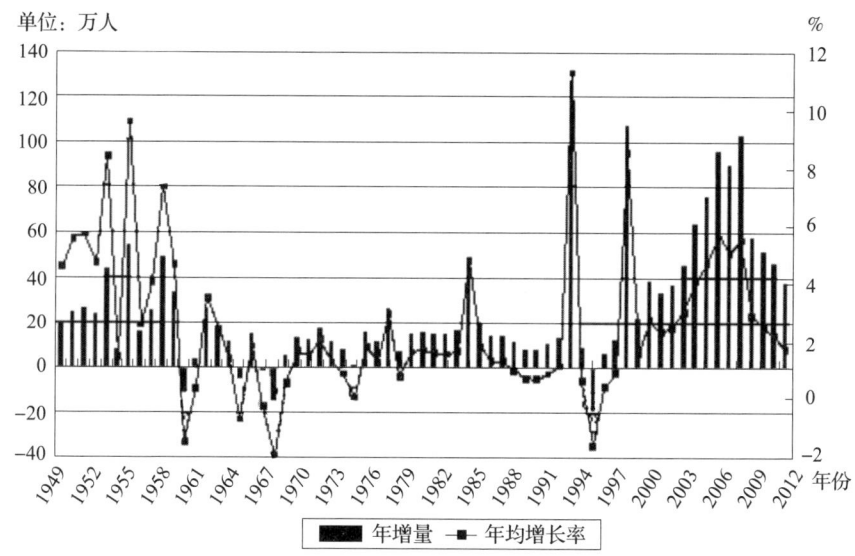

图 1—4　1949—2014 年北京市常住人口年增长变化

资料来源：同表 1—2。

由图 1—3、图 1—4 可知，新中国成立以来的 1949—2014 年间北京市常住人口总量从 420.1 万人增加到 2 151.6 万人，平均每年增长 26.64 万人，年均增长率为 2.58%。根据北京市人口每年人口增长的幅度和增长速度的变化特点，北京市的常住人口规模增长可以分为如下几个阶段。

第一个阶段：1949—1978 年，人口低位快速增长波动阶段。新中国成立后的 10 年，随着北京社会、经济的发展，婚姻、生育状况也在不断发生变化，北京的人口急剧增长，年均增长约 29 万人，年均增长率为 5.3%。随后经历"三年自然灾害"时期，20 世纪 70 年代我国开始全面推行计划生育政策，作为首都的北京率先大力提倡晚婚和计划生育的号召，使得这一时期的人口出现波动，很难找到规律，但总体上仍保持增加趋势。

第二个阶段：1979—1997 年，人口低位增长放缓波动阶段。1982 年，计划生育被定为基本国策，北京市进一步加强并逐步完善了对计划生育的管理，使得人口的自然增长进入有计划的控制增长时期。与此同时，改革开放政策的实施，计划经济向市场经济的转变，北京市户籍制度的松动，以及人们思想的解放等，为首都的现代化建设提供了良好的人口环境，对其他地区的人口产生"拉力"作用。因此，这一时期北京的人口增量呈波动状态，年均增量19万人左右。

第三个阶段：1998—2010年，人口加速高位增长阶段。这一时期是北京历史上人口增长最快的时期。一方面，1999年开始的高等教育（包括大学本科、研究生）不断扩大招生人数的教育改革政策，促使本身拥有大量优质高等教育资源的北京人口加速增长；另一方面，北京2000年申奥成功后经济快速发展，经济增速一度超过上海，作为全国政治、经济、金融、科技中心的北京对人口产生强大的吸引力，尤其是从2005年开始北京市常住人口年均增长78万人左右，人口达到前所未有的快速增长。

第四个阶段：2011年以来，北京市人口规模继续快速增长阶段。最新统计数据显示，到2014年年末北京市常住人口规模已经达到2 151.6万人，比2013年净增了36.8万人。虽然人口逐年递增，但人口的年增长幅度和速度出现逐年的下降。例如2011、2012、2013、2014几个年份，每年新增的人口规模分别从2011年的56.7万人依次下降为50.7万人、45.5万人和36.8万人，年增长速度依次下降为2.7%、1.43%、1.25%和0.85%。然而，与全国其他超大型城市的人口增长相比，目前北京市人口增长速度依然是很高的。从2010年到2014年4年间，北京市人口年平均增长速度为1.89%，远远高于上海（1.2%）、广州（0.42%）、深圳（0.61%）的速度，但低于天津（3.18%）。在全国几个超大型城市中，人口增长幅度依然是非常高的。

二、不同人群人口增长的比较及分析

（一）常住外来人口增长远远高于户籍人口增长，但近年来二者增量趋于接近

2014年，北京市常住人口已达到2 151.6万人，其中户籍人口为1 332.9万人，常住外来人口为818.7万人。户籍人口比1978年增加了483.2万人，平均每年增加13.4万人，年平均增长1.26%。常住外来人口比1978年增加了

796.9万人,平均每年增加22.1万人,年均增长10.6%,年均增速远远高于户籍人口的增长速度,是户籍人口增速的8倍之多(见表1—3,图1—5)。

表1—3　　1978—2014年北京市户籍人口与常住外来人口的变动趋势

年份	人口数(万人)			年增长量(万人)		年增长率(%)	
	常住人口	户籍人口	常住外来人口	户籍人口	常住外来人口	户籍人口	常住外来人口
1978	871.5	849.7	21.8	—	—	—	—
1979	897.1	870.6	26.5	20.9	4.7	2.46	21.56
1980	904.3	885.7	18.6	15.1	−7.9	1.73	−29.81
1981	919.2	900.8	18.4	15.1	−0.2	1.7	−1.08
1982	935	917.8	17.2	17	−1.2	1.89	−6.52
1983	950	933.2	16.8	15.4	−0.4	1.68	−2.33
1984	965	945.2	19.8	12	3	1.29	17.86
1985	981	957.9	23.1	12.7	3.3	1.34	16.67
1986	1 028	971.2	56.8	13.3	33.7	1.39	145.89
1987	1 047	988	59	16.8	2.2	1.73	3.87
1988	1 061	1 001.2	59.8	13.2	0.8	1.34	1.36
1989	1 075	1 021.1	53.9	19.9	−5.9	1.99	−9.87
1990	1 086	1 032.2	53.8	11.1	−0.1	1.09	−0.19
1991	1 094	1 039.5	54.5	7.3	0.7	0.71	1.3
1992	1 102	1 044.9	57.1	5.4	2.6	0.52	4.77
1993	1 112	1 051.2	60.8	6.3	3.7	0.6	6.48
1994	1 125	1 061.8	63.2	10.6	2.4	1.01	3.95
1995	1 251.1	1 070.3	180.8	8.5	117.6	0.8	186.08
1996	1 259.4	1 077.7	181.7	7.4	0.9	0.69	0.5
1997	1 240	1 085.5	154.5	7.8	−27.2	0.72	−14.97
1998	1 245.6	1 091.5	154.1	6	−0.4	0.55	−0.26
1999	1 257.2	1 099.8	157.4	8.3	3.3	0.76	2.14
2000	1 363.6	1 107.5	256.1	7.7	98.7	0.7	62.71
2001	1 385.1	1 122.3	262.8	14.8	6.7	1.34	2.62
2002	1 423.2	1 136.3	286.9	14	24.1	1.25	9.17
2003	1 456.4	1 148.8	307.6	12.5	20.7	1.1	7.22
2004	1 492.7	1 162.9	329.8	14.1	22.2	1.23	7.22
2005	1 538	1 180.7	357.3	17.8	27.5	1.53	8.34
2006	1 601	1 197.6	403.4	16.9	46.1	1.43	12.9
2007	1 676	1 213.3	462.7	15.7	59.3	1.31	14.7
2008	1 771	1 229.9	541.5	16.6	78.4	1.37	16.94
2009	1 860	1 245.8	614.2	15.9	73.1	1.29	13.51
2010	1 961.9	1 257.2	704.7	11.4	90.5	0.92	14.73
2011	2 018.6	1 276.4	742.2	19.2	37.5	1.53	5.32

续表

年份	人口数（万人）			年增长量（万人）		年增长率（%）	
	常住人口	户籍人口	常住外来人口	户籍人口	常住外来人口	户籍人口	常住外来人口
2012	2 069.3	1 295.5	773.8	19.1	31.6	1.5	4.26
2013	2 114.8	1 312.1	802.7	16.6	28.9	1.28	3.73
2014	2 151.6	1 332.9	818.7	20.8	16.0	1.59	1.99

资料来源：根据《北京统计年鉴2015》整理得出，其中：常住外来人口指不具有本市户籍户口，来自北京市行政区划以外的省、自治区、直辖市，且在京居住半年以上的人口。1949—1981年为户籍统计数，含暂住人口；1982—1989年数据是根据1982、1990年两次人口普查数据调整的；1990年以后数据为人口变动情况抽样调查推算数，其中1995、2005年为1%人口抽样调查推算数；2000年为第五次人口普查快速汇总推算数；2010年为第六次人口普查推算数。2006—2009年常住人口、出生率、死亡率等数据又根据2010年人口普查数据进行了调整。

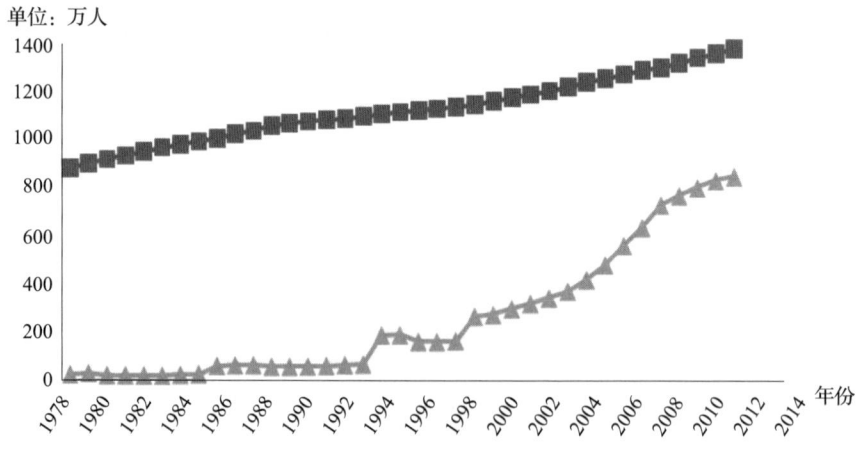

图1—5　北京市户籍人口与常住外来人口规模变动趋势

资料来源：同表1—3。

从表1—3和图1—5可以看出，从1978年改革开放以来，北京市的常住外来人口和户籍人口规模均处于长期的持续增长状态。但对比来说，户籍人口呈现平缓近乎直线的上升，而常住外来人口则呈现一个近乎指数型的加速增长过程。具体来看，户籍人口从1978年的849.7万人持续增加到1985年的957.9万人；而在同时期，常住外来人口仅仅是从21.8万人波动增加到23.1万人。从1986年到1994年间，户籍人口的增长规模在971.2万人的基础上增加了90.6万人;而常住外来人口的规模则在1986年56.8万人的基础上增加了6.4万人,仍旧处于低速增长阶段。1995年到1999年间的户籍人口规模增长仍延续了前一个时期的特征,从1 070.3万人增加到1 099.8万人,人口规模增长了29.5万人。但是,同时期的常住外来人口规模则呈现了下降的趋势,从1995年的180.8万人下降到157.4万人。这呈现出异于户籍人口规模的变化和其他时期的常住外来人口规模变化的特征。1999年之后尤其是2000年以后,常住外来人口规模进入到一个非常显著的快速增长变化中,从2000年的256.1万人急剧增加到2014年的818.7万人,而户籍人口规模的变化不甚明显,从1 107.5万人增加到2014年的1 332.9万人。

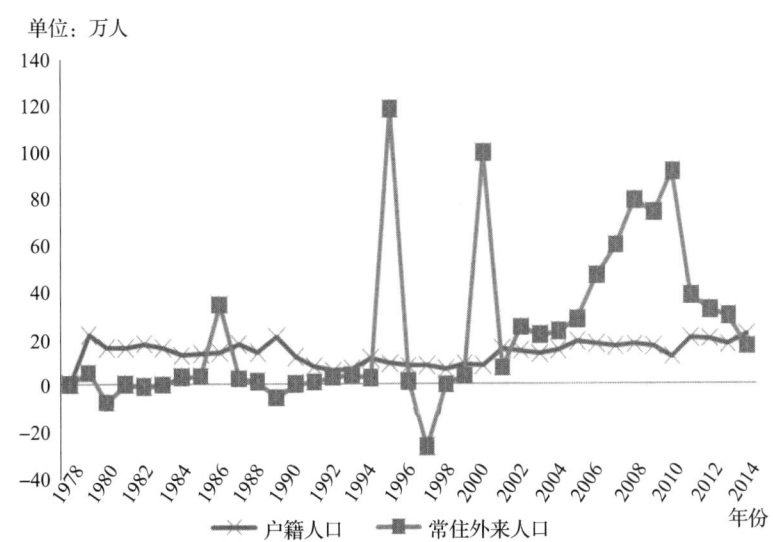

图1—6 北京市户籍人口与常住外来人口年增长量变化趋势
资料来源:同表1—3。

我们从常住外来人口和户籍人口的年增长量和增长速度也可以看到上述不同特点。从表1—3和图1—6可以看出,以1990年、2000年和2010年三次普查年份为界,将1978—2014年的人口年增长量划分为四个阶段。第一阶段即从改革开放到1989年,户籍人口年增长量的平均值为15万人左右,常住外来人口的年增长量均值为2.9万人,只是户籍人口的1/5;这一阶段的户籍人口年增长率为1.68%。第二阶段从1990年到1999年，户籍人口年增长量均值下降为7.87万人，常住外来人口从1994年到1999年总体增幅不大，但波动十分剧烈，这一阶段的常住外来人口年增量的均值变为10.35万人，常住外来人口增量初步超过了户籍人口。2000年至2009年的第三阶段，户籍人口年增量均值反弹为14.6万人，而常住外来人口年增量均值快速增加为45.68万人。2010年至今，户籍人口年增量均值在前一阶段的基础上继续增加为17.42万人，常住外来人口的年增长量均值呈现下降态势，从45.68万人减少为40.9万人。从表1—3、图1—7和图1—8可以看出，从改革开放至今，北京市户籍人口的年增长速度一直是正值，在0.52%到2.46%之间波动小幅度增加，1978年至2014年的户籍人口的年平均增长速度为1.26%；而常住外来人口的增长速度变化十分剧烈，多年来的年平均增长速度为10.6%，是户籍人口的8倍之多。对比二者发现，北京市常住外来人口的增长速度远远快于户籍人口的增长速度。

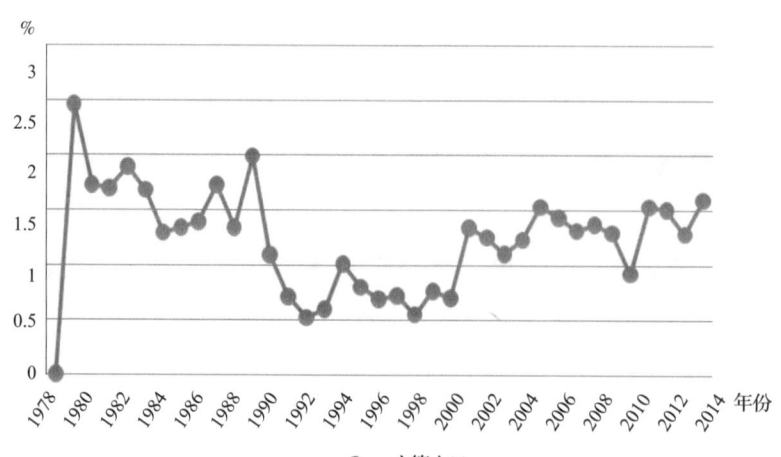

图1—7　北京市户籍人口年增长速度变动趋势

资料来源：同表1—3。

从二者增长量的对比可以看出，在2002年之前，北京市户籍人口年增长量一直高于常住外来人口年增长量，但从2002年开始，常住外来人口年增量迅速超过户籍人口年增量，到2009年，常住外来人口年增长已经达到户籍人口年增量的 7.9 倍。近年来常住外来人口年增量略呈下降趋势，但依然远远高于户籍人口增量。

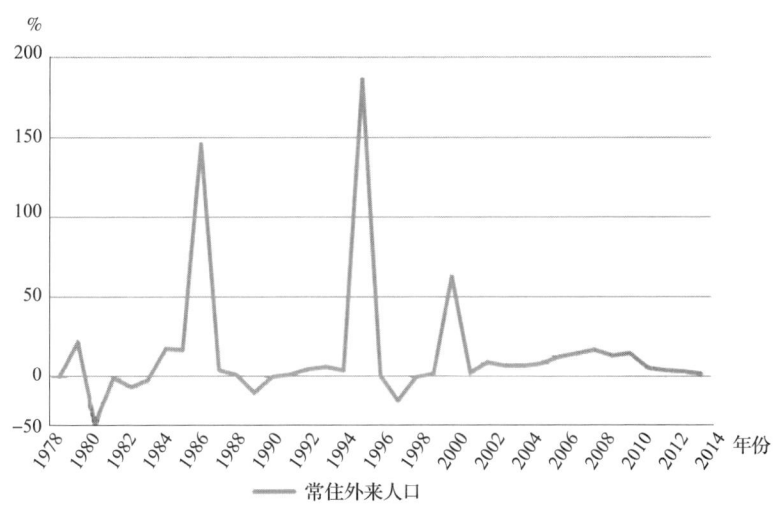

图 1—8　北京市常住外来人口年增长速度变动趋势

资料来源：同表 1—3。

从近十年以来的常住人口规模增量的直接原因来看，是常住外来人口的规模增长起了主要作用。2010 年前后，常住外来人口对全市人口增长的贡献率一直都在 89% 左右，2011—2013 年基本维持在 62%~66%，户籍人口占三成。但是 2014 年出现了逆转，常住外来人口的贡献率降到 43.4%，户籍人口超过了外来人口，达到 56.5%。从规模上看，常住人口年增长量从 2010 年以来连续下降，从 101.9 万人陆续减少到 56.7 万人、50.7 万人、45.5 万人和 36.8 万人，常住外来人口年新增量则从 37.5 万人、31.6 万人、28.9 万人降低到 2014 年的 16 万人。而户籍人口年增量从 2010 年到 2014 年分别为 11.4 万人、19.2 万人、19.1 万人、16.6 万人和 20.8 万人。

（二）从区县人口增长看，城市功能拓展区和发展新区人口增长最多，但近年来增量、增速下降最明显

从人口增长总量、增量和增长率三个方面来看，近年来各区县人口增长呈现以下特点。

1. 从人口总量看，首都功能核心区人口和生态涵养区各区县人口规模增长缓慢，城市功能拓展区与城市发展新区各区县人口增长较快

2003—2014 年间，东西城区人口总量减少，2014 年人口规模为 221.3 万人，较 2003 年减少了 46.5 万人。城市功能拓展区和城市发展新区的人口规模持续增长，2014 年人口规模分别达到了 1 055 万人和 684.9 万人，较 2003 年时分别增长了 425.3 万人和 299.4 万人（见表 1—4，图 1—9）。

表 1—4　　　　2003—2014 年北京市分区县常住人口　　（单位：万人）

年份	2003	2004	2005	2006	2007	2008	2009	2010	2011	2012	2013	2014
全市	1 456.4	1 504.4	1 537.7	1 601	1 676	1 771	1 860	1 961.2	2 018.6	2 069.3	2 114.8	2 151.6
首都功能核心区	267.8	263.1	205.2	206.9	209.4	212.1	215.7	216.2	215	219.5	221.2	221.3
东城区	115.2	115.8	86	86.3	87.4	88.8	90.7	91.9	91	90.8	90.9	91.1
西城区	152.6	147.3	119.2	120.6	122	123.3	125	124.3	124	128.7	130.3	130.2
城市功能拓展区	629.7	680	748	783.5	818.6	882.6	916.2	955.4	986.4	1 008.2	1 032.2	1 055.0
朝阳区	228.9	256.7	280.2	291.8	303	327.1	336.4	354.5	365.8	374.5	384.1	392.2
丰台区	113.8	125.9	156.8	163.6	178.8	193.2	205.7	211.2	217	221.4	226.1	230.0
石景山区	45	49.6	52.4	53.9	56	59.1	60.5	61.6	63.4	63.9	64.4	65.0
海淀区	242	247.8	258.6	274.2	280.8	303.2	313.6	328.1	340.2	348.4	357.6	367.8
城市发展新区	385.5	385.1	411.7	434	468.5	492.5	541.7	603.2	629.9	653	671.5	684.9
房山区	86.7	85.8	86.9	88.7	90.6	91.6	92.2	94.5	96.7	98.6	101.0	103.6
通州区	75	79	86.7	93.6	100	108.6	112.8	118.4	125	129.1	132.6	135.6
顺义区	71.6	71.8	71.1	72.7	75.5	79.3	82.6	87.7	91.5	95.3	98.3	100.4
昌平区	70.6	75.4	78.2	86.9	107	113.4	138.2	166.1	173.8	183	188.9	190.8
大兴区	81.6	73.1	88.6	92.1	95.4	99.6	115.9	136.5	142.9	147	150.7	154.5
生态涵养发展区	173.4	176.2	173.2	176.6	179.5	183.8	186.4	186.4	187.3	188.9	189.9	190.4
门头沟区	27.8	27.8	27.7	27.9	28.2	28.7	28.8	29	29.4	29.8	30.3	30.6
怀柔区	30.7	32	32.3	33.4	34.4	36.4	37.8	37.3	37.1	37.7	38.2	38.1
平谷区	41	41.9	41.4	41.3	41.4	41.5	41.8	41.6	41.8	42	42.2	42.3
密云县	44.9	45.6	43.9	44.8	45.3	46.2	46.6	46.8	47.1	47.4	47.6	47.8
延庆县	29	28.9	27.9	29.2	30.2	31	31.4	31.7	31.9	31.7	31.6	31.6

资料来源：历年《北京统计年鉴》数据整理得出。

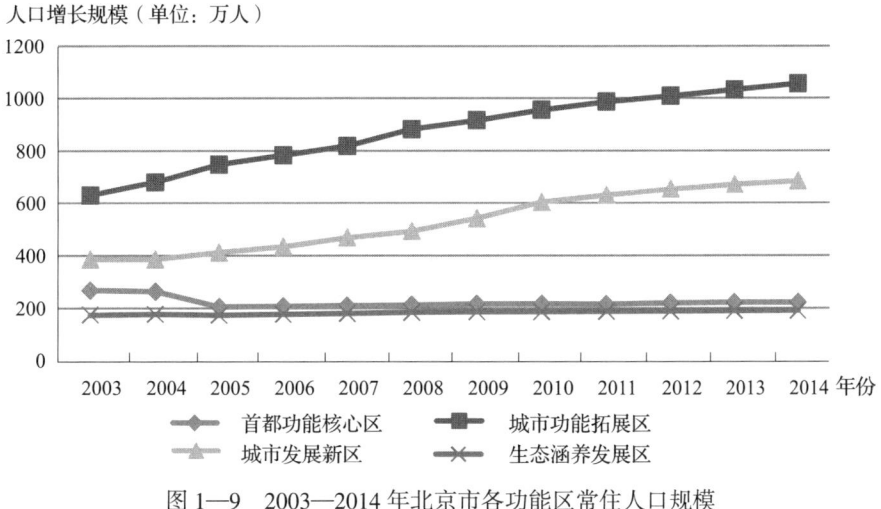

图 1—9　2003—2014 年北京市各功能区常住人口规模

资料来源：同表 1—4。

2. 从人口增量看，中心城区和生态涵养发展区人口增量近年有所增加，而城市功能拓展区与城市发展新区的人口增量近年有所下降

2003—2014 年间，首都功能核心区人口增量在 2004—2005 年出现较大波动，人口总量从 2004 年的 263.1 万人锐减为 2005 年的 205.2 万人，减少了 57.9 万人，其中东城区减少了 29.8 万人，西城区减少了 28.1 万人。此后人口有小幅增加，2011 年在北京人口增量减少的背景下，两区人口总量又减少了 1.2 万人，2012 年有所反弹，增加了 4.5 万人。2013 年和 2014 年人口增量有所减缓，下降到 1.7 万人和 0.1 万人。

朝阳、海淀、丰台、石景山以及昌平、大兴、通州、顺义等区人口近十年来年增量波动较大，城市功能拓展区在 2004—2005 年出现了一个人口增长高峰，年增长量为 68 万人，城市发展新区各个区县在 2004—2005 年间人口增长了 26.6 万人，较前一年均有大幅增长，这与东西城区人口此期间大幅下降形成鲜明的对比，说明中心城区的人口有外迁到近郊区和远郊区的可能。此外，朝阳、海淀、丰台、石景山区人口在 2008 年增长了 64 万人，形成了该区人口增长的又一个高峰。此后，人口增长有所减少，2012 年以后人口增量出现明显减少。城市发展新区各个区县人口增长的高峰出现在2010年，年增长量为61.5万人，此后同样在2012年以后，人口增量大幅减少，2014年人口增加量仅为13.4万人。需要注意的是，在城市发展新区五个区当中，人口增长的主要区域是昌平区和大兴区。其中，昌平区2007年、2009年、2010年人口增量均超过20万人。大兴区2008年、2009年人口增量分别为16.3万人和20.6万人。

门头沟、怀柔、平谷、密云、延庆等区县的人口较稳定，近十年人口增量始终保持在5万人以下，虽然人口增量不大，但与东西城区类似，生态涵养发展区各个区县人口增量在2011—2013年不降反升（见表1—5，图1—10）。

表1—5　　2004—2014年北京市分区县常住人口较上年增长量

（单位：万人）

年份	2004	2005	2006	2007	2008	2009	2010	2011	2012	2013	2014
全市	48	33.3	63.3	75	95	89	101.2	57.4	50.7	45.5	36.8
首都功能核心区	-4.7	-57.9	1.7	2.5	2.7	3.6	0.5	-1.2	4.5	1.7	0.1
东城区	0.6	-29.8	0.3	1.1	1.4	1.9	1.2	-0.9	-0.2	0.1	0.2
西城区	-5.3	-28.1	1.4	1.4	1.3	1.7	-0.7	-0.3	4.7	1.6	-0.1
城市功能拓展区	50.3	68	35.5	35.1	64	33.6	39.2	31	21.8	24	22.8
朝阳区	27.8	23.5	11.6	11.2	24.1	9.3	18.1	11.3	8.7	9.6	8.1
丰台区	12.1	30.9	6.8	15.2	14.4	12.5	5.5	5.8	4.4	4.7	3.9
石景山区	4.6	2.8	1.5	2.1	3.1	1.4	1.1	1.8	0.5	0.5	0.6
海淀区	5.8	10.8	15.6	6.6	22.4	10.4	14.5	12.1	8.2	9.2	10.2
城市发展新区	-0.4	26.6	22.3	34.5	24	49.2	61.5	26.7	23.1	18.5	13.4
房山区	-0.9	1.1	1.8	1.9	1	0.6	2.3	2.2	1.9	2.4	2.6
通州区	4	7.7	6.9	6.4	8.6	4.2	5.6	6.6	4.1	3.5	3
顺义区	0.2	-0.7	1.6	2.8	3.8	3.3	5.1	3.8	3.8	3	2.1
昌平区	4.8	2.8	8.7	20.1	6.4	24.8	27.9	7.7	9.2	5.9	1.9
大兴区	-8.5	15.5	3.5	3.3	4.2	16.3	20.6	6.4	4.1	3.7	3.8

续表

年份	2004	2005	2006	2007	2008	2009	2010	2011	2012	2013	2014
生态涵养发展区	2.8	−3	3.4	2.9	4.3	2.6	0	0.9	1.3	1.3	0.5
门头沟区	0	−0.1	0.2	0.3	0.5	0.1	0.2	0.4	0.4	0.5	0.3
怀柔区	1.3	0.3	1.1	1	2	1.4	−0.5	−0.2	0.6	0.5	−0.1
平谷区	0.9	−0.5	−0.1	0.1	0.1	0.3	−0.2	0.2	0.2	0.2	0.1
密云县	0.7	−1.7	0.9	0.5	0.9	0.4	0.2	0.3	0.3	0.2	0.2
延庆县	−0.1	−1	1.3	1	0.8	0.4	0.3	0.2	−0.2	−0.1	0

资料来源：同表1—4。

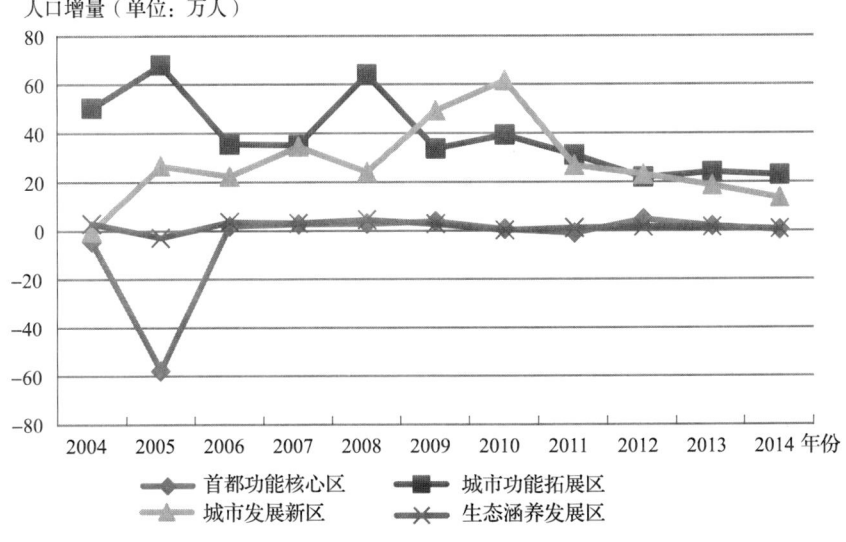

图1—10　2004—2014年北京市分功能区常住人口较上年增长量

资料来源：同表1—4。

3．从人口增速看，近年来除核心区和生态涵养区人口增长率上升外，其他地区人口增长率都呈下降趋势

近十年来，北京人口增速出现了逐步上升又下降的趋势，2005年北京人口年增长率持续上升，在2008年达到5.67%之后，城市人口增长率开始回落，2013年、2014年人口增长率下降为2.20%和1.74%。2011年以来在北京市人口增速下降的背景下，除了东西城区人口增长率上升外，其他各区县人口增长率都出现了不同程度的下降。

东西城区人口增长率2012年为2.09%，而2011年为-0.56%，2013年和2014年又逐步回落。其中东城区人口下降趋势减缓，且在2013年和2014年人口出现了正增长，西城区人口增长率由2011年负的0.24%上升为正的3.79%，增长速度明显上升，此后人口增速下降，2014年出现了负增长。生态涵养发展区2008年人口增长率为近十年来最高，达到了1.77%，此后一直呈下降趋势，但2012年人口增长速度也有所上升，主要原因是怀柔区人口由人口下降转为人口增加，增长率由2011年的-0.54%上升为1.62%。

城市功能拓展区的人口在2004年和2005年都保持了较高的增速，年增长率达到7.99%和9.99%，此后明显下降，直到2008年人口增长率有所回升，达到7.82%，而近年来，功能拓展区人口呈下降趋势。其中朝阳区、丰台区、石景山区在2004年人口增长率到达高峰后，人口增速在其后都有所下降，而海淀区在2008年人口增长率创出新高，其后也呈现下降趋势。城市发展新区的人口增长率高峰出现在2009年和2010年，分别为9.99%和11.35%。其中，昌平区和大兴区对人口增长率的贡献最大，昌平区2010年和2011年人口增长率分别为21.87%、20.19%，大兴区人口增长率分别为16.37%和17.77%。但2011年之后生态涵养区各区县人口增长率都有所放缓（见表1—6，图1—11）。

表1—6　　　2004—2014年北京市分区县常住人口较上年增长率　　　（%）

年份	2004	2005	2006	2007	2008	2009	2010	2011	2012	2013	2014
全市	3.3	2.21	4.12	4.68	5.67	5.03	5.44	2.93	2.51	2.20	1.74
首都功能核心区	-1.76	-22.01	0.83	1.21	1.29	1.7	0.23	-0.56	2.09	0.77	0.05
东城区	0.52	-25.73	0.35	1.27	1.6	2.14	1.32	-0.98	-0.22	0.11	0.22
西城区	-3.47	-19.08	1.17	1.16	1.07	1.38	-0.56	-0.24	3.79	1.24	-0.08
城市功能拓展区	7.99	9.99	4.75	4.48	7.82	3.81	4.28	3.24	2.21	2.38	2.21
朝阳区	12.15	9.15	4.14	3.84	7.95	2.84	5.38	3.19	2.38	2.56	2.11
丰台区	10.63	24.55	4.33	9.29	8.05	6.47	2.67	2.75	2.03	2.12	1.72
石景山区	10.22	5.64	2.87	3.9	5.54	2.37	1.82	2.92	0.79	0.78	0.93

续表

年份	2004	2005	2006	2007	2008	2009	2010	2011	2012	2013	2014
海淀区	2.4	4.36	6.03	2.41	7.98	3.43	4.62	3.69	2.41	2.64	2.85
城市发展新区	−0.1	6.92	5.41	7.95	5.12	9.99	11.35	4.43	3.67	2.83	2.00
房山区	−1.04	1.33	2.02	2.14	1.1	0.66	2.49	2.33	1.96	2.43	2.57
通州区	5.33	9.79	7.92	6.84	8.6	3.87	4.96	5.57	3.28	2.71	2.26
顺义区	0.28	−0.99	2.27	3.85	5.03	4.16	6.17	4.33	4.15	3.15	2.14
昌平区	6.8	3.71	11.13	23.13	5.98	21.87	20.19	4.64	5.29	3.22	1.01
大兴区	−10.42	21.21	3.94	3.58	4.4	16.37	17.77	4.69	2.87	2.52	2.52
生态涵养发展区	1.61	−1.71	1.97	1.64	2.4	1.41	0	0.48	0.69	0.69	0.26
门头沟区	0	−0.33	0.69	1.08	1.77	0.35	0.69	1.38	1.36	1.68	0.99
怀柔区	4.23	0.82	3.52	2.99	5.81	3.85	−1.32	−0.54	1.62	1.33	−0.26
平谷区	2.2	−1.13	−0.3	0.24	0.24	0.72	−0.48	0.48	0.48	0.48	0.24
密云县	1.56	−3.68	2	1.12	1.99	0.87	0.43	0.64	0.64	0.42	0.42
延庆县	−0.34	−3.42	4.61	3.42	2.65	1.29	0.96	0.63	−0.63	−0.32	0.00

资料来源：同表 1—4。

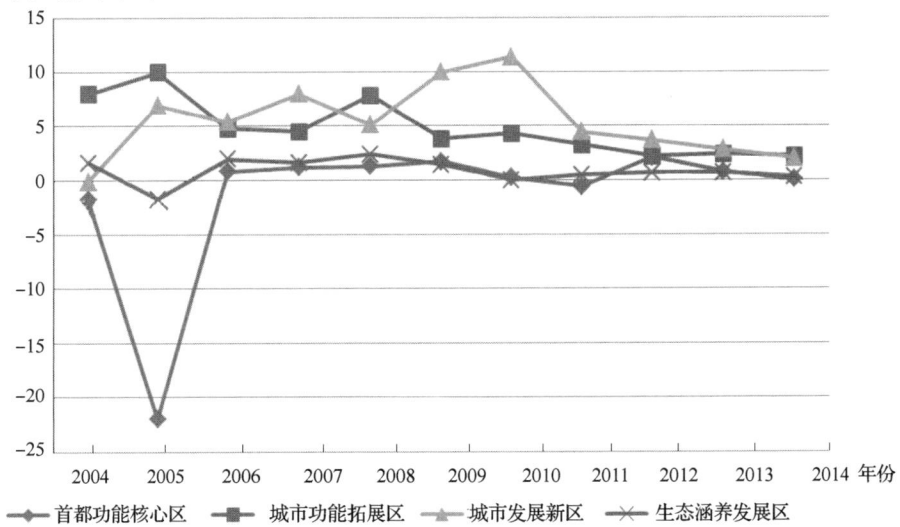

图 1—11　2004—2014 年北京市各功能区常住人口较上年增长率

资料来源：同表 1—4。

目前，城市功能拓展区人口规模逐年增长，新增人口基本维持在22万人以上，虽然增长速度从2005年的9.99%下降到2014年的2.21%，但在全市总的新增人口中城市功能拓展区的贡献最大且逐年继续增大。城市发展新区每年新增人口规模逐年减少，从2010年的61.5万人减少到2014年的13.4万人，降幅明显。城市功能核心区的新增人口从2012年开始连续三年明显减少，2012年比2011年新增人口4.5万人，以后陆续下降到1.7万人和0.1万人，年增长率从2012年的2.09%下降到2014年的0.05%。说明疏解中心城区人口见到了明显效果。生态涵养区新增人口本身规模很小，增幅略有下降但变化不明显。

（三）北京市劳动年龄人口增长迅速，近年来增幅依然继续扩大，老年人口和少儿人口增幅明显趋缓

北京市人口增长的最主要部分是劳动年龄人口的增长。北京市的劳动年龄人口规模不断增大，从1953年的180多万人增长到2010年突破1 600万人，几十年间北京市劳动年龄人口规模增加到原先的8.8倍。图1—12为北京市历次普查不同年龄段人口的规模变动情况，可以明显看出，北京市的劳动人口规模日益膨胀，构成了北京市总体人口增长中的最大部分。此外，北京市少儿人口总体从1953年的832 699人增长到1964年的3 152 077人，到1982年人口总数有所下降，到1990年基本保持不变，而到了2000年之后，少儿人口总数呈现出逐步下降的态势，反映出北京市人口金字塔中的底部老龄化状况。65岁以上人口规模也呈逐步上涨的态势，到2010年，北京市65岁以上人口规模约为170万人，这充分体现了北京市人口老龄化逐步加重，重视北京市人口老龄化的有关问题迫在眉睫。

从各主要年龄段人口的占比变动来看（图1—13），自1964年以后，北京市劳动年龄人口的占比越来越大，其1964年占总人口的比重为54.43%，其后开始上升，到1982年后上升到70%以上，到2010年上升到80%以上。

北京市的少儿人口占比在20世纪60年代达到最高峰，为41.49%。其后开始滑落，伴随着我国计划生育政策的逐步实施，到1990年少儿人口比重下降到20.16%，其后到2000年进一步下降到13.59%，2010年下降到8.60%。而老年人口方面，北京市作为经济社会发达的地区，其早于全国率先进入老龄化社会。统计显示，到2000年时，北京65岁及以上人口占比已经达到了8.42%，到了2010年，该比例进一步上升到8.71%，表明北京市人口老龄化进程领先于全国平均水平，且其老龄化速度较快。

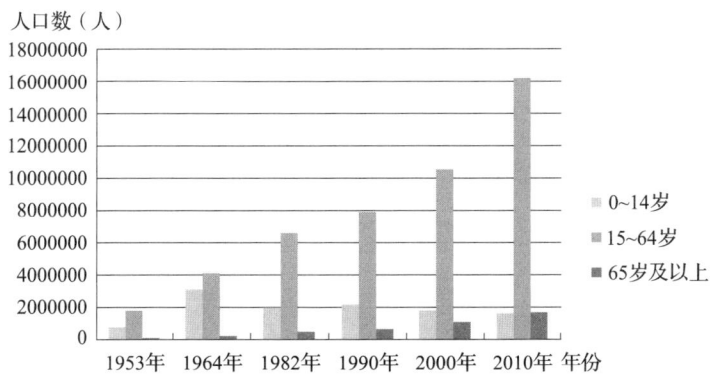

图1—12　历次普查北京市不同年龄人口规模

资料来源：历次北京市人口普查资料整理而得。

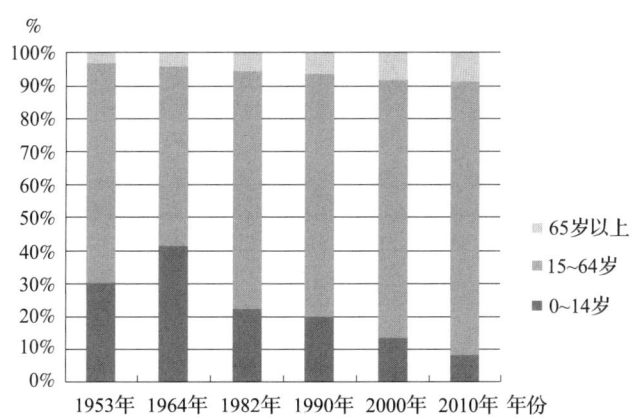

图1—13　北京市主要年龄组占比情况

资料来源：同图1—12。

图1—14为北京市各主要年龄段人口在不同时期的增长规模情况。作为北京市人口增长中最主要部分的劳动年龄人口，其增长规模在1982年至1990年时有所下降，其后开始不断提升，到2000年以后，10年间其增长规模已经达到563万人以上，相当于北京市2000年劳动年龄人口增长了接近一半。此外，北京少儿人口的增长主要发生在1982年至1990年间，在此阶段，北京市少儿人口增长规模从下降开始转向增长规模的上升。相比该阶段的绝对量，这段时间北京市少儿人口数量也从下降转向上升，此后增长量基本在零附近波动。老龄人口方面，北京市的老龄人口增长规模在20世纪90年代开始进入攀升，1990年至2000年的10年间，北京市老年人口增加了45万人以上，比1990年起始年份增长了66.38%；从2000年至2010年的10年间，北京市老龄人口增加超过65万人，其增加量是2000年起始年份的一半左右。

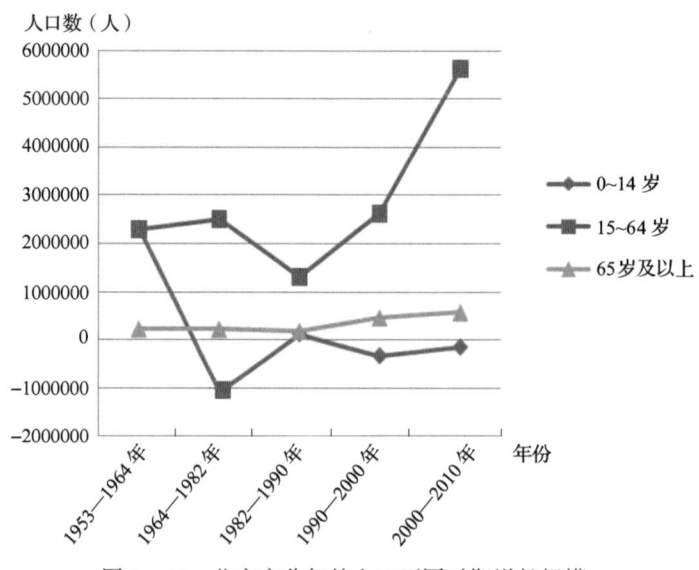

图1—14　北京市分年龄人口不同时期增长规模

资料来源：同图1—12。

从北京市各年龄段的人口增长速度来看，1982年是北京市各年龄组人口增长速度转变的时期，各个年龄组在1982年前的增速有一个明显的下降，但从1982年后，各年龄组人口增速开始提升。劳动年龄人口方面，北京市自

1982年后，其增速有小幅下降，但自1990年之后又开始不断提升，1990年至2000年10年间，增长率上升到2.90%；从2000年至2010年10年间，增长率上升到4.36%。相比前10年，其增速上升幅度明显。

少儿人口中，受不同时期政策影响，北京市少儿人口增速波动较大。自1982年以后，少儿人口增速上升较大，其后开始下降，而到2000年以后，北京少儿人口增长速度又开始出现提升。老龄人口方面，北京市老年人口在1982年以后持续上升，到2000年以后，其增速开始下降（见图1—15）。

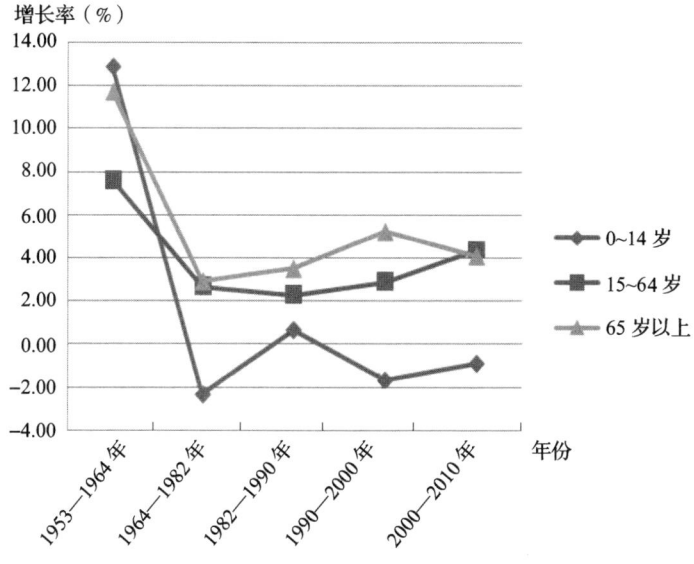

图1—15 北京市分年龄人口增长率变化情况

资料来源：同图1—12。

从最近几年看，虽然总人口增长幅度呈现下降，但是分年龄组来看，15～64岁劳动年龄组人口增长幅度在2013年前不仅没有下降，反而继续上涨。例如从2011年到2013年三个年度，每年新增的劳动年龄人口规模分别为31.6万人、31.2万人和35.7万人，而少儿组人口增幅逐年下降，分别为15万人、10.8万人和5.7万人。值得注意的是，65岁及以上老年人口的增幅也在下降，这几年分别为18.82万人、17.16万人和9.01万人，这与全国老年人口规模递增性增长形成对照。值得一提的是，2014年北京市总增长人口的年龄构成与2013年前完全不一致,即从2014年的人口增长状况看,2014年北京市老年人口成为总增长人口中的最主要方面,其次是少儿人口,劳动年龄人口在总增长人口中的比例急速下降到16.16%(见图1—16,图1—17)。

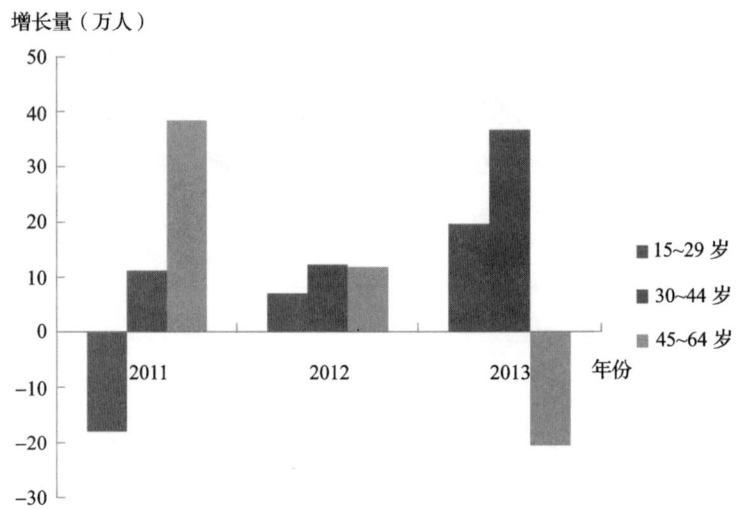

图1—16　北京市2011—2013年劳动年龄人口增长情况

资料来源:2010—2013年数据来自《北京统计年鉴2014》;2014年数据来自《北京市2014年国民经济和社会发展统计公报》。

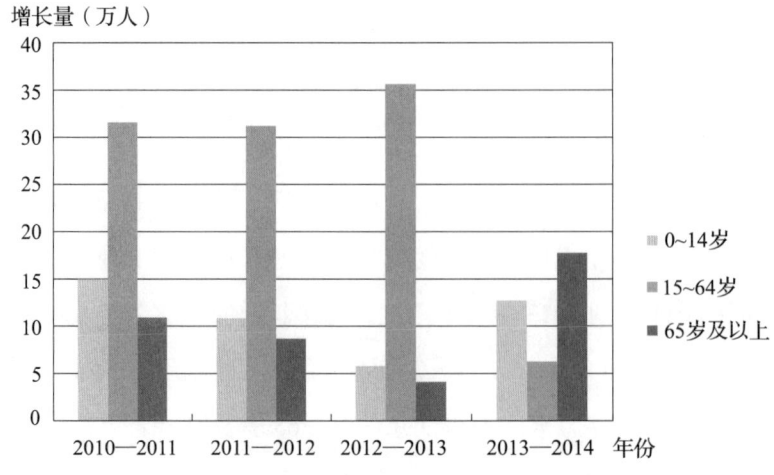

图1—17　北京市2000年以来分年龄人口增长情况

资料来源:同图1—16。

综合考察北京市近年来不同年龄人口增长情况，可以发现大体上表现为如下几个特点。

1. 劳动年龄人口持续增长，依旧是北京市人口增长的最主要部分，但最近一年增速已经明显放缓

从增长量来看，到 2013 年前，劳动年龄人口的增长依旧是北京市人口增长的最主要方面。15～64 岁人口最近几年内依旧保持每年 30 万人以上数量的增长，且在北京市人口增长中占据越来越大的比重。其中，2011 年，北京市劳动年龄人口增长了 31.6 万人，占总增长人口的 55% 以上；2012 年北京市劳动年龄人口增长了 31.2 万人，占总增长人口的 62%；2013 年北京市劳动年龄人口增长了 35.7 万人，占全年总增长人口的比重上升到了 78% 以上。从 2014 年开始，全年北京市劳动年龄人口仅增长了 5.9 万人，相比前几年，其增长速度有了飞快的下降。这可能是同最近几年北京市人口调控政策不断趋紧有很大的关联。

从增长率来看，北京市劳动年龄人口的增长率低于总人口的增长率，但从最近几年看，北京市劳动年龄人口增长率与总人口增长率之间的差距出现了先升后降，到了 2013 年，两者已经十分接近，而 2014 年北京市劳动年龄人口的增长率出现了飞速下降，达到了 0.36% 的历史最低水平，远低于总人口增长率（见图 1—18）。

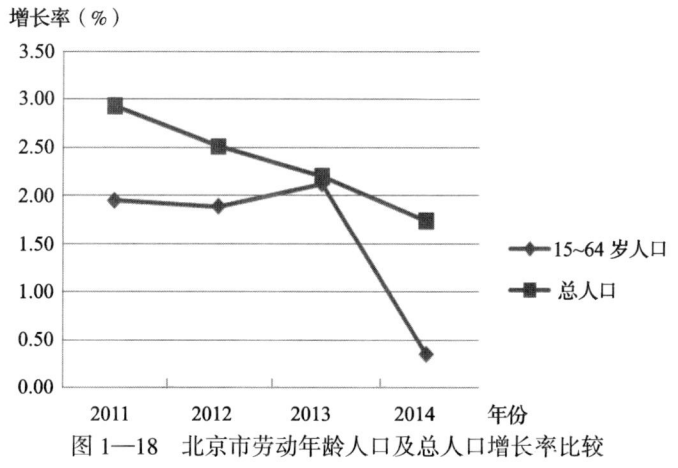

图 1—18　北京市劳动年龄人口及总人口增长率比较

资料来源：同图 1—16。

2. 少儿以及老年人口增长的绝对量及增长率出现先降后升

少儿人口方面，北京市 2011 年共增长 15.0 万人，2012 年增长 10.8 万人，2013 年增长 5.7 万人，可见其增长幅度在不断下降，其增长率也从 2011 年的 8.89% 下降到 2013 年的 2.93%，下降的幅度十分明显。与此相对应的是，老年人口方面，北京市 2011 年、2012 年、2013 年分别增长了 10.8 万人、8.7 万人、4.1 万人，其增长率从 2011 年的 6.32% 下降到 2.15%，同样下降得十分明显。

但是，以上特征在 2014 年出现了明显反转。2014 年北京市少儿人口增长了 12.8 万人，其增长率回升到 6.39%；而老年人口则是增长了 17.8 万人，其增长率急速上升到了 9.15%，达到自 20 世纪 80 年代以来北京市的最高水平（见图 1—19）。和早前相比，北京市少儿人口的增长率总体上有所上升，2014 年更是急速上涨，这很可能是因为少儿人口处于增长期的惯性增长与计划生育政策调整所带来的效应的叠加而形成的。而老年人口的增长率则已经开始处于低位的急速变化，则很可能是北京市人口老龄化加速的结果。这与全国老年人口规模递增性增长形成对照。

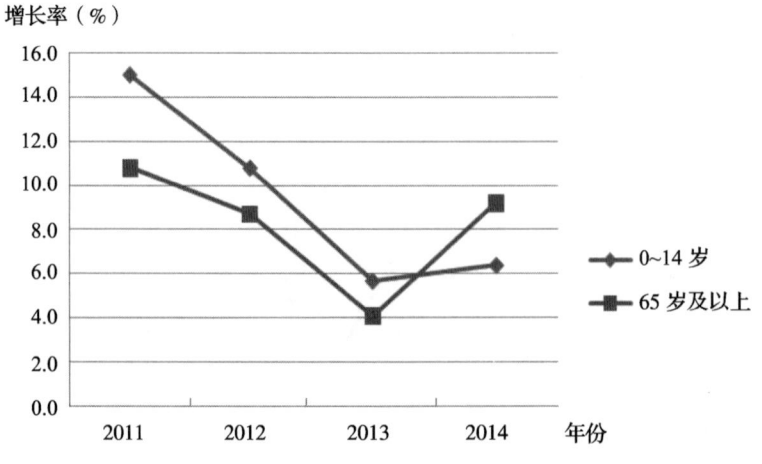

图 1—19 北京市近年少儿人口与老年人口增长率情况

资料来源：同图 1—16。

3. 和早期不同，近期劳动年龄人口中壮年劳动力成为劳动年龄人口增长的最主要部分

为方便分析，我们将15～29岁人口称为年轻劳动力，30～44岁人口称为壮年劳动力，45～64岁人口称为中年劳动力。20世纪90年代以后是北京市人口增长十分迅速的时期，此阶段，北京市劳动年龄人口增长的一个十分重要的特征就是，年轻劳动力及中年劳动力增长飞快，而壮年劳动力无论是从增长量还是增长率来看，都慢于年轻劳动力和中年劳动力。但最近几年，该特征有了明显的转变，即2010年以后，北京市劳动年龄人口中，壮年劳动力成为劳动年龄人口增长乃至总人口增长中的最主要方面，但是年轻劳动力以及中年劳动力的增长都在放缓，甚至出现不少年龄段人口减少的情况。比如，2011年北京市年轻劳动力出现了下降，而北京市的中年劳动力增长幅度持续下降，到2013年中年劳动力人口规模开始减少（见图1—20）。

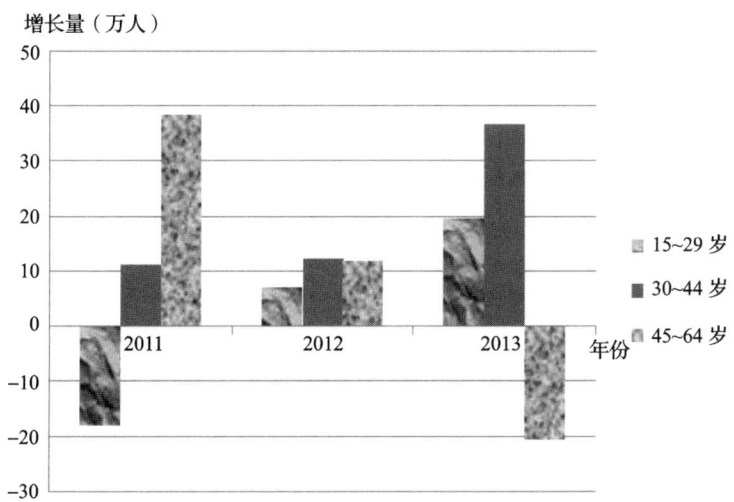

图1—20 北京市近年不同劳动年龄人口增长量

资料来源：根据《北京统计年鉴2014》数据计算得出。

从增长率可以看出，北京市的中年劳动力呈较快下降速度，而壮年劳动力则增长较快。进一步分析可以发现，15～19岁年龄组人口在2010年以后的每一年中都出现了数量不增反减的情况，而20～24岁年龄组作为年轻劳动力当中的最主要群体,在2011年全年减少了12.1万人,下降幅度十分明显。与此同时,中年劳动力当中,45~49岁年龄组在2012年开始下降,到2013年下降了17.8万人,成为最近几年中下降幅度最大的人口年龄组。北京市中年劳动力的下降,从另一个方面表明北京市人口老龄化的速度正在加快(见表1—7)。

表1—7　　　近年来北京市劳动年龄人口的变化情况　　　单位:万人

年龄组	2010年	2011年	2012年	2013年
15~19	107.1	104.5	99.6	97.8
20~24	263.3	251.2	254.4	252.7
25~29	237.8	234.5	243.2	266.4
30~34	182.4	190.8	198.5	239.0
35~39	172.2	167.2	166.6	165.0
40~44	165.7	173.5	178.7	176.4
45~49	162.8	176.1	173.5	155.7
50~54	134.6	134.4	134.5	137.7
55~59	120.5	134.2	139.0	131.0

结合最近几年的分年龄人口增长情况,我们可以发现从2014年开始,北京市人口增长的最主要方面已经不再是劳动年龄人口,这说明主要针对劳动年龄人口的流动迁移的调控政策会持续发挥作用,但同时我们也发现,以少儿人口及老年人口为主的人口自然增长的效应开始呈现,而这需要我们未来在北京市人口调控政策调整时加以关注和回应。

(四)城镇人口稳定增长,农村人口不断萎缩

目前我国关于城镇人口和乡村人口的研究尚缺乏统一的标准,主要分为两派,一是按居住地划分,居住在城市和集镇的为城镇人口,居住在乡村的为乡村人口(北京市统计局网站),这种划分多存在于各种类型的人口统计调查,同时也是大多数学者所直接采用的标准。从历次人口普查来看,由于市镇设置标准和行政区划范围的不断调整,普查中城乡人口的界定也在不断变换。以城镇人口为例,1953年第一次人口普查时,城镇人口指的是市镇行政

辖区的总人口；1964年第二次人口普查时，城镇人口的统计口径明显缩小，改为市镇行政辖区内的非农业人口；1982年，城镇人口又与1953年一样，指市镇行政辖区的总人口；然而，1984年以后，市镇设置标准降低，出现大量县改市、镇管村的现象，导致市镇人口规模大幅增长，不能反映实际城镇人口数量。因此，1990年第四次人口普查采用了新的统计口径，对设区的市采用总人口指标，对不设区的市和镇采用街道和居委会人口；2000年和2010年的人口普查采用的是将市辖区总人口作为城镇人口。此外，一些政府文件中也对城乡进行了规定。2008年国务院批复的《关于统计上划分城乡的规定》中明确指出，"以我国的行政区划为基础，以民政部门确认的居民委员会和村民委员会辖区为划分对象，以实际建设为划分依据，将我国的地域划分为城镇和乡村。"以后每年国家统计局都会出台《统计用区划代码和城乡划分代码》作为实际调查和管理工作中城乡分类的依据。二是按户口性质划分，拥有非农户口的为城镇人口，拥有农业户口的为乡村人口。

根据研究的需要，本文关于北京市城乡人口的界定采用北京市人口统计年鉴中的城乡人口界定。1949—1989年数据为户籍管理统计中的"非农业人口"和"农业人口"口径；1990—1999年数据是根据1990年、2000年两次人口普查数据调整的；2000年数据为国家统计局1999年发布的《关于统计上划分城乡的规定（试行）》中的"城镇人口"和"乡村人口"口径；2001—2005年数据为该口径的推算数；2006—2008年数据为国家统计局2006年发布的《关于统计上划分城乡的暂行规定》中的"城镇人口"和"乡村人口"口径的推算数；2009年以后数据为国务院批复的《关于统计上划分城乡的规定》中的"城镇人口"和"乡村人口"口径的推算数。

1. 城镇人口规模逐年增加，乡村人口规模整体减少

自新中国成立后至1960年，北京被确定为工业发展中心，出于生产的需要，城镇人口不断增加，而乡村人口保持大致平稳态势。其中，1954年之前乡村人口规模大于城市人口规模，但随着城镇人口规模的扩大，两者之间的差距在不断缩小。1961—1977年，受三年自然灾害的影响，城市人口数量出现了下滑，而随后的"文化大革命"中，大量城市知识青年响应国家"上山下乡"的号召，使乡村人口规模出现反弹，而这一时期的城市人口数量则出现了波动。其中，1960—1970年间，城镇人口共下降50.4万人，而农村人口则增加了95.1万人。

1978年以来，随着经济发展和城市化进程，北京市的城市人口呈不断增长的趋势，且增长幅度较大，而农村人口总体在不断萎缩。城镇人口规模从1978年的479万人上升到2014年的1 859万人，36年间增长了2.88倍，特别是1989年后城镇人口增长最为迅速，到2014年平均每年增加47.8万人，年平均增长4.2%（见图1—21）。与此相反，乡村人口规模虽然在个别年份在数量上有所回升（例如1995年增量为25.9万人），但整体上呈现出不断下降的趋势，由1978年的392.5万人降低到了2014年的292.6万人，以年均0.81%的速度下降。

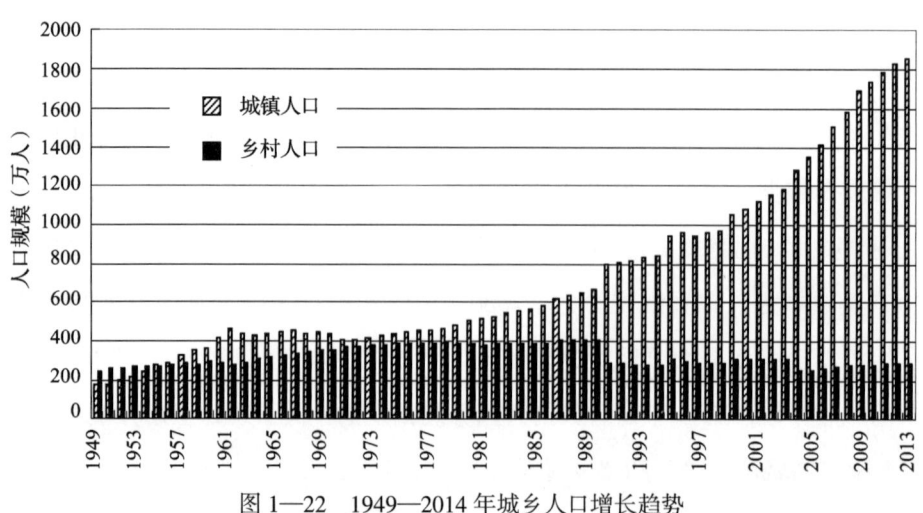

图1—22　1949—2014年城乡人口增长趋势

数据来源：1949年至1977年数据来源于《新中国60年统计资料汇编》；1978年至2014年数据来源于北京市统计局网站2014年人口与就业年度数据，http://www.bjstats.gov.cn/

重点看2000年以后，城镇人口由1 057.4万人快速增长到2014年的1 859万人，平均每年增加57.3万人。其中，2000—2010年平均每年增加

62.9万人，2010—2014年平均每年增加43.2万人。因此，从增长量上来看，2010年以后，北京城镇人口年均增量有所下降。与此相反，2000—2014年乡村人口规模从306.2万人减少到292.6万人，平均每年减少0.97万人。其中，2000—2010年平均每年减少3.1万人，但2010—2014年平均每年增加4.3万人。因此，从长时期历史数据来看，北京乡村人口规模总体上是不断减少的，但不排除今后几年有进一步增加的趋势。

2. 城镇人口增长速度快于乡村人口

从北京市城乡人口的增长率来看，在1970年前呈现先城市人口增长快，之后农村人口增长快的特征，人口增长的波动幅度较大；在1971年后呈现城镇人口的增长速度普遍快于农村人口增长速度的特征，人口增长趋于平稳。

由图1—22可以看出，1970年前，除去个别普查年份因统计口径导致年增长率波动较大外，1950—1960年城镇人口年增长率较大，1951年、1954年、1956年和1959年甚至都达到了10%以上。1961—1970年城市人口以年均0.76%的速度下降，而从1971年开始有所回升，年均增长率达到3.5%。

1971年后，尽管城乡人口的统计口径在不同年份有所改变，但是从人口增长的整体趋势来看，城镇人口每年均保持一定的增长速度，且增长率快于农村，城镇人口和乡村人口年增长率从整体趋势来看增长都较为平缓。其中，在1975—1980年和1990—1999年间的大部分年份，农村人口的增长率都为负值。自1978年以来，城镇人口规模，年均增长率为3.8%。尤其是1989年后城镇人口增长最为迅速，年均增长率达到了4.2%。但是，由于受不同时期城乡划分标准有所差异的影响，一个主要的转折区间在1989—1990年，城镇人口表现为急剧上升，相应的乡村人口表现为急剧下降。这是由于这一时期根据人口普查数据将城乡人口统计口径进行了调整。这种统计口径的变化使城镇人口数量在当年度出现了波动，导致市镇人口规模大幅增长。但是，城乡人口划分标准的差异只是使城镇人口在某些年份突然波动，并不会产生持续性的增长或下降趋势。

北京市城镇地区不论在经济发展程度、就业机会、公共资源等方面都要远远高于乡村地区，在吸引北京市以外的外来人口不断涌入城镇的同时，越来越多的本市乡村人口也倾向于迁入城镇。此外，1999年以来，北京市在一些区县推行了农业人口转为非农业人口的户籍改革政策和具体实施方案，在另一方面推动了城镇人口的增长。

从近15年的北京城乡人口发展情况来看，城镇人口在2000—2014年平均每年增长4.1%，其中2000—2010年年均增长率为4.8%，而2010年以后年均增长率显著下降，为2.5%；与此同时，2000—2014年，乡村人口以年均0.32%的速度下降，其中，2000—2010年的年均下降速度为1.1%，而2010年以后扭转下降态势，年均增长率达到了1.5%。这就同样可以看出，北京城镇人口增长速度近几年有所放缓，而乡村人口有进一步增长的趋势。

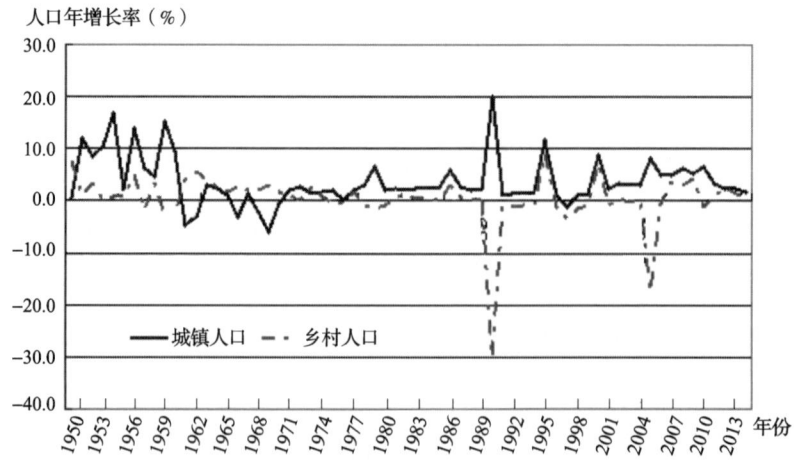

图1—22　1949—2014年城乡人口年增长率

数据来源：同图1—21。

3. 城镇人口比重在波动中不断上升，农村人口相对萎缩

1960年之前，北京市城市人口不断增加，农村人口快速下降。北京市的城镇人口比重由1949年42.5%上升到1960年的62.2%。1954年，北京市的城镇人口比重首次超过农村人口比重。但是从1961年到1973年，北京市的城镇人口比重萎缩，农村人口比重反弹。三年自然灾害后期和"文化大革命时期"，北京市的城镇人口比重由1961年的60.2%下降到1973年的52.9%。相应地，农村人口比重出现了反弹，城市化水平出现了衰退。

1974年至今，在工业化和城镇化引导下，北京市的城镇人口比重快速上升。从整体上来看，除了个别年份主要是由于县改区和乡改镇等政策因素驱动外，其根源则是北京市工业化进程促进了城市化水平的不断提高，城镇人口比重由1974年的53.2%上升到2014年的86.4%。在改革开放之后，北京市经济发展水平不断提升，在这一过程中，城镇化水平不断提升，城镇人口比重快速上升。到1990年，城市人口总量有了快速的发展，已经达到798万人，比1978年增加了319万人，城镇人口比重高达73.5%，然而农村人口则有所萎缩，降至288万人。

到2000年以后，北京城市人口占总人口的比重已经达到77.5%，达到世界发达国家的水平。城镇人口比重在2014年升至86.4%，此时城市人口约为1 859万人，农村人口为292.6万人。与2000年相比，14年间城市人口增加了801.6万人，农村人口减少了13.6万人，城市化水平提高了8.9个百分点（见图1—23）。

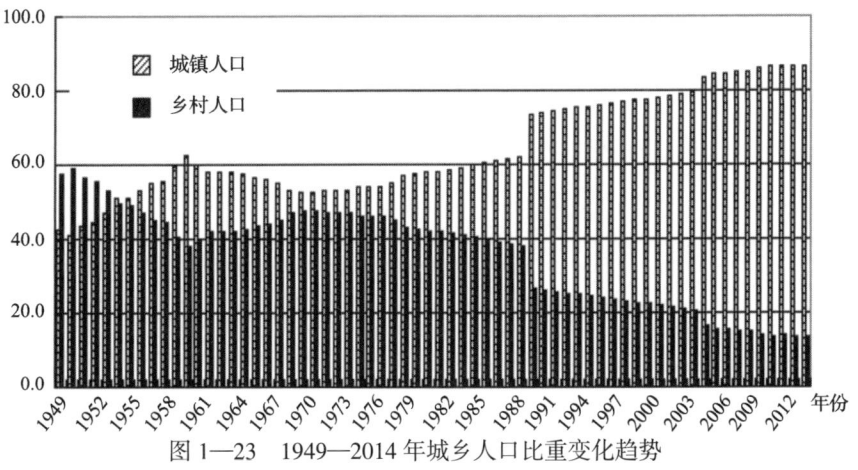

图1—23　1949—2014年城乡人口比重变化趋势

数据来源：同图1—21。

4. 城市功能拓展区、城市发展新区和生态涵养发展区的城镇人口快速增加

城市化、工业化以及经济发展三者是紧密联系的。随着北京的经济发展，城市化水平必然会得到一定程度的提高。对表1—8的数据分析发现，首都功能核心区的城镇人口基本没有显著变化，其他三个功能区都有不同程度的城镇人口增长变化。其中，2010—2014年首都功能核心区城镇人口增加幅度比较小，其他三个功能区城镇人口都增长非常快，增长最快的是城市发展新区，增长幅度达到了224.4%，速度高于城市功能拓展区的63.3%的增幅和生态涵养发展区81.4%的增幅。

表1—8　　　　　北京四大功能区的城乡人口变化趋势　　　　　单位：万人

地区	2000年		2010年		2014年	
	城镇人口	乡村人口	城镇人口	乡村人口	城镇人口	乡村人口
首都功能核心区	211.50	—	216.2	—	221.3	—
城市功能拓展区	638.80	—	945.6	9.9	1 043.1	11.9
城市发展新区	138.66	202.35	410.7	192.3	477.5	207.4
生态涵养发展区	64.56	100.94	113.3	73.1	117.1	73.3

数据来源：根据北京市统计局网站2000年、2010年、2014年的相关电子公告整理。

形成不同区域人口规模增速不同的主要原因在于各区域的功能和性质定位有所差异。《北京城市总体规划（2004—2020年）》中指出，要"加强历史文化名城保护"，"逐步疏解中心城区的人口与产业"；同时，要加强新城区建设，使其承担"疏解中心城人口和功能、集聚新的产业"职能。因此，一方面在北京低生育率水平的背景下，通过行政控制手段和高端产业定位有效限制了外来人口盲目涌入中心城区；另一方面，随着北京市公共交通设施的日益完善以及中心城区住房资源的匮乏，更多的就业人口倾向于将居住地选择在城市功能拓展区和城市发展新区。这就使首都功能核心区的城镇人口保持在一个较为平稳的水平，而其他功能区的城镇人口增长迅速。此外，城市发展新区和生态涵养发展区的经济水平不断提高，采取了一系列吸引人才的战略措施。特别是城市发展新区利用便捷的交通网络鼓励发展房地产行业，吸引了在其他区域工作的外来人口选择在此居住，使城镇人口规模不断增加。反观农村人口，这四个功能区10年来基本没有变化，反而在生态涵养发展区出现了农村人口减少的现象。

（五）高等教育人口增长最为迅速，中、初等教育水平人口增速不断放缓甚至减少

1. 初等教育人口规模显著下降，中等教育人口规模先升后降，高等教育人口规模逐年攀升

从北京五次人口普查不同受教育程度人口增长的变动趋势可以看出，以每10万人中不同受教育程度的人口数量为口径，接受过初等教育的人口数量逐年降低，由1964年的3.2万人下降到2010年的1万人，接受中等教育的人口数量占据较大比重，在2000年以前逐年上涨，而2000年以后呈现出下降趋势；接受过高等教育的人口数量逐年递增，由1964年的4 000多人增长到了2010年的3.1万人。与此同时，人口平均受教育年限也由20世纪60年代的5.3年提高到现阶段的11.5年，目前已接近高中水平（见表1—9，图1—24）。

表1—9　　北京不同受教育程度人口增长变动情况　　（单位：万人）

年份	"二普"1964年	"三普"1982年	"四普"1990年	"五普"2000年	"六普"2010年
初等教育	3.2	2.6	2.3	1.7	1.0
中等教育	1.6	4.7	4.9	5.7	5.3
高等教育	0.4	0.5	0.9	1.7	3.1
平均受教育年限	5.3	7.8	8.6	10.0	11.5

注：①表中数据为每10万人中拥有的不同受教育人口数；②按照学界的经验划分，此处将小学教育等同于初等教育，初中、高中及中专教育视为中等教育，大专及以上教育视为高等教育。

资料来源：根据《北京统计年鉴2014》相关数据整理。

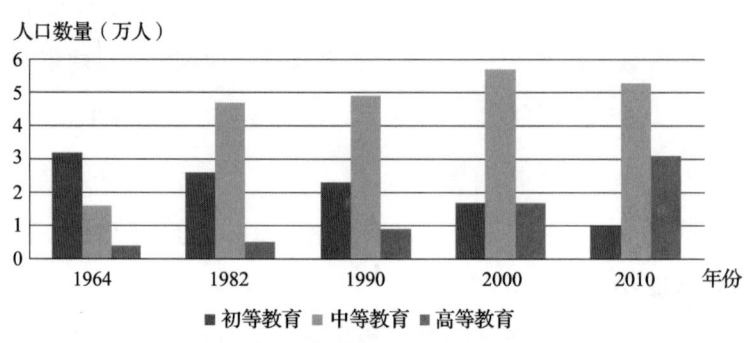

图1—24 北京不同受教育程度人口增长的变动趋势

资料来源：同表1—9。

2. 初等教育人口加速下降，中等教育人口增速下降直至负增长，高等教育人口在高速增长之后趋于减缓

从五次普查年份北京不同受教育程度人口的年均增长速度来看，同样以每10万人中不同受教育程度的人口数量为口径，四个时间段中初等教育人口年均增长速度一直下降，从1982年之前的12‰下降至2010年前的57‰，下降的速度逐年加快；中等教育人口增长速度不稳定，总体上呈现出下降趋势，但在1990年之前年均增长速度出现一个高速的下降过程，从1964—1982年间的65.4‰快速下降到1982—1990年间的5.9‰，降幅达到60‰，随后呈现出较为平缓的先快后慢的趋势，到2000—2010年间已下降至8‰的负增长率水平；高等教育的人口增速可划分为两个阶段，在1990年以前高速增长，特别是在1982—1990年间年均增速一度达到87.6‰，而后年均增长速度趋于减缓，但仍在高位运行（见图1—25）。

以上变化主要取决于北京的教育事业取得了巨大成就，九年义务教育基本普及、扫除了青壮年文盲；高等教育规模在短短几年内发生了历史性变化，其中"211工程"和"985工程"的实施，有力地推动了高水平大学和重点学科建设，仅北京两项工程重点建设的高校就达到32所，占全国的23%，高校已成为首都基础研究的主力军、高新技术研究和科技成果转化的强大生力军；素质教育全面展开，教育发展的基础和保障条件更加坚实，教师队伍整体素质进一步改善，教育信息化水平和法制建设得到提高，对外交流与合作不断推进，教育国际竞争力得到加强。

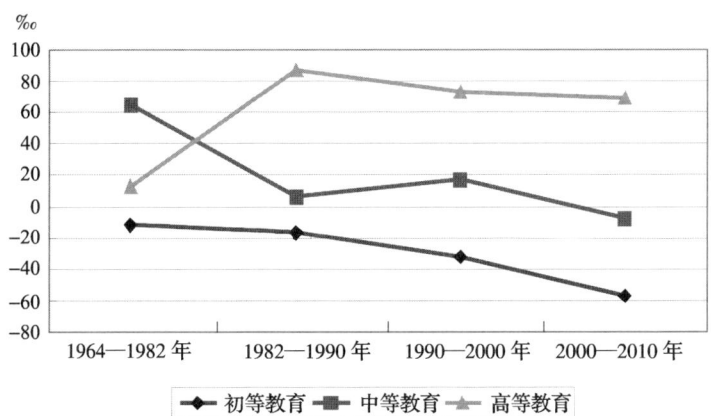

图1—25 北京不同受教育程度人口年均增长速度比较

资料来源：同表1—9。

第二章
北京市人口增长的机制和影响因素

根据我国人口普查资料的数据,1953年北京市人口规模达到512.9万人,1964年达到776.3万人,1982年第三次人口普查北京市的人口规模为924万人,1990年为1 081.9万人,2000年为1 356.9万人,2010年达到1 961.2万人,与1953年相比,人口总量翻了近两番,常住人口年均增长率节节攀升。2014年年末,北京市常住人口已达2 151.6万人,比上年年末增加36.8万人。已远远超过《北京城市总体规划(2004—2020年)》中的规划目标(1 800万人),且近年来以平均每年超过40万人的新增常住人口的规模迅速扩大。改革开放之初,北京市常住人口增长以户籍人口增长为主,占每年所增加的常住人口总量的75%。1990年开始,常住外来人口增长速度逐渐提升。尤其是2000年以后,北京常住外来人口总量加速膨胀,由2000年时的256.1万人增加至2014年的818.2万人,占常住人口的比重也由18.78%提高到38.03%。这种快速增长的人口数量在为城市发展带来新的劳动力,促进了北京市经济社会快速发展的同时,无疑会在交通、资源、环境、公共服务等方面带来巨大压力,也给城市的可持续发展带来很大威胁。如何调控北京市人口规模,成为摆在政府面前亟待解决的难题。

20世纪80年代以来,北京市政府已经连续出台了一系列旨在控制人口过快增长的各类政策,包括各类规划中所确定的人口限制目标(见第五章)以及具体的直接、间接干预措施,以期控制人口规模的进一步膨胀,形成北京市人口规模、经济发展和环境资源的良性互动。但效果并不理想，在总体上区域人口规模加速扩大的趋势并没有发生实质性扭转。人口聚集效应和行政手段控制的双重作用叠加，使北京市人口增长突显出不同于我国其他大型城市的独特规律。那么，是什么导致了北京市人口的过快增长，人口调控应该以什么为抓手才能起到明显效果？这一切问题的解答，实际上都与影响人口规模增长的原因和具体的因素有着十分密切的关系。理论和现实发展都迫切要求学者们尽快对北京的人口增长机制、影响因素进行深入的分析。

本章安排如下，首先对北京市人口增长的过程进行定性分析，并利用经济学和社会学的基本理论，分析北京市人口膨胀的原因与机制，之后应用计量经济学研究方法对北京市常住人口增长的影响因素进行实证分析。

一、文献回顾与分析

（一）国外关于城市人口增长原因的理论与研究回顾

莱文斯坦于19世纪提出了"人口迁移七大定律"。这一定律在随后的进程中不断发展，赫伯拉在1938年正式提出"推—拉"的概念，巴格内对其进一步理论化，20世纪50年代末唐纳德·博格在此研究基础上划分了影响迁移的因素，将之分为"推力"和"拉力"两个方面，提出系统的人口迁移"推拉理论"。在此之后，20世纪60年代埃弗雷特·李认为流出地和流入地实际上都既有拉力又有推力，同时又补充了第三个因素：中间障碍因素。"推拉理论"认为人口的迁移是迁入地积极因素的拉力和迁出地消极因素的推力共同作用的结果。积极因素包括较高的工资、较多的就业机会、良好的教育水平和文化氛围、完善的交通和基础设施等较好的生活条件和气候宜人等较好的自然条件，均会吸引有改善生活愿望的人口迁移；消极因素包括较低的收入、大量的失业、较差的生活环境等，均会促使人口离开。

人们比较熟悉的是发展经济学中关于人口向城市迁移增长的原因分析。刘易斯（1954）出版的《劳动力无限供给下的经济发展》书中分析了传统农业部门与现代工业尤其是制造业部门之间劳动力转移的特殊现象，从而引申出对二元经济结构模型的典型分析。该模型将一国经济分为农业部门和工业部门，认为由于劳动边际收益率差异而引发了农村劳动力源源不断地流向城市工业部门，同时城市工业部门因为高劳动生产率和低劳动力成本获得巨额的超额利润，不断地扩大工业部门以吸收农业部门的剩余劳动力，直到两部门的劳动生产率相等为止。这时农村剩余劳动力吸收完毕，一国的工业化过程也宣告完成。但该模型是建立在农业劳动边际生产率无限接近于零的前提下，同时以投资的加大与创造就业机会成正比为假设前提，这有悖于资本的边际效用递减原则，且并不充分适用于发展中国家经济发展道路。因此美国经济学家费景汉和拉尼斯（John C.H.Fei & Gustav Ranis，1961）对此进行了补充和修正，他们指出了技术进步的重要性，认为技术进步可以提高劳动生产率，传统农业部门技术进步为现代工业部门提供了更多的消费品，同时现代工业部门的技术进步，推动工业部门的进一步扩大再生产，又能吸纳更多的农村剩余劳动力就业。

美国发展经济学家托达罗（Todaro M.P.，1969）提出农村人口进城是为了所获"期望收益"大小的理论，这就是"托达罗模型"。该模型指出，在发展中国家，工业化未能充分实现，城市本身已存有大量的失业人口，此时农村剩余劳动力的城市转移化倾向，其结果只能进一步加剧城市失业问题的固有矛盾。因此，农村自身的剩余劳动力，作为经济生活中的个体，必然也将以理性经济人的前提存在，作出是否向城市迁移的抉择。农村剩余劳动力的转移概率在于对城市工作中的假设性工资，也即城市预期工资。城市预期工资实际值等于城乡间实际工资差异与找到工作的概率大小的乘积。据此我们可以推断，城市预期工资值与城市失业人口数是成正比的。城市预期工资值愈高，农村剩余劳动力流入城市的可能性越大；反之则愈小。

埃弗雷特·李（E.S.Lee，1966）提出迁移者理性选择理论。该理论认为，迁移行为具有选择性，只有某些特定的人才有可能成为迁移者，迁移行为是迁移者进行理性选择的结果。埃弗雷特·李认为，迁移人群是特定人群而不是所有人，这些人群的性别、年龄、受教育程度等均与迁入地的职业类型相匹配，所以具有更好条件的人更容易发生迁移，如身体状况较好的男性，年龄较轻、学历较高的人等，这也和劳动迁移理论和人力资本理论的观点一致。美国人口学家罗杰斯（Rogers，1984）为了总结年龄与迁移率之间的关系，利用瑞典等国的人口普查资料，提出了年龄—迁移率理论模型。罗氏理论发现，一般幼儿的迁移概率较高，而在初等义务教育阶段快速下降，随着该阶段结束又迅速上升，20~30岁是迁移概率的顶峰阶段，随后缓慢下降，直到50~60岁阶段，再次形成较小的迁移高峰。在此基础上，美国社会学家科尔曼（James S.Coleman，1990）进一步丰富了迁移理性选择理论。他认为社会关系、社会结构、集体决策和集体行为等归根到底是个体追求最大功利进行成本效益分析以后的理性选择结果，个人按照一种投入—产出的精于计算的方式选择他们的行动过程。而理性是可以分为多种维度的，它包括生存理性、经济理性和社会理性。结合实际可知，除了生存理性和经济理性，一个城市所带来的社会文明，如社会氛围、生活方式、生活环境等社会理性才是造成外来人口在城市长期居留意愿的根本原因。因此对外来人口迁移和定居意愿进行分析时，也应该综合生存状况、经济原因和社会条件等多种因素进行综合考量。

随后，新古典经济学家进一步发展迁移理论，将经济学中供给与需求关系引入到对人口迁移的研究中。他们认为，不同区域之间劳动力的调整，即人口迁移是由劳动力供给与需求的区域差异引起的。根据舒尔茨（Thodore W.Schults，1995）的人力资本理论，迁移本身是一种人力资本投资行为，可以获得个人的效益，而当这种效益大于迁移产生的成本时，迁移就发生了。在这之中，多数的研究表明人口迁移主要是在市场调节下迁移人口对经济机会的选择。库尔辛（Courchene，1970）发现加拿大各省区的迁移率与人均收入成正相关关系。随后，塞布拉和维德（Cebula & Vedder，1972）通过对美国39个市统计区的调查，也得出人口净迁入量与人均收入呈弱正相关关系的结论。

新古典经济学假定个人是迁移过程的最小单位，而在实际研究中，许多学者发现个人决策往往与家庭有着很大的关系，斯塔克和布鲁姆（Stark & Blarn，1985）提出了新迁移理论。该理论打破了传统认为的迁移决策是以个体为主的看法，而将家庭作为迁移决策的主体，认为家庭是否迁移的决策是在考虑家庭预期收入最大化的基础上做出的。同时，该理论还引入风险最小化假说，认为除了考虑收益最大化，迁移的目的还是为了规避市场带来的各种风险，以期将风险降到最低。因此为了规避和分散风险，家庭成员会综合考量自身素质、家庭整体资源状况和迁入地的市场状况、收益情况等，决定部分成员是否外出或迁移，若内外对比迁入外地收入较多，一般家庭成员便会做出迁入外地的决策。这样在很大程度上降低了单纯依靠本地劳动收入带来的市场风险和不理智迁入外地带来的成本损失。不过，对于主要在家乡相对较差部门就业的人口的家庭来说，若城市没有稳定工作和经济来源，放弃家乡的既有资源而选择去城市定居显然是不明智的，这会导致外来人口选择暂时性迁移。

（二）国内学者对城市人口增长及影响因素的研究

人口的增长不仅与地区经济发展密切相关，也受到城市基础设施容纳能力、政府城市规划政策等因素的影响。对城市人口增长影响因素的探讨一直是社会学、人口学研究的重点。

城市的经济发展对人口规模有基本的需求，从城市发展的趋势来看，经济因素发挥的作用越来越显著（周加来、黎永生，1999；钟少颖，2013），不同城市的基本条件和经济发展不平衡以及由此产生的城乡和地区间的收入差距对人口的迁移决策产生重要影响，是大城市人口膨胀的最主要原因之一（李树茁，1994；王平权，1996；王桂新，1997；蔡昉，1995、2003；王春兰、杨上广，2012；朱志胜、纪韶，2013；杨卡，2014）。实证研究发现，人均国内生产总值和外商直接投资等反映城市劳动生产率的指标对城市人口增长的作用显著为正，政府财政支出和固定资产投资比重的系数也为正（陈解、陈爱民，2002；朱农、曾昭俊，2004；李国平、陈秀欣，2009）。同时，城市对资源的聚集效应随着城市规模的不断扩大而增强，对外经济交流、城市基础设施的规模效应使得大城市的经济增长水平优于中、小城市，对迁移人口的吸引力越来越大，而大城市中工业和服务业的发展及其产业结构的升级、土地价格的提高使劳动密集型产业替代资本密集型产业的作用开始显现，均是城市人口增长的"拉力"（张涛等，2007；张艳奇，2008；许抄军、罗能生，2008）。

除一致认可的区域发展不平衡和收入差距等经济因素外，学者们通过定性和定量研究也发现城市基础设施、生态环境等非经济因素对大城市人口增长也有一定影响。城市基础设施的质量影响经济的集聚和生产率，因此在城市人口增长中扮演了一个重要角色，高程越低、通达程度越好越有利于人口增长（朱农、曾昭俊，2004；钱善刚，2007；郑文兵，2007；李国平、陈秀欣，2009；杨东峰、熊国平，2008），农村生态环境与自然资源的不断恶化对人口形成推力，而城市良好的文教医疗条件、城市的技术创新等也是吸引人口迁入的主要因素（王桂新，1994；周海春、许江萍，2001；陈欣欣、黄祖辉，2003；蔡之兵、张可云，2014）。而随着人们对于生活品质的要求，人均公园面积、城市建成区绿化率与人口增长呈正相关关系（张艳奇，2008；张思彤，2010）。宏观政策方面主要是指政府通过重大工程项目布局、城市规划、给予特殊优惠政策等措施对城市人口增长起到一定的作用（韩本毅，2010）。

（三）专门针对北京市人口增长的相关研究

北京作为首都和区域中心城市，在全国有着特殊的政治、经济地位，吸引着全国的人口向北京集中，由此形成的对人口快速增长及其影响因素和机制的研究也受到国内外学者的广泛关注。

1. 关于北京人口增长的趋势与过程的分析

学者们首先确认了北京市从20世纪90年代以来人口的快速增长过程，一些学者将北京市人口增长划分成不同的阶段，户籍人口迁入带来的人口机械增长，从1991年以后呈现快速增长势头（陈功等，2006）。安慧分析了

1978—2008年间北京市常住人口的增长情况,认为1995年以前人口总量增长平稳;1995年以后,人口总量增长明显加快(安慧,2009),1995年北京常住人口规模的增长速度甚至达到了惊人的11.2%(蔡之兵、张可云,2014);而年炜(2013)将北京市常住人口增长划分为三个阶段,其中1992—2001年和2002—2011年间常住人口年均增长分别为2.46%和3.84%。还有一些学者对近几年的人口增长趋势也进行了分析,认为人口增长已经开始出现减缓(尹德挺,2013;蔡之兵、张可云,2014)。

2. 关于北京市人口增长的原因分析

几乎所有学者都发现,北京市人口从20世纪90年代以来人口快速增长的直接原因并非是自然增长,而是迁移流动人口的大规模增长。北京作为首都和区域中心城市,有着特殊的政治、经济地位,吸引着全国的人口向北京集中,对人口快速增长及其影响因素和机制的研究也受到国内外学者的广泛关注。学者们认为以下原因导致北京市人口的增长。

(1)经济优势。学者们认为,北京领先于全国其他地区的巨大社会经济优势是北京人口增长的重要原因。李国平等(2009)的实证分析结果显示,一个地区如果人均GDP增长较快,第三产业发展较好、增长较快、市场潜力较大,则人口增长较快。黄荣清(2011)和陈剑(2012)认为,北京经济发展水平高,与全国其他地区的社会经济巨大差异的存在,是人口流向北京的强大吸引力,经济增长带来的就业量增加难以避免,也催生了人口规模的增加。而年炜(2013)分析认为,北京市第三产业近年来的快速发展创造的大量就业机会是北京人口增长的表层原因,就业转型滞后和生产效率偏低则是深层次原因,北京进入了"经济越增长,人口越膨胀"的怪圈。

(2)教育因素也发挥着重要作用。北京户口附带的高考高录取率,为高等教育资源丰富的北京提供了人口增长助力(林志远,2007)。蔡之兵、张可云(2012)通过构建因子分析模型发现,北京户口附带许多其他地区户口不具备的利益,其中以教育利益最为明显。陈剑(2012)认为,北京高校尤其是教育部直属的高校大量集中在北京，随着高校的扩招，每年招收的外省市大学生也在增加，而近一半的外省大学生毕业后会滞留在北京，他们可能在5~10年后带来3个人。

（3）特殊的政治地缘优势，对各方面人才产生了巨大的吸引力。黄荣清（2011）认为，作为中央政府所在地的北京，拥有其他任何城市不可比拟的获取资源的能力。可以利用首都得天独厚的条件，发展产业，提供更多的发展机会，从而吸引各类人口涌向北京。陈剑（2012）认为，北京作为全国的政治中心，集中了中央部委、党政机关、军队等大量机构。而机构的精简不仅不会带来户籍指标的减少，还会依靠原来的关系扩大编制招收新人，吸引更多的外来人口。

（4）总部经济，也是北京市吸引企业入驻和员工就业的重要因素。北京具有丰富的资源和独特的科技、智力及区位条件吸引企业将总部在北京集群布局，由此形成对劳动力的需求（赵弘、张西玲，2009；赵卜文、张泽一，2014）。

学者们虽对大城市人口增长做了较多有价值的研究，但还存在一些不足。一是现有研究较为宏观，多以中国城市人口的增长原因及影响因素为出发点，针对具体城市，尤其是对北京、上海、广州这样的特大城市的人口规模增长机制研究相对较少。人口的迁移虽然受到宏观因素的制约，但是本质上还是个人主观选择的结果，因此现有文献仅寻找影响北京市人口增长的宏观机制，忽略微观机制的影响必然无法准确说明北京市人口增长的真正原因。二是学者们较多使用了时间序列的回归分析、因子分析和主成分分析方法，一是得出的影响因素无法细化到某一具体的因素，二是在实证过程处理中，对于变量选取的个数、时间序列回归的基本前提条件并没有缜密的考虑，造成结果可信度降低。本书从微观和宏观层面剖析北京市人口增长的动力机制，并根据理论依据较为科学和针对性地选取各个指标，对北京市人口增长的影响因素进行深入的实证分析，从而为政府人口调控提供有价值的参考。

二、北京市人口增长的微、宏观机制：理论分析

这里需要解释两个方面的问题：一个是人口为什么向北京这样的超大城市集中？其动力机制是什么？下面借用经济学和人口学的一些理论，对此进行分析；另一个是要解释为什么北京市人口增长的如此迅速？或者说北京市人口快速增长的具体原因是什么？

（一）个人利益最大化——人口迁移决策的微观理论基础

根据北京市统计年鉴数据分析可知，近年来在北京市的人口规模新增量中，常住外来人口约占到60%，因此，常住外来人口成为北京市人口增长的主要原因。

从微观上说，每个人都是经济人，都在追求个人利益最大化的过程中做出自己的行为选择。早在1776年经济学鼻祖亚当·斯密（Adam Smith）就已提出该假设，在这里可以被很好地诠释。T.W.舒尔茨（T.W.Schults）在此基础上创立人力资本理论模型，认为迁移作为一种人力资本投资行为，只有在迁移的收益大于其成本时才会做出迁移决策。在这里，迁移行为中的收益，不仅仅是指经济收益，而且包括心理方面的收益以及迁移后带来的个人人力资本的增大，而成本也不再仅仅是经济上的投入，而是包括了由于迁移引起的心理成本和机会成本等。这个理论为人们是否会做出迁移决策提供了微观经济学机理。

就流入到北京市的常住外来人口而言（对流入其他区域的流动者也适用），上述理论完全适用。所有来到北京的外来者，都是经济人行为支配下的个体，都是在权衡了个人净投入和净效益之差后的个人决策行为。其中，收益包括预期的工作机会与收入、良好的医疗教育环境、各种可能的发展机会等；成本主要包括流动成本（信息、交通和机会成本）、在京生活成本、心理成本，以及北京生活不便带来的不适（例如各类拥堵、高房价或租价、空气污染等）等。净收益是总收益减去总成本的结果，其最终决定了人们做出何种迁移决策。

（二）人口何以流入北京的宏观机制——影响个人迁移决策的宏观因素分析

为什么每年会有几十万甚至上百万的人口选择进入北京？是什么因素影响了人们的流迁成本、效益的比较结果并最终导致了人口进入北京呢？

按照人口学早期的推拉理论，迁入地往往会存在着较大的拉力，而迁出地存在着推力，这是从宏观上来解释的一种理论。与上述微观决策理论结合，则可以进一步看出宏观因素是如何影响到人们的迁移决策的。

推拉理论是被广泛用于解释人口流动的经典理论之一。该理论可在英国学者莱文斯坦（Levenshtein）19世纪末提出的著名的"人口迁移七大定律"中找到雏形，随后赫伯拉（Herberla，1938年）提出了"推—拉"的概念，巴格内（D.J.Bagne）则正式提出这一理论，20世纪50年代末唐纳德·博格（D.J.Bogue）在此研究基础上划分了影响迁移的因素，将其分为"推力"和"拉力"两个方面，提出系统的人口迁移"推拉理论"。在此之后，20世纪60年代，埃弗雷特·李（E.S.Lee）认为流出地和流入地实际上都既有拉力又有推力，同时又补充了第三个因素：中间障碍因素。"推拉理论"认为，人口的迁移是迁入地积极因素的拉力和迁出地消极因素的推力共同作用的结果。积极因素包括较高的工资、较多的就业机会、良好的教育水平和文化氛围、完善的交通和基础设施等较好的生活条件和气候宜人等较好的自然条件，会吸引有改善生活愿望的人口迁移；消极因素包括较低的收入、大量的失业、较差的生活环境等，会促使人口离开。

梳理影响人口迁移的影响因素发现，学者普遍认为经济利益是人口迁移的最主要动机，经济效益最大化是人口自发迁移的最根本动力。著名的人口迁移七大定律认为，在人口迁移的众多影响因素中，经济因素是吸引移民的最重要原因。此外，新古典劳动力迁移理论认为，区域间的收入差异也是人口迁移的主要动力，可以说预期收益的增加是吸引人口迁入的重要因素。人力资本理论则把迁移看作一项长期投资，进行投资必然要发生成本，从而影响未来货币及非货币收益。如迁移可以增长见闻，增加就业和发展机会，获得新的社会资源等。但在获得收益的同时也必然会产生成本和风险，如因迁移而放弃原来的工作、熟悉的环境，与家人、朋友的分离以及因迁往此地而未迁往其他地方而产生的机会成本。除此之外，还有因迁移实际发生的各种费用以及为适应新环境所付出的精力等。人们在做出迁移决定之前，主要是对影响自身生存和发展的成本与收益进行理性的权衡分析，如果收益大于成本，就会产生迁移的行为。

北京作为首都所拥有的许多优势是吸引常住外来人口流动的根本原因，其多元化的功能定位使它集聚了丰富的资源和机会。和其他城市相比，北京在经济增长、社会发展、科技教育、公共设施与安全、资源环境和人民生活等方面均存在很大优势，因而有它们难以超越的"拉力"。同时，伴随城市化和工业化的快速发展，北京市人口迅速膨胀，不仅带来丰富多层次的劳动力，而且也造成高房价、资源紧张、环境污染、交通堵塞等问题，同时"北漂"还要承受与亲人分离的心理成本等，这些是北京市的"推力"。根据北京市统计年鉴数据可知，从2000—2013年，大约每年有41.72万名迁移者在对这些因素进行衡量比较中，认为迁移北京所获收益大于成本，继而选择迁入，这说明就北京而言，"拉力"是主要的因素，而推力是次要的因素。

1. 北京比中国其他地区，特别是周边地区存在巨大的发展优势

根据2013年中国流动人口监测数据，北京市常住外来人口的主要来源地集中在河北（22.85%）、河南（14.84%）、山东（12.46%），这三个地区一方面距离北京较近，交通便利，另一方面在经济、就业、工资和公共服务等发展方面与北京存在着巨大的差距，从而使得北京形成巨大的拉力，吸引了大量的外来人口。（见表2—1）。

（1）经济增长方面，北京与周边其他省市相比，具有巨大的经济优势。北京市人均GDP稳居全国前三位，是河北、河南以及山东等周边地区的

2～3倍。

（2）就业机会方面。如果用法人企业法人单位数及结构来衡量的话，2013年北京市的企业法人单位数量为627 051家。河北和河南两省的企业法人数明显低于北京市，山东省在数量上尽管多于北京市，但从结构上看，山东省国有集体、港澳台资以及私人控股类型企业单位数占比均明显少于北京，说明企业的规模较小，创造就业的机会较少。

（3）工资方面。2006年以来北京市城镇单位就业人员平均工资一直居于全国首位，其中2013年为93 006元，而山东、河北、河南平均工资分别为46 998元、41 501元、8 301元，均与北京市工资水平差距较大。鉴于北京特殊的城市地位，政府服务具有明显的公共性，从而在一定程度上，起到增加收入或者闲暇的作用，即而对人口迁入形成一定的引力。众所周知，北京市交通费用全国最低且公交系统的健全，大大降低了常住外来人口的时间成本和生活成本。按照托达罗预期收益理论，北京充分的就业机会和较高的工资水平提高了外来人口的预期收益。人力资本理论认为迁移行为是一种投资行为，而这种投资是迁移主体在个人效用最大化的前提下对未来预期收益和成本比较的结果，而北京较高的工资收入、较好的社会福利和相对较低的生活成本都是吸引大量常住外来人口的主要动力，从而带动北京市人口增长。

（4）基础设施和社会公共服务方面。根据《2014年中国卫生年鉴》数据，2013年北京市共有44家三甲医院，每百万人拥有的三甲医院数为2.01家，是山东、河北以及河南每百万人拥有三甲医院数的4倍左右，可见，在医疗资源方面，北京与外来人口来源地形成了巨大差距；除了医疗，公共教育方面的差距同样显著，从人均教育经费投入来看，北京市几乎是另外三个省之和，是每个省的3倍左右，优质的教育资源集中于北京，导致全国各地的学生倾向于报考北京的院校，从高校在校人数可以看到，每10万人口高校平均在校人数北京市是另外三个省的2倍左右（见表2—1）。

表 2—1　　2013 年北京与常住外来人口主要来源地方面对比

地区	人均地区生产总值（元/人）	城镇单位就业人员平均工资（元）	企业法人数（个）	每百万人拥有三甲医院数（个/百万人）	每十万人口高等院校在校人数（人/十万人）	人均教育经费投入（元/人）
北京	94 648	93 006	627 051	2.08	5 469	3 221
河北	38 909	41 501	434 833	0.51	2 108	1 134
山东	56 885	46 998	823 846	0.53	2 304	1 438
河南	34 211	38 301	510 502	0.43	2 114	1 105

2. 北京作为首都，具有突出的特殊优势地位和条件

有学者质疑：如果新中国成立后北京不被确定为首都，北京还能达到今天的发展水平吗？"首都"这个定位为北京带来什么优势和条件呢？

第一，北京作为全国的政治中心、国际交流中心，中国的"首善之区"，集聚了国内一流的科研、教育、文化艺术、医疗卫生机构，是一个巨大的"能量场"。另外，北京也是重要的信息发源地，企业能够及时、便捷地了解行业发展最新动态和政策导向，以上条件为企业、劳动力相互之间分享、匹配、学习创造更多的机会，营造了更好的环境，在一定程度上解释了为什么企业和劳动力在北京"扎堆"。

第二，中央对北京的支持。改革开放以前，中央政府对北京的支持主要是通过直接调配资源支持北京的建设，如新中国成立之初中央政府利用手中掌握的资源，集中财力人力，使北京城市面貌迅速改观。改革开放以后，随着市场在资源配置中作用的加强，中央的直接干预减少，重要体现是 30 多年来中央对北京的直接投资占北京固定资产投资的比重不断下降，由改革开始时的 40%～50% 降为目前的 2% 左右，但中央对北京的间接支持在加强，如安排更多的会展活动、国际比赛在北京举办，这对于提升北京的城市价值和国际形象具有重要的作用。

综上所述，特殊的政治中心地位和长期形成的经济地理优势使得大量企业聚集于北京，形成规模经济，在市场接近效应和生活成本效应的作用下，降低了北京的生活成本和劳动力工作搜寻成本。而较高的教育和医疗水平，现代化的城市建设提供的基础公共服务设施，均大大提高了当地居民的总体福利水平，进而使得人口迁移的人力资本投资回报率大幅提高。追求个人及家庭效用最大化的迁移个体权衡得失后更倾向于迁入北京，这都必然成为北京市吸引大量人口迁入的主要动因。

三、北京市常住人口增长影响因素的实证分析——宏观模型

通过上面的分析，我们对影响北京市人口增长的因素作出假设，同时加入实证性研究使其更具客观性，验证理论，增加说服力。因此，我们接下来进行北京市人口增长影响因素的实证分析，并分别从模型选择和数据、回归过程和结果分析几部分具体阐述。

（一）模型选择、数据说明及方法应用

1. 模型说明及变量选取

（1）模型选择

本研究借鉴人口迁移研究中常见的托达罗理论及其扩展模型。该模型是美国经济学家托达罗于1969年最早提出的一个劳动力流动模型。他认为城乡预期收入差距，是农村劳动力向城市迁移的基本动因。因而也把这种观点加入模型中，即农村劳动力流动规模（M）是预期收入差距（d）的增函数，即

$$M=f(d), f'>0$$

其中M表示人口从农村迁入城市的数目；d表示城市预期收入差异；预期收入差距d等于城市实际工资率（W）与就业概率（π）的乘积与农村市场实际收入（R）的差，即$d=W\pi-R$。

为了更好地分析收入和就业变量同时变动对因变量的影响，我们对经典的托达罗公式进行了一定的改进。其改进的公式为：

$$M=W'\times\pi \qquad 式（2—1）$$

其中，W' 代表收入差距，π 则表示就业概率。

对其公式两边同时取对数，可得到以下公式：

$$\ln M = \ln W' + \ln \pi \qquad \text{式（2—2）}$$

（2）变量选择

北京 2014 年常住外来人口总量为 818.2 万人，是北京市人口增长的主要力量。因此讨论北京市人口增长的原因机制实质就是讨论常住外来人口增长的动因。基于托达罗理论，城市的收入水平和就业机会是吸引常住外来人口的两个非常重要的因素。但是根据推拉理论，人口迁移并不仅仅受到收入、就业的影响，优越的教育资源和环境、高水平的医疗条件、完善的公共服务设施等也都成为吸引劳动力迁入的重要因素。又因为是时间序列数据，要考虑自变量的个数。笔者认为，在收入差异和就业率基础上，考虑其他方面的因素纳入模型，具体包括了每万人拥有执业医师数、每万人口高等学校在校生人数和地方财政支出占 GDP 的比重。具体的原因如下：

北京与全国人均国内生产总值之差。基于托达罗理论，我们首先考虑代表收入水平的指标，最终我们使用北京与全国人均国内生产总值之差这一指标。本打算用北京和全国的城镇在岗职工平均工资差这一指标，然而笔者认为虽然这个变量反映了城市正规部门职工的货币工资水平，但是并不能反映其非货币的福利水平，且这个变量也不能反映向迁移人口提供了数量巨大的就业岗位的非正规部门的收入水平，而乡—城迁移人口通常在非正规部门就业，他们进入正规部门可能性非常小。所以这里我们用北京与全国人均国内生产总值之差反映城市收入水平的高低，希望这个变量能捕捉到城市收入对城市人口增长的作用。

就业机会。同样是从托达罗理论出发，城市所具有的大量就业机会是吸引人口迁入的一个重要原因。根据北京市统计局数据，北京市历年常住外来人口中"务工经商"比例较大，成为常住外来人口离开户口登记地发生迁移的最主要原因。这里我们选择"社会从业人员数/总人口"这一指标来代表城市的就业机会。这个指标国际上也是通用的，可以用来表示一个经济体创造就业机会的能力，比例越高说明一个国家或地区有较大比例的人口参与了就业。这里要说明的是，我们没有使用"就业率"这一指标是因为托达罗理论里的就业机会指的是就业概率而不是就业率，而且"就业率"指标的计算和"失业率"一样，存在较大争议。因此，我们最终选择"社会从业人员数/总人口"来代表就业机会。

每万人拥有执业医师数。北京市拥有比其他城市更丰富高效的医疗资源，相对于其他城市而言，这里的医疗水平高、医师职业素养高、对疑难杂症的治愈效果相对较好，会对外省市的人口尤其是有医疗需要的人口形成较大的吸引力，从而成为吸引常住外来人口进京的原因之一。

每万人口高等学校在校生人数。之所以选择这个指标，第一是考虑到北京的高校扩招对北京市户籍人口产生重要影响。在校生大幅度增加，直接增加高校单位的户籍人口。第二是京外生源的大学毕业生大量滞留北京寻找工作。他们把迁入户口留在学校、单位、人才交流中心或者职业介绍托管机构，很少迁出北京，无法再与招生引起的迁入人口达到平衡。

地方财政支出占 GDP 比重。考虑到除了教育资源和卫生资源外，城市的交通、道路设施、环境状况等也是吸引常住外来人口的重要因素。而这些基础设施的差异可以通过政府财政配置而改变，因此选择"地方财政支出占 GDP 比重"这一指标来反映政府可以配置的公共产品数量。尽管我们不能区分开支的细节，但这个变量可以在一定程度上作用于城市生产率和生活质量。对于衡量公共产品配置程度的数据，本文主要还是用统计年鉴中的财政支出数据来代替，这主要是因为实际的公共产品指标，例如，人均绿化面积、人均拥有公交车辆和通勤时间等项目数据，在 2000 年之前的统计年鉴中不是很全，数据的缺失，将使本来很少的时间序列数据，变得更加难以估计。所以本文还是采用财政支出数据来衡量公共产品，最终获得表 2—2 所示的变量。

表 2—2　　　　　　　　变量选取

变量	名称	单位
Pop	北京市常住总人口	万人
GDP-gap	北京与全国的人均国内生产总值之差	元/人
Job-opportunity	就业机会	%
Practitioners	每万人拥有执业医师数	人/万人
University-stu	每万人口高等学校在校生人数	人/万人
Fiscal-expend/gdp	地方财政支出占GDP比重	%
_cons	常数项	—

模型表达式

有鉴于此，最终本研究采取的模型为：

$$\ln Pop = \beta_0 + \beta_1 \times \ln(Gdp\text{-}gap) + \beta_2 \times \ln(Job\text{-}opportunity) + \beta_3 \times \ln(Practitioners) + \beta_4 \times \ln(University\text{-}stu) + \beta_5 \times \ln(Fiscal\text{-}expend/gdp) \quad 式（2—3）$$

2．数据来源和处理

为了确保数据的准确性与权威性，本研究使用的数据均来源于《北京市统计年鉴》。考虑到样本量的原因及数据统一性，所有选取指标均为从1978年至2014年有数据记录的具体指标，包括：北京市常住总人口数（1978—2014）、北京与全国的人均国内生产总值之差（1978—2014）、北京市就业机会（1978—2014）、每万人拥有执业医师数（1978—2014）、每万人口高等学校在校生人数（1978—2014）、地方财政支出占GDP比重（1978—2014）。为了保证结果的准确性，本文对自变量和因变量等时间序列数据进行检验。其中考虑到收入名义与实际价格变动因素，分别对北京与全国的人均国内生产总值进行了消胀，进而计算出北京与全国的人均国内生产总值之差。为了便于读者比较和研究，我们给出各变量的原始数据（见表2—3），并对所有变量做一个统计描述，表2—4分别对各变量的样本容量、平均值、标准差、最小值和最大值做一个直观的展示。

表 2—3　　　　　　　　各变量的原始数据

	年末常住总人口（万人）	北京与全国的人均国内生产总值之差（元/人）	就业机会（%）	每万人口拥有执业（助理）医师数（人/万人）	每万人口高等学校在校生人数（人/万人）	地方财政支出占国内生产总值的比例（%）
1978	871.50	50.96	12.20	33.50	57.22	18.73
1979	897.10	52.45	11.60	36.60	63.26	16.70
1980	904.30	53.54	11.60	38.80	93.75	10.69
1981	919.20	55.67	11.28	42.00	108.84	10.67
1982	935.00	57.24	11.62	43.00	102.29	10.85
1983	950.00	58.11	11.09	44.00	97.40	10.71
1984	965.00	57.64	10.54	44.00	108.93	12.53
1985	981.00	57.75	10.40	44.40	128.19	12.83
1986	1 028.00	55.71	10.30	44.70	133.49	15.54
1987	1 047.00	55.42	10.45	46.60	138.35	15.20
1988	1 061.00	55.05	10.40	48.20	144.96	12.90
1989	1 075.00	55.25	10.40	48.30	138.70	13.05
1990	1 086.00	57.74	10.30	49.30	135.29	13.28
1991	1 094.00	57.95	10.40	50.30	131.74	11.35
1992	1 102.00	58.92	10.36	51.00	133.96	10.12
1993	1 112.00	56.46	10.41	51.30	151.17	9.14
1994	1 125.00	59.05	10.41	51.00	165.01	8.60
1995	1 251.10	53.18	10.46	51.30	170.21	10.24
1996	1 259.40	52.42	10.58	50.70	176.26	10.48
1997	1 240.00	52.89	10.73	50.60	180.42	12.62
1998	1 245.60	49.95	10.66	47.60	195.13	12.94
1999	1 257.20	49.20	10.62	47.90	212.80	14.88
2000	1 363.60	45.42	10.76	46.60	255.16	15.51
2001	1 385.10	45.40	11.18	46.40	303.20	16.58
2002	1 423.20	47.72	11.35	41.80	350.76	15.85
2003	1 456.40	48.29	11.43	42.10	399.46	16.16
2004	1 492.70	57.22	11.30	42.50	430.17	16.15
2005	1 538.00	57.09	12.11	43.20	454.58	16.32
2006	1 601.00	57.45	11.98	44.40	463.18	17.39
2007	1 676.00	56.25	11.84	45.30	468.04	21.00

续表

	年末常住总人口（万人）	北京与全国的人均国内生产总值之差（元/人）	就业机会（％）	每万人口拥有执业（助理）医师数（人/万人）	每万人口高等学校在校生人数（人/万人）	地方财政支出占国内生产总值的比例（％）
2008	1 771.00	55.39	11.82	47.80	468.04	21.60
2009	1 860.00	53.67	11.44	50.00	463.28	23.21
2010	1 961.90	52.58	11.37	52.50	459.62	28.80
2011	2 018.60	52.99	11.39	54.60	453.33	28.15
2012	2 069.30	53.51	11.27	63.40	449.13	27.22
2013	2 114.80	53.95	11.21	65.40	449.08	30.97
2014	2 151.60	54.59	11.31	67.80	445.93	33.45

资料来源：根据北京市统计局统计年鉴网站数据计算，http://www.bjstats.gov.cn/

注：其中"每万人拥有执业医师数"和"每万人口高等学校在校生人数"均按照户籍人口计算。

表 2—4　　　　　　　　变量统计描述

Variable	Observations	Mean	Std.Dev.	Min	Max
year	37	1996	10.82	1978	2014
Pop	37	1 332.15	386.51	871.50	2 151.60
GDP-gap	37	16 671.55	17 297.07	849.23	30.97
Job-opportunity	37	54.16	3.60	45.40	59.05
Practitioners	37	47.81	6.98	33.50	67.80
University-stu	37	250.82	151.19	57.22	468.04
Fiscal-expend /gdp	37	16.28	6.42	8.60	33.45

3．方法和软件选择

本文选取定量分析中的回归分析方法，使用的是 stata11.0 对时间序列数据进行多元线性回归估计分析。

在进行估计时，需要注意的是经典回归模型要求样本之间相互独立且时间序列平稳。而在实际情况中，时间序列多是不平稳且存在自相关的。因此这里并不满足经典回归模型的假设，不能直接利用 OLS 进行估计。所以我们选取尼威—韦斯特标准误法（"Newey-West 估计法"），它是由尼威和韦斯特于 1978 年提出的修正普通最小二乘参数估计量标准误的方法（"OLS+HAC 标准误"），即当模型随机误差项同时存在异方差与序列相关时，也能得到参数估计量的正确标准误，因此该标准误也被称为异方差—序列相关一致标准误。

这种方法只改变标准误的估计值,并不改变回归系数的估计值,这样可以较好地解决异方差和序列相关性等问题。

(二)实证处理过程

根据上述提出的模型,我们把各个变量进行对数处理,然后进行运算。在进行估计之前,我们应该先确定滞后阶数。这一计算的表达式 $=n^{1/6}=37^{1/6}\approx 1.825$,故取 Newey-West 估计量的滞后阶数为 2。近而,通过实证得出结果,从表 2—5 可以看出 Newey-West 的标准误。为了验证这一估计的稳健性,这里还需要考察当滞后阶数增加为 4 时,Newey-West 标准误的变化情况(见表 2—6)。结果表明,无论滞后阶数为 2 还是 4,Newey-West 标准误变化不大,比较稳健。因此我们使用"OLS+HAC 标准误"来进行实证。

表 2—5　　　　　　　　Newey-West 估计结果 1

lnpop	Coef.	t	Newey–West Std. Err.
ln(GDP-gap)	0.111 5***	4.86	0.022 9
ln(Job-opportunity)	0.159 5*	2.13	0.074 9
ln(Practitioners)	0.311 1***	9.71	0.032 0
ln(University-stu)	0.056 3	1.40	0.040 2
ln(Fiscal-expend /gdp)	0.210 0***	11.27	0.018 6
_cons	3.450 5***	11.21	0.307 7
N=37		$F(5, 31)=980.46$	
Prob > F=0.000 0		maximum lag: 2	

注:*** P<0.001,** P<0.01,* P<0.05,+ P<0.1。

表 2—6　　　　　　　　Newey-West 估计结果 2

lnpop	Coef.	t	Newey–West Std. Err.
ln(GDP-gap)	0.111 5***	4.99	0.022 3
ln(Job-opportunity)	0.159 5*	2.19	0.072 9
ln(Practitioners)	0.311 1***	9.48	0.032 8
ln(University-stu)	0.056 3	1.48	0.038 0
ln(Fiscal-expend /gdp)	0.210 0***	11.63	0.018 1
_cons	3.450 5***	11.39	0.302 9
N=37		$F(5, 31)=1\ 164.59$	
Prob > F=0.000 0		maximum lag: 4	

注:*** P<0.001,** P<0.01,* P<0.05,+ P<0.1。

表2—5列出了回归分析中自变量和常数项的非标准化系数及其标准误差、t值及其显著性。从中可以看出，T检验的概率p的值小于0.05，所以可以认为回归系数是有显著意义的。模型的F检验统计量相应的概率p值小于0.001，因此该方程可以通过F检验，数据结果有显著的统计意义，可以认为X和Y之间存在线性关系。进一步仔细分析，自变量北京与全国的人均国内生产总值之差、北京市就业机会、每万人拥有执业医师数和地方财政支出占国内生产总值的比例通过了T检验，其余变量由于不能通过T检验在处理过程中被剔除，因此回归模型最终确定为公式：

$$\ln Pop_t = 3.450\,5 + 0.111\,5 \times \ln(Gdp\text{-}gap) + 0.159\,5 \times \ln(Job\text{-}opportunity) + 0.311\,1 \times \ln(Practitioners) + 0.21 \times \ln(Fiscal\text{-}expend/GDP) \quad 式（2—4）$$

（三）结果分析

实证分析结果表明，北京与全国的人均国内生产总值之差、北京市就业机会、每万人拥有执业医师数和地方财政支出占国内生产总值的比例这四个因素对北京市的人口增长作用显著。

该模型是一个对数线性模型，所以在该模型中，各个因素前的参数的经济意义是明确的，即它们各自的变化弹性。因此具体来看，该模型的含义是：

1. 如果保持其他变量不变，北京与全国的人均国内生产总值之差北京市就业机会均与常住总人口具有较大的相关性。具体来看，北京与全国的人均国内生产总值之差每增加1%，常住总人口就会增加0.115%。北京市就业机会每增加1%，常住总人口则增长0.159 5%。实证结果符合模型假设，而笔者认为这种结果是显而易见的，一方面，学者一致认为经济因素是人口迁移的最主要原因；另一方面，新古典劳动力迁移理论认为区域间的收入差异是人口迁移的主要动力。托达罗预期收益理论认为不仅收入差距，就业机会等方面形成的势差也会产生大规模的人口流动。因此人口迁移取决于城市的工资水平和就业概率，通过数据可以看到，北京市和全国的收入差距逐渐拉大，

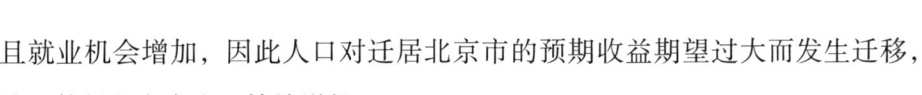

且就业机会增加，因此人口对迁居北京市的预期收益期望过大而发生迁移，从而使得北京市人口持续增长。

2. 在其他条件不变的情况下，每万人口拥有执业医师数与常住总人口具有很强的相关性，每万人口拥有执业医师数每增加1%，会带来常住总人口0.311 1%的增长。从个体微观角度来说，在经济水平快速发展的当代，人们对生活质量和自身健康的追求愈发强烈。每万人口拥有执业医师数指标清晰地反映出北京丰富的医疗资源，是其他城市无可比拟的，是吸引人口迁入继而引起北京市人口增长的因素，进一步证实了我们的假设。

3. 在控制其他变量不变的前提下，地方财政支出占GDP的比例与常住总人口具有很强的相关性，地方财政支出占国内生产总值的比例每增加1%，常住总人口则增加0.21%。这是显而易见的，地区财政支出通常用于政府机构和公共设施，其中包括行政、教育和医疗等费用，因此较高的支出应当意味着较好的城市管理和较高的城市生活质量。北京市的人均财政支出逐年上升，带来北京市基础设施的完善和社会资源的丰富，这导致更多的人流入北京，使北京市得总人口增长，也进一步证实了我们的假设。

4. 除此之外，我们通过回归结果看到每万人口高等学校在校生人数这一指标前的参数为正号，表明在其他条件不变的情况下，每万人口高等学校在校生人数的上升会导致常住总人口的增长，同样与我们的理论阐述相符。但是通过回归结果看到每万人口高等学校在校生人数这个指标对北京市常住总人口的影响并不显著，与我们之前假设的模型有所差别。究其原因，笔者也对此作出相应解释：首先，这个变量仅反映了北京高等教育资源状况，并不能反映北京市总体的教育资源和人力资本聚集程度；其次，随着北京户口获得难度的增大，毕业后一部分学生回户籍地工作，还有一部分在没有北京户口的情况下艰苦打拼，所附带的亲友也会减少。最后，根据北京市统计局公布的北京市第六次全国人口普查数据，2010年常住外来人口中"务工经商"

比例上升至 73.90%，成为常住外来人口离开户口登记地发生迁移的最主要原因。可见，常住外来人口进京也主要是以寻求就业机会和以工资水平的提高为主要目的的。教育资源与收入、就业等其他因素比起来，对北京市常住外来人口的吸引相对较弱。

四、北京市人口增长的微观迁移选择模型及因素分析

前面从宏观角度分析了北京市常住人口增长的机制及其影响因素，但是北京市常住人口增长的主要人群是外来人口。这些外来人口为什么做出流入北京的选择？哪些因素对他们的流入选择起了作用？本节将对此从个体微观的角度进行进一步分析，而选择的研究对象主要是北京市半年以上的常住外来人口。

（一）方法选择

由前述对文献的理论梳理可知，在理论上对流动人口流动及定居意愿的影响因素主要有四方面。第一，个体及家庭特征因素，包括性别、年龄、受教育程度、人力资本、家庭关系、外出工作年限等；第二，经济因素，包括储蓄、收入、支出等；第三，社会因素，包括社会福利、居住方式、社会融入因素等；第四，制度因素即户籍制度等。所以，据此基础，本节也将从这些角度出发，并结合所使用数据的自身特点，采用二元 Logistic 回归模型对北京市流动人口流入意愿的影响因素进行实证检验。

（二）数据来源

该实证采用 2013 年原国家人口计生委流动人口动态监测的部分数据。该调查采用了分层、多阶段、与规模成比例的 PPS 抽样方法，调查范围涵盖中国 31 个省（区、市）和新疆生产建设兵团的 198 828 人，调查对象为在调查地居住一个月及以上，且户口不在所在区（县、市）的流动人口，调查结果具有很强的代表性。本文经过缺失值处理，按需要分离出了 92 814 个样本。

（三）变量设定及描述性统计

关于因变量的选择，本文将问卷中流入省份这个问题进行了处理，将流入北京的变量值设为1，将流入其他省份的变量值均设为0，以此作为因变量。

关于自变量的选择，结合理论、前人已采用过的变量及问卷，通过显著性检验，本节自变量主要选取了三组。第一组变量是个体的基本特征，选取了性别、年龄、民族、受教育程度、婚姻状况和本次流入时长；第二组变量是个体的就业与收入方面，选取了职业类别和上个月收入；第三组变量是公共服务与社会保障方面，选取了现住房性质和流入地健康档案建立情况。变量详情见表2—7、表2—8。

表2—7　　　　　　　　　　变量定义

变量	定义
自变量	
个体基本情况	
性别	男=1，女=2
年龄	15~59周岁
民族	汉族=1，其他民族=0
受教育程度	小学及以下=1，初中=2，高中及中专=3，大专及以上=4
婚姻状况	未婚=1，初婚=2，其他=3
流入时长	0~50年
个体就业与收入	
职业类别	管理类职业=1，专业技术类职业=2，商业服务业类职业=3，生产操作类职业=4，其他类职业=5
上个月收入	480~38 000元
公共服务与社会保障	
现住房性质	租房=1，单位/雇主提供免费住房=2，已购房=3，其他类=4
流入地健康档案建立情况	没建=1，已经建立=2，不清楚=3
因变量	
流入北京还是其他省份	北京=1，其他省份=0

表 2—8　　　　　　　　　变量分布　　　　　　　　单位：人

变量	频数	比例%	变量	频数	比例%
性别			职业类别		
男	54 597	58.8	管理类职业	1 225	1.3
女	38 217	41.2	专业技术类职业	5 578	6.0
年龄	34.08（标准差9.23）		商业服务业类职业	47 501	51.2
民族			生产操作类职业	31 677	34.1
汉族	87 888	94.7	其他类职业	6 833	7.4
其他民族	4 926	5.3	上个月收入	3 427.96（标准差2 414）	
受教育程度			现住房性质		
小学及以下	14 857	16.0	租房	68 747	74.1
初中	50 876	54.8	单位/雇主提供免费住房	10 127	10.9
高中及中专	18 583	20.0	已购房	7 779	8.4
大专及以上	8 498	9.2	其他类	6 161	6.6
婚姻状况			流入地健康档案建立情况		
未婚	20 235	21.8	没建	51 174	55.1
初婚	69 764	75.2	已经建立	18 829	20.3
其他	2 815	3.0	不清楚	22 811	24.6
流入时长	4.70（标准差4.76）				
N	92 814	100	N	92 814	100

（四）回归结果分析

由回归结果可知，就显著性而言，个体基本特征方面的性别、民族、受教育程度、流入时长，个体就业与收入方面的职业类别、上个月收入，公共服务与社会保障方面的现住房性质、流入地健康档案建立情况的回归系数均显著，也就是说以上因素对流动人口流入北京均具有显著影响。但年龄、婚姻状况的结果显著性略差，影响程度差一些。回归结果情况表 2—9。

1. 个体的基本情况方面

性别因素。回归结果显示，与男性相比，女性流动人口更愿意流入北京，是男性流动人口意愿的 1.487 倍，这与常识可能有所偏差。一般认为男性尤其农民工流入北京的会更多，但该结果表明近年来女性流入北京的意愿更强一些，这可能与首都本身的吸引力有关，女性相对男性更喜欢大都市，羡慕首都的繁华，所以更愿意流入并永久定居下来。

年龄因素。年龄的 B 值为 –0.004，说明年龄越大流入北京的可能性越小，这与常识相符。北京作为首都是一个充满活力和竞争力的城市，相对年轻人更有吸引力，年龄较小的尤其是青、壮年一般更愿意流入北京，而年长者尤其老年人若有流入现象一般也会选择一些小的安稳的城市，减少生活压力。但从回归结果来看，年龄的标准误为 0.031，说明相对其他影响因素年龄的影响程度总体来说较小。

民族因素。回归结果表明，相对于汉族，其他民族流动人口在选择流入地时更倾向于选择北京，这是意料之外的。可能由于汉族本身人口最多，所以选择流入地时也比较分散，而其他民族人口少，相对来说选择北京的也较多，至于具体原因还有待后续继续研究。

受教育程度因素。结果显示，受教育程度越高的流动人口越愿意流入北京而不是其他地区，相对于小学及以下程度者来说，初中、高中及中专、大专及以上流动人口流入北京的意愿分别是小学及以下程度者的 1.582 倍、2.241 倍、4.430 倍。北京是一个高级知识分子集中的城市，该结果也完全在情理之中。

婚姻状况因素。结果表明，相对于未婚者，初婚的流动人口更易流入北京而非其他省份，其意愿是未婚者的 1.089 倍，而其他类则是未婚者的 0.828 倍。

流入时长因素。流入时长的 B 值为 0.043，表明流入时长对流动人口的影响巨大，且外出流动时间越长的人越愿意流入北京并定居而非其他省份。

2. 个体就业与收入方面

职业类别因素。相对于管理类职业，专业技术类职业和商业、服务业类职业的流动人口更愿意流入北京，其意愿分别是管理类职业的 1.043 倍和 1.104 倍。而生产操作类职业和其他类职业流动人口相对来说则更倾向于流入其他省份。

上个月收入。结果表明，上个月收入越高的流动人口在选择流入地时越愿意流入北京，这与预期相符。

3．公共服务与社会保障方面

现住房性质因素。结果表明，与租房相比，单位/雇主提供免费住房的流动人口更愿意流入北京，是租房者流入意愿的1.750倍。

流入地健康档案建立情况因素。"已经建立"和"不清楚"的B值分别为–1.158和–0.270，其流入北京的意愿分别是没建立的0.314倍和0.764倍。这与我们的经验或常识有较大出入，有符于后续研究，对其原因加以解释（见表2—9）。

表2—9　　　　　　　　Logistic 回归结果

	B值
性别（男=参照组）	
女	0.397***
年龄	–0.004*
民族（汉族=参照组）	
其他民族	0.281***
受教育程度（小学及以下=参照组）	
初中	0.459***
高中及中专	0.807***
大专及以上	1.488***
婚姻状况（未婚=参照组）	
初婚	0.085*
其他	–0.189*
流入时长	0.043***
职业类别（管理类职业=参照组）	
专业技术类职业	0.042
商业、服务业类职业	0.099
生产操作类职业	–1.085***
其他类职业	–0.250**
上个月收入	0.000***
现住房性质（租房=参照组）	
单位/雇主提供免费住房	0.559***
已购房	–0.059
其他类	–0.211***
流入地健康档案建立情况（没建=参照组）	

续表

	B值
已经建立	−1.158***
不清楚	−0.270***
−2 Log likelihood	46325.114
Cox & Snell R Square	0.047
Nagelkerke R Square	0.111
N	92814

注：模型以"不愿意"为参照组，*** P<0.001，** P<0.01，* P<0.05。

本节结果显示，女性、年龄较轻的、其他民族、受教育程度较高的、初婚的、流入时长较长的、商业服务类职业、上个月收入较高的、住房性质为单位/雇主提供免费住房的、未在流入地建立健康档案的流动人口相对来说更愿意流入北京。

总的来看，通过对外来人口流入北京意愿和定居意愿的理论分析及实证检验，能对外来人口的流动迁移影响因素方面有一个清晰全面的了解，对以后外来人口的调控和管理也有一定的借鉴意义。

第三章
北京市人口增长空间差异及影响因素

人口空间分布，本质上也是一种人口的数量问题，但又不同于将人口作为一个同质"点"的研究。在同样的人口规模条件下，人口空间分布不同，所产生的人口后果将会出现很大差异，而人口数量变动的空间形态和表现，常常是人口空间分布格局形成的直接原因。

北京是我国的首都，是全国的政治中心、文化中心、国际交往中心。作为一个总面积 16 413.99 平方千米的首都特大都市，其空间面积占到全国的 0.17%。2014 年的人口总量达到 2 151.6 万人，分布在区域内的 16 个区县范围内。从地形上看，中部为平原区，而北部和西部则为山区，地貌形态各异，社会经济发展很不平衡，因此人口在空间上也呈现出很大的差异性，表现为人口高度集中在城市中心的核心功能区和发展新区，而周边人口稀少，这种状况成为继总人口规模膨胀之外导致中心城区诸多城市病的另一个重要原因。近年来，随着北京流动人口规模的不断增加，不同区域人口规模也呈现出相应的一些新变化。

本章主要基于人口普查资料和北京市统计年鉴数据，对 2000 年以来北京市人口规模空间差异的现状和变动特点进行分析，并寻找该空间分布特征的形成机制与影响因素，为北京市人口规模的调控和合理的人口空间分布提供政策建议。

一、关于大城市人口增长空间差异的文献回顾

早在 19 世纪初，随着西方工业化和城市化的发展，西方学者就注意到城市空间发展的集中与分散总是伴随着人口的迁移与流动，而城市人口并非均衡地分布在地理空间上，自然、社会、经济、历史、文化等多种因素通过影响人口的自然增长和机械增长（即人口迁移），不断地改变着城市人口分布的状况。我国自改革开放以来，城市化发展迅速，在城市化加速发展的过程中，人口迅速向大城市集聚，城市人口空间结构发生急剧变化，我国政府在实践中直接或间接地推动中心城区高密度人口的疏解，但部分城市人口资源环境矛盾依然凸显，人口布局与调控仍然面临巨大挑战。学术界也高度关注这一过程，从国内外的研究成果看，研究内容主要包含城市人口空间分布现状及特点、城市人口空间演变机制及其影响因素、城市人口空间分布存在的问题与矛盾、城市人口空间的合理布局等方面。

（一）城市人口增长及空间差异特点研究

对于城市人口空间分布的现状与特征通常是按行政区县分区域进行研究。根据各区县的功能定位、地理位置、历史习惯进一步划分为中心区（核心区）、近郊区、远郊区，再通过比较各分区内的人口规模与密度变化来揭示城市人口分布和变动特征（冯健、周一星，2003a；王放，2012；袁蕾、杨波，2014；朱宇，2004；任远、张放，2006；诸大建，2003；谢守红，2006）。总体来讲，这种分区域的研究能够从整体上分析城市人口分布的一般规律，发现区县总体人口规模与比重的变化，有利于政府制定统一政策以便于集中管理。但由于区县数据范围较广，人口密度是区县的平均值，很难确定人口分布具体的集中与离散地区，也较难与其他因素结合分析人口分布格局的形成原因。

随着 20 世纪 60 年代地理和区域科学的计量革命，计算机科学在遥感与地图制图学中被广泛应用，很快用于空间数据存储和处理。基于 GIS 等地理信息系统软件的空间统计分析方法，能够将图形与数据相结合，具有强大的空间分析与可视化功能，使得人口数据从区县一级精确到乡、镇、街道、办事处一级，大大提高了城市人口空间分布研究的精度和可视度，GIS 空间统计方法比传统的分区县人口统计方法更能够发现人口分布的规律。从具体的研究方法上又分为以下几种：城市人口密度模型模拟，城市人口密度模型能够从宏观层面反映人口的空间分布特征与趋势（冯健、周一星，2003b；浦湛、谭玉刚，2011；张耀军等，2013；沈建法等，2000；吴文钰等，2006；周春山等，2004；蒋丽等，2013）。空间自相关分析方法，该方法常被用来研究某一区域的人口格局，以期揭示该区域人口在地域分布上的空间关联关系（郭敏等，2013；俞路等，2006）。人口重心的移动方向和移动距离有助于了解人口再分布的方向和强度，集中指数和洛伦兹曲线都可以用来反映区域人口的均衡程度，标准距离圆和标准离差椭圆描述了人口分布的离散趋势（俞路、张善余，2006；余瑞林等，2012；刘祥等，2013）。

（二）城市人口空间变动机制及其影响因素

西方城市理论认为，城市分散化发展主要受收入水平提高、财税制度、交通成本降低、社会治安、种族隔离等因素影响。相对于西方国家，我国城市的人口空间分布虽然也受到诸如经济发展、交通条件改善等相似因素的影响，但也有其特殊性，如内城改造、户籍制度、计划经济体制等（陈兴鹏、宋迎昌，1995）。

不少学者对城市人口空间分布这一现象通过发掘问题、理解事件现象、分析人类的行为等方式，对城市人口空间分布的动力机制和影响因素做了质性研究。首先，自然地理环境是城市空间扩展十分重要的基础条件，直接影响城市空间扩展的潜力、方向和速度等（何承耕，1996；张宁等，2010）。其次，经济增长、产业结构的布局与演变、工资收入等经济因素（李铁立等，2003；姚华松等，2010）是影响城市空间分布的重要原因。中心城区的人口密度与经济产值之间存在负相关关系，而在近郊区则呈正相关（王金营，2004），随着经济发展水平的不断提高，由中心区迁往郊区的人口比例将不断增大（贾鹏，2008）。最后，住房条件与交通条件的优劣也是影响一个区域人口分布的重要因素。中心城区房价高，且许多为平房年久失修，因此，想要追求宽敞住宅或高档住宅的人倾向于迁到郊区以便改善居住环境。交通的发展完善还能促使人口流动成为现实，区域交通是实现人口集中与扩散的根本途径和基本载体。张尔薇等（2012）的研究表明，中心城外地区的人口在新城城区、公路沿线（如五环、高速公路、国道等）呈现出人口的增长趋势，而在其他地区呈现出下降趋势。此外，旧城改造、土地供给等城市和行政规划（黄敏敏等，2006；宋金平等，2007；谢守红，2011）、公共服务质量（赵秀池，2011；姚永玲等，2014）等也是城市人口空间分布的重要影响因素。

也有不少学者在研究城市人口空间分布的机制和影响因素时，在相关理论的基础上，建立人口与相关因素的计量模型，从而厘清各要素的强度和方向，对人口"集聚"和"扩散"的现象做出更加准确的解释。使用的方法包括相关分析法（王金营，2004；高向东等，2006；贾鹏，2008）、回归分析（牟宇峰等，2013）、空间计量模型（张耀军、任正委，2012；姚永玲等，2014）、动态VPM模型（孙铁山等，2009）等。

从被解释变量看，一般使用人口规模和人口密度。从解释变量来讲，主要从自然环境因素、经济发展因素、社会发展因素等方面来选择。大多数学者在城市人口空间分布中主要考虑经济和社会因素对人口分布的影响，也有部分学者考察了自然环境因素的影响，如张耀军等（2012）在对毕节山区人口分布的影响因素研究中发现，经济发展因素和社会发展因素对毕节的影响大于自然环境因素。大多数研究表明，较高经济发展水平、完善的公共服务、交通发展对人口分布具有集聚作用（张耀军等，2012；牟宇峰等，2013；姚永玲等，2014），而新城和开发区的建设、更广阔的居住空间选择对人口分布产生扩散作用（牟宇峰等，2013；孙铁山等，2009）。

但城市人口空间分布的影响因素研究也存在一些争议和值得探讨的部分。虽然大部分学者认为产业结构布局会对人口分布影响显著，但姚永玲研究表明，就业岗位对人口分布没有影响，高端行业对居住选择具有吸引力。因此，从产业造就城市来看，即使在郊区也需要发展高端产业，如此才能从根本上改变人口的空间分布结构。另外，有些学者认为虽然城市的初始规模、初始发展水平、初始交通发达程度对人口集聚有正面作用，当经济发展水平到达一定水平后，经济增长和便捷的交通成为人口从中心城核心区向城市边缘迁移的推力（贾鹏，2008；高向东等，2006）。但也有学者认为，在城市的不同区域，相同的影响因素对人口聚散发挥的作用是不同的，如高向东等（2006）研究结果表明，中心城核心区和远郊区的户籍人口与人均GDP、城市基础设施投资、住宅投资成反相关；中心城边缘区和近郊区的户籍人口与人均GDP、城市基础设施投资、住宅投资成正相关。因此，对城市人口空间分布的影响因素无论是从研究的宽度还是深度来讲，都有很大的研究空间。

（三）城市人口空间分布产生的问题与矛盾

随着城市地域范围的不断扩张，城市人口与城市功能在地理空间分布上的重构，城市也出现了一些新的问题和矛盾。首先，特大城市均出现了居住与就业的空间错位问题。由于城区仍然是就业、购物、娱乐的中心，而人口居住空间则有郊区化的趋势，造成低收入阶层通勤的时间成本与经济成本增加，导致交通拥挤、社会隔离等社会问题（黄荣清，2005；宋金平等，2007；孟晓晨，2009；刘志，2009；孙斌栋，2010、2013）。其次，城市人口分布与公共服务设施分布协调性问题。教育、医疗等优质公共服务资源集中于中心城区，对人口造成了强大的吸引力，不利于中心城区人口的疏解（张文新，2004；赵秀池，2011；姚永玲等，2014）。此外，城市空间结构重构与区位冲突、城郊关系的利益平衡、城市空间规划失灵和管理服务空间错位等问题也是学术界关注的问题之一（王春兰，2007、2011、2012）。

城市人口空间分布研究内容和视角丰富，除以上方面外，还有城市外来人口的空间分布、流动和形成机制等问题（姚华松，2009；杨舸，2013；韦小丽等，2007；尹德挺，2007；包书月等，2012）、老年人口圈层分布特征

（张纯、曹广忠，2007）、城市人口空间配置优化（王金营，2004；段学军等，2008；李健等，2014；孙伟，2014）、人口社会空间结构影响因素及演化（顾朝林等，1997；李志刚等，2006；魏立华等，2006；杨上广等，2005）等角度。

（四）针对北京市人口增长空间差异的研究

从 20 世纪 90 年代初不少学者开始关注北京市的人口空间分布，2000 年以后，随着北京城市快速发展以及空间分析技术的成熟，这方面的研究成果逐渐丰富起来。针对北京市人口空间分布研究方面，学者们主要探究北京市人口空间分布的演变趋势与规律、人口空间分布动力机制和影响因素、人口空间变动引发的社会问题、人口空间的合理布局等问题，具体分以下几个方面。

1. 北京市人口空间分布演变趋势与规律

大多数研究表明，北京人口呈圈层分布，人口密度呈从市区向外围地区降低，从中心向外递减的规律（王均，1996）。但 20 世纪 80 年代以来，北京近郊区和远郊区的人口数量和密度在增长，而中心城区的人口数量和密度则趋稳甚至是下降（周一星、冯健，2003；王放，2012；袁蕾、杨波，2014）。这使学者展开了对北京郊区化的讨论。王放（2012）认为北京市的郊区化是开始于 20 世纪 90 年代中期，而不是出现在 20 世纪 80 年代初期，而黄荣清（2007）通过对 1982 年至 2000 年中国中心城市人口的增长研究，认为中国大部分中心城市尚处于形成、成长和扩张时期，即还处于城市化阶段，只有上海开始出现人口郊区化。

从近年来的研究看，很多学者通过城市人口密度模型模拟和空间相关性分析方法得出北京市城市空间结构分布呈现"单中心波浪散射"的布局模式，多中心的城市格局并不明显，从 1982 年至 2010 年间，北京城市核心区人口分布趋于疏散和合理，城市功能拓展区变化趋于集中和不均衡（郭敏、饶晔等，2013；张耀军、刘沁、韩雪，2013；刘祥等，2013；匡文慧，杜国明

2011）。也有部分学者认为，近郊区与中心城区形成了新的核心区，人口正不断向新的核心区域集聚，人口分布延续了高度集中在中心城的格局，新城人口疏散作用不明显，城市单中心近域蔓延态势未发生根本改变，中间圈层是人口集聚的主要空间（俞路、张善余，2006；袁蕾、杨波，2014）。

如果从工作和居住的角度看人口的空间分布，则就业中心与居住中心间隔分布，并不符合西方多中心结构的传统理论。从居住地看，城市中心区人口减少，人口分布趋向均等化，有郊区化的趋势，从工作地看，从业人口继续向城市中心集中（黄荣清，2005；浦湛、谭玉刚，2011）。

而北京市近年来的人口增长主要是常住外来人口的增长，并且越来越多地集中到城市功能扩展区和城市发展新区（倪娜、易成栋、高菠阳，2012）。

2. 北京市人口空间分布动力机制和影响因素

城市空间的人口分布同该地区的自然、经济和社会资源的承载力适应程度是导致人口分布变动的重要原因（冯健、周一星，2003；王静文、毛其智，2010）。

从经济因素看，部分学者认为中心城区的人口密度与经济产值之间存在负相关关系，而在近郊区则呈正相关关系。由于中心城区人口数远大于近郊，因此，随着经济发展，人口增长应呈现先增后减的态势（王金营，2004）。而产业结构的分布与增长对于人口的空间增长有着重要影响。如果某些产业和人口在特定区域的向心力大于离心力，则将在该地区发生产业、人口集聚的可能性就大，如果离心力占主导则可能发生扩散。1990年以后，伴随着土地有偿使用制度在北京市的实施，北京市开始了大规模的旧城改造和产业结构与布局的调整，通过城市用地功能置换，把集中在中心城区的工业，特别是劳动密集型、污染较严重的企业搬迁至中心城区外围的近郊区和更远的远郊区，中心城区的部分居住区也让位于能够提供高收益和高地租的第三产业。而在1995年后，伴随着北京市旧城改造和产业布局调整的进一步加强，北京市的人口和产业从中心城区向近郊区和远郊区扩散的幅度增大（李铁立，

2003；王放，2012）。

研究表明，北京的住房建设与交通条件的优劣也是影响一个区域人口增长速度的重要因素，经济适用房的建设以及远郊商品房建设都在不同程度上影响了人口的分布，中心城外地区的人口在新城城区、公路沿线（如五环、高速公路、国道等）呈现出人口增长的趋势，而在其他地区呈现下降趋势（王金营，2004；张尔薇、李立，2012）。

北京大量的教育、医疗等优质公共服务设施在中心城区的集中等也是造成中心城区人口高度集中的重要原因（赵秀池，2011；姚永玲等，2014）。

部分学者，如宋金平等（2007）认为，北京市的郊区化主要是一种被动式的郊区化，其主要的成因是旧城改造、城区道路修建、土地有偿使用制度的实施、住房制度改革和城市规划，它不是人们自发行为的结果，只是政策的实施影响到经济、社会、就业、交通等方面，从而间接影响人们的迁移活动，造成人口增长具有空间差异性。不过，随着经济社会的发展，北京的郊区化正向着主动郊区化的道路行进，未来的人们将更加会根据现实状况，自主地选择迁移地，从而影响人口增长的空间变化。

总体来讲，对北京市人口空间分布的影响因素研究绝大多数都为定性研究，定量研究成果较少，仅有孙铁山及姚永玲等学者的研究成果。孙铁山等（2009）使用区域密度函数考察京津冀都市圈人口集聚与扩散的特征和趋势及模式，并在其基础上建立VPM计量模型分析人口集聚与扩散的影响因素，其结果显示区域中心城市人口集聚与扩散主要受城市规模及经济发展、结构调整以及对外交通条件等因素的影响。姚永玲等（2014）利用空间计量模型分析了公共服务对北京市人口空间分布的影响。

3. 其他研究角度

对于北京市人口空间分布的研究还有很多的研究角度，如对北京市人口分布合理性的研究，王金营（2004）引入城区人口密度与近郊区人口密度的比作为反映人口分布的统计指标，并利用城—近郊人口密度梯度与GDP的

logistic 的曲线估计，认为北京城区的人口处于超载状态；北京市人口空间分布预测（岳天祥，2008）；对北京市人口分布与服务设施分布的协调性进行了分析与评价（张文新（2004）；北京市郊区化对北京市郊区生态环境的影响（朱良等，2004）；北京市老年人口呈圈层式分布特征（张纯、曹广忠，2007）等。

总体来讲，首先，北京市人口空间分布的研究主要运用历次人口普查资料分区县人口数据和街道人口数据研究人口在空间上的分布和变动特征。但无论是区县人口数据还是街道人口数据难以体现区域内部空间差异，也难以反映人口就业、公共服务、商务、娱乐等其他人口活动特征，因此需要与其他地理因子结合进行模拟才能更加精确地反映城市人口空间分布特征和规律。

其次，对于同一地区同一时间的研究，如果采用方法不同也会产生不同的研究结论，如有的学者以行政区县或城市功能区来划分城市地域圈层，而有的学者则把离正中心 5 千米至 45 千米的地区确定为近郊区，5 千米以内为城市中心，45 千米以外为远郊（张尔薇等，2012），研究的口径不一致导致了研究结论的不同。大多数学者认为北京郊区化的趋势明显，但也有学者认为北京并没有出现像西方国家那样明显的城市郊区化的趋势（黄荣清，2007）。

再次，GIS 等空间分布技术分析在北京市城市人口空间分布研究中应用广泛，但确定合适的空间权重矩阵非常重要。空间权重矩阵是根据距离关系和简单相邻性生成的，一般可由地理信息系统软件 ARC/INFO/GeoDa 自动生成线、面之间的拓扑关系，形成多边形邻接关系来定义权重，但选择那些对回归结果更加敏感、更具统计分析显著性的权重矩阵形式是比较合适的。而在城市人口密度模型模拟是在有多个次中心的条件下，人口密度是受最近"核心"的影响还是受多个"核心"的叠加影响是难以回答的问题，因此人口密度模型对人口空间分布的解释能力还存在质疑。

此外，对于北京市人口空间分布影响因素的分析常见于定性研究，计量分析方法应用较少。在构造计量模型时，如果能把定性分析和定量分析结合起来，使定量分析能有更清晰的理论来源和经典模型的支持，就能使分析的结果更具可信度。

二、北京市人口空间分布的格局和变化

（一）各区县密度差异大，人口呈现出由中心向外围递减的圈层分布特点

北京市的常住人口主要分布在朝阳区、海淀区和丰台区三个区（简称"朝海丰"），周边区县的人口分布极少。我们参考城市统计中的城市规模分类标准，将北京市各个区县的人口规模进行了分类，分类结果见表3—1。区县常住人口在200万人以上的有3个，100万～200万人的有5个，50万～100

表3—1　　　　2014年北京市人口规模、比重和密度分组

分组依据（数量）	区县名称	人口规模万人	人口比重%	密度分组（数量）	区县名称	人口密度人/平方千米
200万人以上（3个）	朝阳区	392.2	18.23	人口稠密区（2个）	西城区	25 767
	海淀区	367.8	17.09		东城区	21 763
	丰台区	230	10.69	相对稠密区（4个）	朝阳区	8 618
100万～200万人（5个）	昌平区	190.8	8.87		海淀区	8 539
	大兴区	154.5	7.18		石景山区	7 709
	通州区	135.6	6.3		丰台区	7 521
	西城区	130.2	6.05	相对稀疏区（5个）	通州区	1 496
	房山区	103.6	4.82		大兴区	1 491
50万～100万人（3个）	顺义区	100.4	4.67		昌平区	1 420
	东城区	91.1	4.23		顺义区	984
	石景山区	65	3.02		房山区	521
50万人以下（5个）	密云县	47.8	2.22	人口稀疏区（5个）	平谷区	445
	平谷区	42.3	1.97		密云县	218
	怀柔区	38.1	1.77		门头沟区	221
	延庆县	31.6	1.47		怀柔区	179
	门头沟区	30.6	1.42		延庆县	158

资料来源：根据《北京统计年鉴》2015年数据整理得到。

万人的有 3 个，50 万人以下的有 5 个。可以看出，2014 年朝阳区的人口高达 392.2 万人，其次是海淀区 367.8 万人和丰台区 230 万人。这三个区的人口比重占北京市总人口的 46.01%，这意味着北京市近一半的人口分布在"朝海丰"三区。人口规模次之的区县有昌平、大兴、通州、西城和房山区，这 5 个区县的总人口占北京市的 33.2%。以上 8 个区县的人口都在 100 万人以上，占北京市全部人口规模的 79%。另外 8 个区县主要位于北京市周边地区，人口规模在 100 万人以下，仅占北京市总人口的 21%。

从人口密集程度来看，各个区县之间的人口密集程度差异很大。其中，人口密度最高的是西城区，其人口密度高达 25 767 人/平方千米，而人口密度最低的是延庆县的 158 人/平方千米，西城区是延庆县的 163 倍之多。我们根据人口密度的大小可以把北京市 16 个区县划分为四个等级，人口最稠密的是西城区和东城区，平均人口密度高达每平方千米 20 000 人以上；人口相对稠密的是朝阳、海淀、石景山和丰台区四个区，这里的平均人口密度接近每平方千米 8 000 人；次之的是通州、大兴、昌平、顺义和房山区，人口密度也达到每平方千米 1 000 人以上；人口密度相对最低的是北京市周边的其他五个区县，平均人口密度超过 200 人/平方千米。这里根据人口密度大小划分的四个等级与北京市功能区划分完全吻合。

综合考虑人口规模和人口密度我们可以看到，位于北京市中心城区周边的朝阳、海淀、丰台三个区，不仅人口规模相对较大，而且人口分布十分稠密，相对来讲，成为北京市"人多而密"的区县；位于北京市最外围的包括密云、平谷、怀柔、延庆和门头沟在内的 5 个区县，它们的人口相对较少，而且人口分布相对稀疏，可以被称作北京市"人少而稀"的区县。其他区县的人口规模和人口密度之间没有必然的一致性。2014 年北京市分区县人口规模和人口密度如图 3—1 所示。

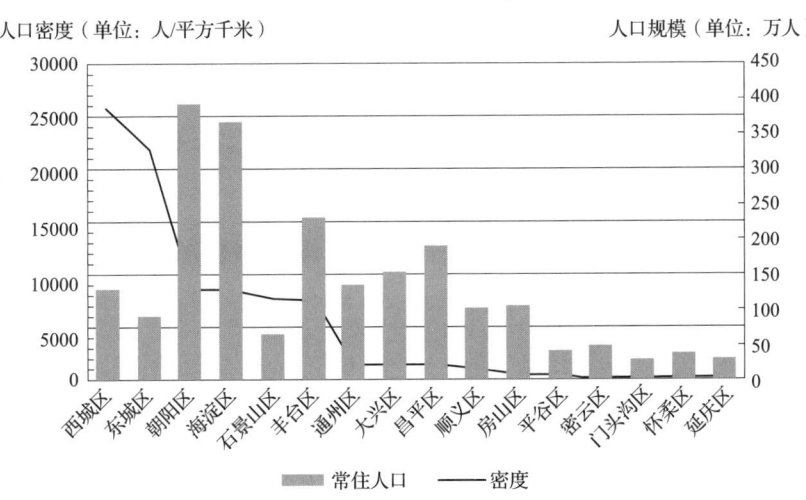

图 3—1　2014 年北京市分区县人口规模和人口密度

资料来源：同表 3—1。

进一步地，我们利用 arcgis 绘图软件对北京市人口密度做了直观图示。在图 3—2 中，颜色越深人口密度越大，颜色越浅人口密度越小。可以看出北京市呈现出人口密度明显地由中心区县到外围区县逐次递减的特点。

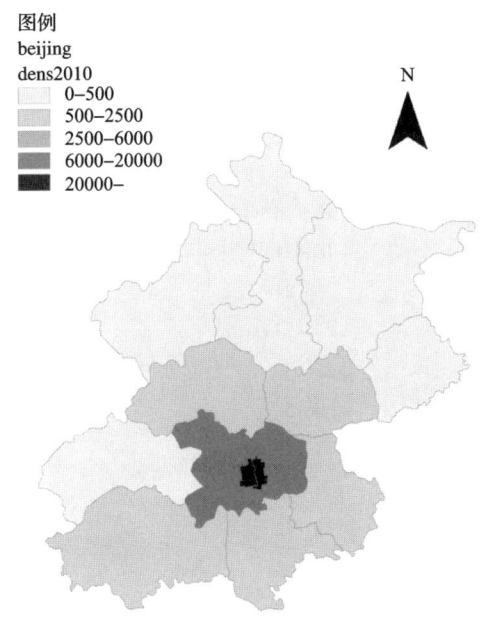

图 3—2　2010 年北京市人口密度分布

分区县的人口空间分布特点仍旧略显粗糙，为了更清楚地观察北京市的人口空间分布特点，我们借用arcgis绘图软件进行了街道区县单元的分析。我们以原东城、西城、崇文、宣武四区中点的东华门街道（天安门、故宫博物院所在地）为中心，并以该中心建立半径单位为3千米的多环缓冲区，将北京市人为地划分为16个圈层，这种圈层的划分打破了传统的行政区县的划分，然而又基本涵盖了北京市全部区县。其中，圈层最外围包括了首都功能核心区与城市功能拓展区的全部区县，并基本囊括通州、顺义、大兴、昌平等区县，以及房山区、门头沟区的人口稠密区。在arcgis中输入北京市各个街道、乡、镇的人口数据，并且假设在同一个街道的人口是均匀分布的。借助于arcgis软件，可以给出不同圈层同心圆切割之后的新的人口密度。一共得到16组数据，计算结果见表3—2。表3—2的计算结果向我们展示了，2010年，北京市的人口空间分布呈现出从"中心区域最高，沿圈层向外逐步递减"的特点（见图3—2）。

表3—2　　　　　　　2010年北京市分圈层人口密度

圈层	离中心距离（km）	六普密度（人/平方千米）
1	0~3	19 942
2	3~6	22 224
3	6~9	15 764
4	9~12	12 199
5	12~15	6 787
6	15~18	4 958
7	18~21	3 678
8	21~24	2 563
9	24~27	1 624
10	27~30	1 079
11	30~33	966
12	33~36	773
13	36~39	738
14	39~42	808
15	42~45	494
16	45~48	313

数据来源：根据北京市2010年人口普查资料——乡镇、街道卷数据计算出。

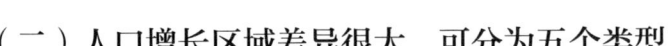

（二）人口增长区域差异很大，可分为五个类型

北京市的总人口从 2000 年的近 1 357 万人增加到 2010 年的 1 961 万人之多，10 年之间增加了 604 万人。与总人口增加态势一致的是，人口密度也有了较大的提高，从 827 人/平方千米增加到 1 195 人/平方千米。北京市各个区县人口规模和人口密度变动趋势与北京整体是一致的。虽然总体而言，各个区县的人口都是或多或少在增加的，但它们的增加程度之间有差别又有联系。以人口密度增量从高到低的排序区县为横坐标，绘制相应的人口增量图，我们可以看出相应区县的人口增量，具体结果见表 3—3。

表 3—3　2000 年和 2010 年北京市各区县的人口规模和人口密度

（单位：万人，人/平方千米）

区县	总人口 2000年	2010年	人口增量	人口密度 2000年	2010年	密度增量
东城区	88.18	91.93	3.75	21 065	21 960	896
西城区	123.28	124.33	1.05	24 398	24 605	208
朝阳区	228.98	354.51	125.54	5 032	7 790	2 759
丰台区	136.95	211.22	74.27	4 478	6 907	2 429
石景山区	48.94	61.61	12.66	5 805	7 306	1 502
海淀区	224.01	328.07	104.05	5 201	7 617	2 416
房山区	81.44	94.48	13.05	899	1 043	144
通州区	67.40	118.43	51.03	661	1 161	500
顺义区	63.65	87.66	24.01	474	652	179
昌平区	61.48	166.05	104.57	593	1 602	1 009
大兴区	67.14	136.51	69.37	463	941	478
门头沟区	26.66	29.05	2.39	134	146	12
怀柔区	29.60	37.29	7.69	139	176	36
平谷区	39.67	41.60	1.93	418	438	20
密云县	42.00	46.77	4.77	188	210	21
延庆县	27.54	31.74	4.20	138	159	21
全市	1 356.92	1 961.24	604.32	827	1 195	368

资料来源：根据第五次人口普查和第六次人口普查数据整理。

从表3—3中我们可以看出，人口规模增加量相对较高的区县是：朝阳、昌平、海淀和丰台区，其中朝阳区的增加值高于125万人。人口规模增加量相对较低的是东城、门头沟、平谷和西城区，最低的西城区10年之间仅仅增加了1万多人。人口增量最高的朝阳区是最低的西城区的100多倍，各个区县之间差别很大。因为人口密度是人口总量与土地面积之比，因此在面积变化不大的情况下，各区县人口密度的变化与人口规模增加的程度及差异一致。

从近年来的北京人口增长趋势来看，2010年北京人口较2009年增长101.2万人，达到历史年增长量的顶峰。此后，虽然北京人口还在持续增长，但从2011年到2014年，北京人口的年增长量连续出现下降趋势，人口年增长量依次为57.4万人，50.7万人，45.5万人和36.8万人。我们根据北京市16区县2004—2014年的人口年增长量与年增长率数据（见表3—4，表3—5），通过SPSS聚类分析，将16区县分成了五类：停滞型、增长型、小悍型、高波型与缓慢型。

表3—4　　　　2003—2014年北京市分区县人口年增长量

年份	2004	2005	2006	2007	2008	2009	2010	2011	2012	2013	2014	总计
全市	48	33.3	63.3	75	95	89	101.2	57.4	50.7	45.5	36.8	695.2
首都功能核心区	−4.7	−57.9	1.7	2.5	2.7	3.6	0.5	−1.2	4.5	1.7	0.1	−46.5
东城区	0.6	−29.8	0.3	1.1	1.4	1.9	1.2	−0.9	−0.2	0.1	0.2	−24.1
西城区	−5.3	−28.1	1.4	1.4	1.3	1.7	−0.7	−0.3	4.7	1.6	−0.1	−22.4
城市功能拓展区	50.3	68	35.5	35.1	64	33.6	39.2	31	21.8	24	22.8	425.3
朝阳区	27.8	23.5	11.6	11.2	24.1	9.3	18.1	11.3	8.7	9.6	8.1	163.3
丰台区	12.1	30.9	6.8	15.2	14.4	12.5	5.5	5.8	4.4	4.7	3.9	116.2
石景山区	4.6	2.8	1.5	2.1	3.1	1.4	1.1	1.8	0.5	0.5	0.6	20.0
海淀区	5.8	10.8	15.6	6.6	22.4	10.4	14.5	12.1	8.2	9.2	10.2	125.8

续表

年份	2004	2005	2006	2007	2008	2009	2010	2011	2012	2013	2014	总计
城市发展新区	-0.4	26.6	22.3	34.5	24	49.2	61.5	26.7	23.1	18.5	13.4	299.4
房山区	-0.9	1.1	1.8	1.9	1	0.6	2.3	2.2	1.9	2.4	2.6	16.9
通州区	4	7.7	6.9	6.4	8.6	4.2	5.6	6.6	4.1	3.5	3	60.6
顺义区	0.2	-0.7	1.6	2.8	3.8	3.3	5.1	3.8	3.8	3	2.1	28.8
昌平区	4.8	2.8	8.7	20.1	6.4	24.8	27.9	7.7	9.2	5.9	1.9	120.2
大兴区	-8.5	15.5	3.5	3.3	4.2	16.3	20.6	6.4	4.1	3.7	3.8	72.9
生态涵养发展区	2.8	-3	3.4	2.9	4.3	2.6	0	0.9	1.3	1.3	0.5	17.0
门头沟区	0	-0.1	0.2	0.3	0.5	0.1	0.2	0.4	0.4	0.5	0.3	2.8
怀柔区	1.3	0.3	1.1	1	2	1.4	-0.5	-0.2	0.6	0.5	-0.1	7.4
平谷区	0.9	-0.5	-0.1	0.1	0.1	0.3	-0.2	0.2	0.2	0.2	0.1	1.3
密云县	0.7	-1.7	0.9	0.5	0.9	0.4	0.2	0.3	0.3	0.2	0.2	2.9
延庆县	-0.1	-1	1.3	1	0.8	0.4	0.3	0.2	-0.2	-0.1	0	2.6

数据来源：根据 2005—2015 年《北京统计年鉴》相关数据整理。

表 3—5　　　　2004—2014 年北京市分区县人口年增长率

年份	2004	2005	2006	2007	2008	2009	2010	2011	2012	2013	2014	总计
全市	3.3	2.21	4.12	4.68	5.67	5.03	5.44	2.93	2.51	2.20	1.74	47.7
首都功能核心区	-1.76	-22.01	0.83	1.21	1.29	1.7	0.23	-0.56	2.09	0.77	0.05	-17.4
东城区	0.52	-25.73	0.35	1.27	1.6	2.14	1.32	-0.98	-0.22	0.11	0.22	-20.9
西城区	-3.47	-19.08	1.17	1.16	1.07	1.38	-0.56	-0.24	3.79	1.24	-0.08	-14.7
城市功能拓展区	7.99	9.99	4.75	4.48	7.82	3.81	4.28	3.24	2.21	2.38	2.21	67.5
朝阳区	12.15	9.15	4.14	3.84	7.95	2.84	5.38	3.19	2.38	2.56	2.11	71.3
丰台区	10.63	24.55	4.33	9.29	8.05	6.47	2.67	2.75	2.03	2.12	1.72	102.1
石景山区	10.22	5.64	2.87	3.9	5.54	2.37	1.82	2.92	0.79	0.78	0.93	44.4
海淀区	2.4	4.36	6.03	2.41	7.98	3.43	4.62	3.69	2.41	2.64	2.85	52.0

续表

年份	2004	2005	2006	2007	2008	2009	2010	2011	2012	2013	2014	总计
城市发展新区	-0.1	6.92	5.41	7.95	5.12	9.99	11.35	4.43	3.67	2.83	2.00	77.7
房山区	-1.04	1.33	2.02	2.14	1.1	0.66	2.49	2.33	1.96	2.43	2.57	19.5
通州区	5.33	9.79	7.92	6.84	8.6	3.87	4.96	5.57	3.28	2.71	2.26	80.8
顺义区	0.28	-0.99	2.27	3.85	5.03	4.16	6.17	4.33	4.15	3.15	2.14	40.2
昌平区	6.8	3.71	11.13	23.13	5.98	21.87	20.19	4.64	5.29	3.22	1.01	170.3
大兴区	-10.42	21.21	3.94	3.58	4.4	16.37	17.77	4.69	2.87	2.52	2.52	89.3
生态涵养发展区	1.61	-1.71	1.97	1.64	2.4	1.41	0	0.48	0.69	0.69	0.26	9.8
门头沟区	0	-0.33	0.69	1.08	1.77	0.35	0.69	1.38	1.36	1.68	0.99	10.1
怀柔区	4.23	0.82	3.52	2.99	5.81	3.85	-1.32	-0.54	1.62	1.33	-0.26	24.1
平谷区	2.2	-1.13	-0.3	0.24	0.24	0.72	-0.48	0.48	0.48	0.48	0.24	3.2
密云县	1.56	-3.68	2	1.12	1.99	0.87	0.43	0.64	0.64	0.42	0.42	6.5
延庆县	-0.34	-3.42	4.61	3.42	2.65	1.29	0.96	0.63	-0.63	-0.32	0.00	9.0

数据来源：同表3—4。

1. 增量增速双停滞型区县：东西城区，人口年增长量与增长率极小，部分年份出现负增长。

近11年来，北京中心城区的人口始终处于极低的增长水平上，其中东西城区在2005年出现了极高的负增长，下降幅度高达近三成。2006—2010年则增长缓慢，每年的人口增长率大都低于2%，增长人数皆少于2万人/年。而2010年以后，东西城区又出现了轻微的人口负增长。

总的来说，2004—2014年，东西城区人口分别下降20.9%与14.7%，两区人口流失36.84万人，出现了非常明显的人口负增长。东西城区作为首都功能核心区，是北京的中心城区，其人口的负增长表明了北京正处于"去中心化"阶段，中心城区的人口逐步减少。

2. 增量增速双高型区县："朝海丰"三区，10年间保持年人口增量与增率较大。

朝阳区、海淀区、丰台区行政区划面积相对较大，人口也较多，2004—2014年，三区的人口平均年增量都超过10万人，年增长率在大多数年份也较高。总体上看，朝阳、丰台、海淀三区在近11年来人口数分别上升163.3万人、116.2万人、125.8万人，除昌平区人口增长高于海淀、丰台区以外，三区是所有区县里面人口增加最多的区。人口增长率也相对较高，分别为71.3%、102.1%与52%，其中丰台区人口增长接近1倍。

3. 高增速小增量小悍型区县：石景山区与通州区，人口年增量较少而年增长率较高。

石景山区与通州区的人口基数均不大，其中石景山区虽然人口密度较高，但由于辖区面积小导致其人口较少；而通州区虽然辖区面积大，但是人口较为稀疏，因此人数也较少。所以，在2004—2014年这11年间，石景山区与通州区的人口增量较小，仅为20万人与60.6万人。但是，由于两区的人口基数较小，因此人口增长率较高，分别为44.4%与80.8%，在16个区县当中都属于人口增长较快的地区。

4. 波动式增长型区县：昌平区与大兴区，人口增量与增长率波动较大，但总体增速较快。

2004—2014年，昌平区与大兴区的人口增长情况较为特殊。昌平区2003—2006年、2007—2008年、2010—2014年人口增长相对较慢，年均仅流入5.9万人，而2006—2007年、2008—2009年、2009—2010年这三个阶段人口流入皆超过20万人/年，人口增长极快，但2010年后又迅速下降，每年增长低于10万人。

大兴区情况类似，2004—2005年、2008—2009年以及2009—2010年这三个阶段人口增长极快，超过15万人/年，而其他年份人口增长相对较慢。

不过，即使是人口增长相对较慢的年份，昌平、大兴两区的人口增长率相对其他区县也不遑多让。因此，虽然人口增长波动较大，但是总体来讲，两区的人口增长较快，属于高位波动。近10年间，昌平区的人口增长率为170.3%，人口增长超过一倍半。大兴区的人口增长率也达到89.3%，仅次于昌平区与丰台区。

5. 缓慢型区县：房山区、顺义区与生态涵养区五区县，人口年增量与增率相对较小。

房山区与顺义区隶属于城市发展新区，在这个功能区里面，这两区的人口增长相对较慢，11年的人口增长量仅分别为16.9万人与28.8万人，人口增长率也相对较低，远远低于同功能区的昌平、大兴、通州三区。

门头沟、怀柔、平谷、密云、延庆五区县属于生态涵养区，这五个区县都具有行政面积广、山地面积大、人口稀疏的特点。由于其自身的区位条件与地形条件、经济条件的限制，导致这五个区县不但人口基数较小，且每年人口的增量与增率都较低。2004—2014年，除怀柔区人口增长了24.1%之外，其余区县人口增长率皆低于10%，最低的平谷区仅有3.2%。五个区县的人口增量也较为稀少，怀柔区10年间仅增加了7.4万人，而其他四个区县更是增长都低于3万人，平谷区仅增长1.3万人。

（三）人口集中分布于中部偏东南区域，但重心有向东北方向转移的趋势

总体来看，北京市人口分布南多北少、东多西少，集中分布在中部偏东南的区域。基于"五普"和"六普"的数据，将北京市各个街道乡镇的人口数在地图上着色作图，颜色越深表示人口数越多，颜色越浅表示人口数越少。如图3—3所示，北京市的人口集中于中部偏东南的区域，在这里形成了多处人口密集点。总的来说，南部的人口多于北部地区，东部的人口多于西部地区。而在北部和西部广阔的山地地区，人口分布较少。从人口密集点向东北方向延伸，形成了一道颜色深于两边的人口集中带。

图3—3直观地描绘了北京市人口分布的总体特征，借助于人口重心我们可以更加准确地看出这一特征。人口重心即在一定的平面内，使人口保持平衡的一点，过该点将平面分成两部分的任意一条直线，都能够保证两部分上面分布的人口数量相等。表3—6是我们利用街道乡镇数据，计算的北京市2000年和2010年人口重心的经纬度位置。北京市的人口重心整体上处于市域

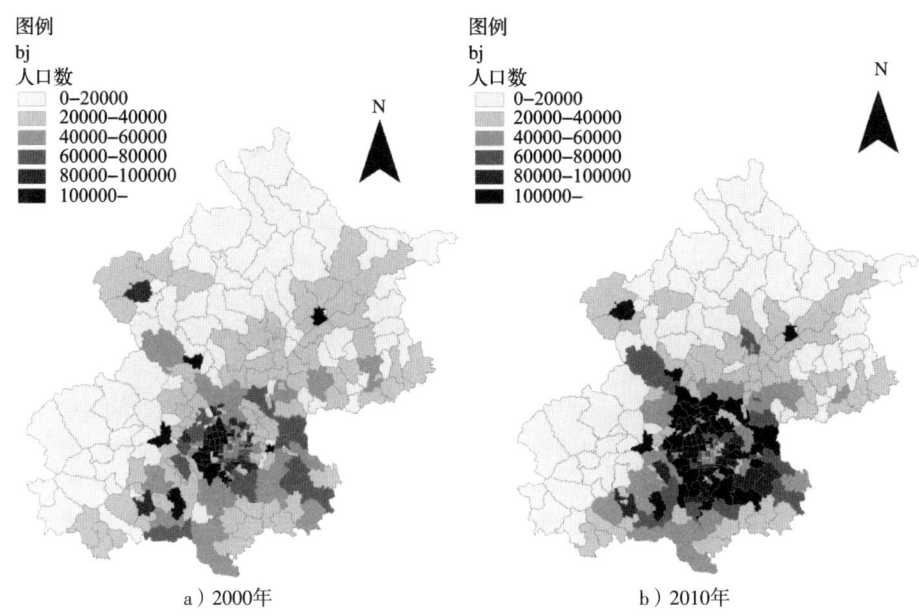

a）2000年 b）2010年

图 3—3 北京市分街道总人口空间分布图

范围的南部地区，意味着京南的人口多于京北。这也是对我们通过作图直观描绘的验证。2010 年与 2000 年相比，人口重心的经度向东移动了 54″，纬度向北移动了 27″。人口重心整体向东北方向移动，表明南部的人口开始向北部转移，西部的人口向东部转移。人口在整体上南部分布的基础上，更多地向东部和北部地区集聚。人口重心在 10 年间的移动（见图 3—4），也表明了这一动态变动趋势。

表 3—6 北京市 2000 年、2010 年人口重心经纬度

	经度	纬度
2000年	116°33′33″	39°52′33″
2010年	116°34′27″	39°53′0″

资料来源：根据北京市第五、第六次人口普查分街道、乡镇人口数据，通过 arcgis 绘图计算。

（四）北京市的人口分布不均衡性加剧，除城市功能拓展区外各功能区内部的人口分布不均衡性增加

一般来说，一个地区的人口分布不会也不可能是完全均匀的。特定区域的人口空间分布必然存在密集或稀疏的特点。反映一个区域人口分布疏密程度的指标有很多，最简单直接的是人口密度，即该地区所能容纳的人口数与

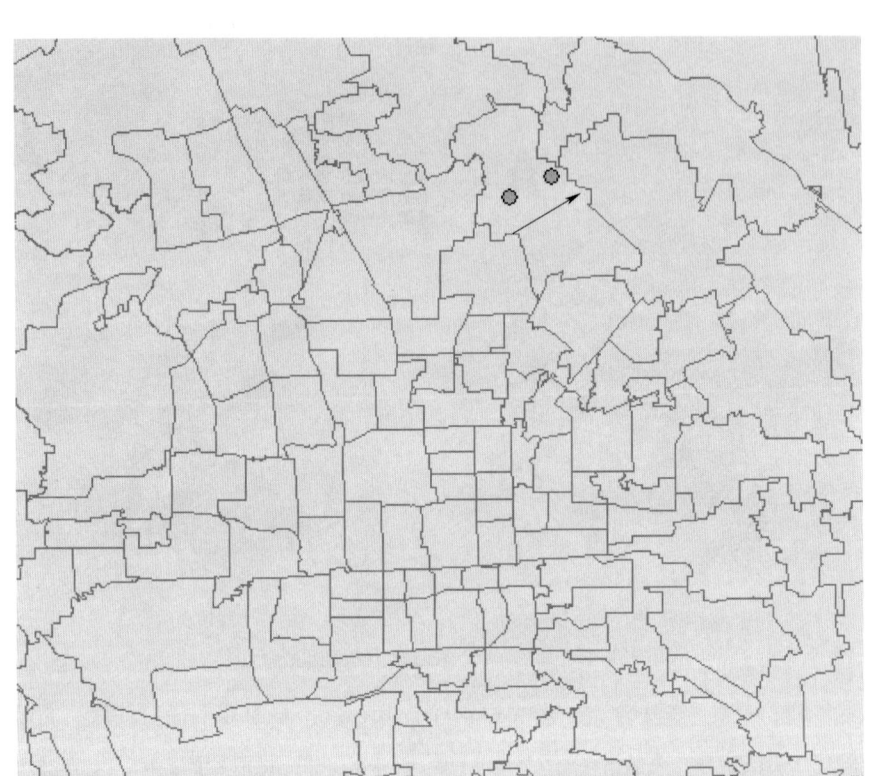

图 3—4　北京市 2000—2010 年人口重心移动

资料来源：同表 3—6。

土地面积的比值，此外还有人口—土地的基尼系数、人口分布洛伦兹曲线、人口集中指数、人口 Roxy 指数和人口重心等。无论是直观的作图表示，还是通过相关指数的计算，都显示出北京的人口分布是不均匀且越发集中的。

基尼系数和洛伦兹曲线是经济学中描述相关经济发展均衡性的指标。将它们引进人口地理学中，可以分析特定土地人口分布均衡性的问题。以街道乡镇数据为基础，2000 年，北京市的人口—土地基尼系数是 0.401 1，到 2010 年上升为 0.470 1。基尼系数越大，表示人口和土地的分布越不均衡。而这两年的洛伦兹曲线也反映了相同的人口分布特点，即北京市的人口空间分布的不均衡度。由图 3—5、图 3—6 中可以看出，10 年间北京人口的分布是趋向于更加不均匀的。

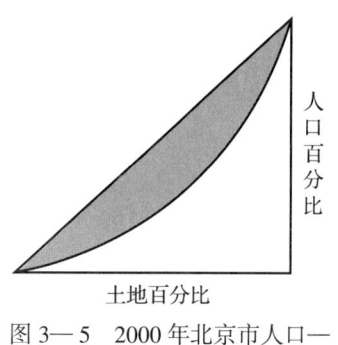

图 3—5 2000 年北京市人口—土地洛伦兹曲线

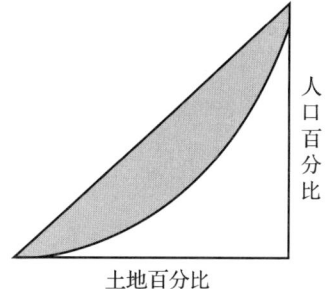

图 3—6 2010 年北京市人口—土地洛伦兹曲线

资料来源：同表 3—6。

基尼系数可以在一定程度上反映不均衡性，但是仍有很大缺陷。因此，除基尼系数外，我们辅之以泰尔指数来查看"五普""六普"间北京市人口分布的区域间整体差异，即"熵值"。由于基尼系数只能反映人口分布的不均匀度，而不能有效反映人口分布的熵值（无序度），因此，用泰尔指数来反映人口分布的无序程度，能够更好地显示北京市人口的空间分布变化特点。通过计算，2000—2010 年北京市人口的泰尔指数由 0.264 上升至 0.368，说明在这 10 年间，北京市的人口在空间上分布的熵值在不断增大，即人口分布的无序程度在加剧，这可能反映在人口聚集点的增多上。

在北京市人口分布不均匀度增加的同时，不同功能分区的不均匀程度是怎样的？我们可以用人口集中指数来表示。2000 年北京市的人口集中指数比 2000 年增加了 4.09%（见表 3—7）。这说明，北京市人口分布不仅是不均匀的，而且这种不均匀程度还是加剧的。把北京分解为四大功能区来看，人口分布的特点是复杂的。横向角度对比，2000 年北京市人口分布从均匀到不均匀依次是：首都功能核心区、城市发展新区、城市功能拓展区和生态涵养区。2010 年不同功能区人口分布均衡程度排序变为：首都功能核心区、城市功能拓展区、城市发展新区和生态涵养区。

表3—7　　2000年、2010年北京市及四大功能区人口集中指数

功能分区	2000年（%）	2010年（%）	增幅
首都功能核心区	9.06	12.13	3.07
城市功能拓展区	47.59	40.65	-6.94
城市发展新区	33.41	47.63	14.22
生态涵养发展区	49.00	55.52	6.52
北京市	63.42	67.51	4.09

资料来源：根据北京市第五次、第六次人口普查分街道、乡镇人口数据计算。

综合来看，首都功能核心区的人口分布一直是比较均匀的，人口集中指数从2000年的9.06%上升到2010年的12.13%，在均匀分布的前提下有向不均匀发展的趋势。其他三个功能区的人口分布是不均匀的，而它们不均匀的程度存在差异。生态涵养发展区的人口分布不均匀程度最高，并且这种不均衡呈现加剧的态势，由2000年的49.00%上升到2010年的55.52%。城市功能拓展区的人口集中指数下降了6.94%，至40.65%，是这四个功能区中唯一一个不升反降的区域，人口分布的不均衡的程度出现下降。城市发展新区的不均衡程度增加幅度最大，2010年比2000年增加了14.22%，远远高于其他几个功能区。

三、影响北京市人口密度差异因素的实证分析

（一）影响城市人口空间分布的理论及路径分析

城市人口空间上的分布往往是城市发展、经济活动、社会阶层、文化传统等综合因素共同作用的结果。从工业革命时起，人们就开始理性地探讨城市空间发展问题，1898年社会学家霍华德的"田园城市"思想逐渐发展为"卫星城"理论，并被广泛应用于大城市空间组织与功能疏解以及新城市建设规划中。城市空间组织结构也是生态学家、社会学家、经济学家关注的焦点，以帕克为首的学者借助生态学方法形成了著名的"芝加哥学派"，即同心圆（W.Burgess，1925）、扇形（H.Hoyt，1939）、多核心（D.Harris & E.L.Ullman，1945）三大城市经典模型。而以杜能（J.H.von Tunen，1966）、龙

哈德（W.Launhardt）、韦伯（A.Weber，1971）、弗里德曼（Frideman，1964年）等为代表的经济学家发展的区位理论（Location Theory）"核心—外围"模式及区域空间结构发展的四阶段说等，主要从社会经济的角度研究城市空间结构的理论，也成为研究城市人口空间分布的重要理论基础。刘易斯—拉尼斯—费景汉、乔根森、托达罗模型等的"二元结构理论"、推拉理论（E.G. Ravenstein，1889；E.S. Lee，1966）以及T.W. 舒尔茨（T.W.Schultz，1970）创立的人力资本理论模型等对人口和劳动力迁移的目的、影响因素，人口迁移的机制、结构、空间特征规律分别进行了总结。综合以上经典理论并结合相关研究成果，本文认为人口迁居行为同样作为一种经济行为，经济利益最主要的动机，其预期收益包括更好的工作机会与更高的收入、良好的医疗教育环境、各种可能的发展机会、获得新的社会资源、增长见识和丰富经验等；而成本主要包括流动成本、生活成本、心理成本、适应新环境所付出的精力和费用等。城市的自然环境因素、经济发展因素、社会公共服务等各因素通过"拉力"和"推力"的相互作用，使得人口在空间上呈现"集聚"和"扩散"两种效应，最终形成人口在城市空间的分布与格局。具体从以下几个方面进行分析。

1. 自然地理环境因素

首先，从自然地理环境看，北京中部为平原区，而北部和西部则为山区，地貌形态各异，社会经济发展很不平衡，因此人口在空间上也呈现出很大的差异性，表现为人口高度集中在城市中心的核心功能区和发展新区，周边人口稀少，北京市这种特殊的地理条件也是造成中心城区人口密集的重要原因之一。

2. 经济发展因素

大多数研究表明，经济发展水平、就业机会、较高的预期收入等经济发展因素对人口分布具有集聚作用。部分学者认为中心城区的人口密度与经济产值之间存在负相关关系，而在近郊区则呈正相关关系（王金营，2004）。此外,房屋是人类工作、居住、生活等活动的载体,住房建设也是影响一个区域人口增长速度的重要因素(马清裕等,2006;匡文慧等,2011)。例如旧城改造、城区道路修建、土地有偿使用制度的实施、住房制度改革和城市规划,是政策的实施影响到经济、社会、就业、交通等方面,从而间接影响人们的迁移活动,造成人口增长具有空间差异性(宋金平等,2007)。

3. 社会公共服务因素

教育资源、医疗资源等优质公共服务设施在中心城区的集中等也是造成中心城区人口高度集中的重要原因(赵秀池,2011;姚永玲,2014)。从教育资源看,现代家庭结构普遍呈现小型化和简单化的趋势,在普遍只有一个孩子的家庭中,对子女教育的投入会明显增加,家长对于优质教育的需求非常旺盛。北京市近年来实施就近入学政策,提高电脑派位入学比例,使得过去的择校热演变成对学区房的需求,这在很大程度上影响了人口对城市居住空间的选择;从医疗资源看,随着人们生活水平的提升,对于健康的关注大大增加,因此也提高了人们对医疗资源的需求,医疗资源对人口居住地的选择也有重要影响;当物质需求得到满足后,人们必然会提高对文化、休闲、娱乐等精神文明的需求,北京的文化机构和场所的数量居全国之首,这些文化休闲资源也对人口分布产生一定的影响;很多的研究都认为交通是影响人口分布的重要原因,中心城外地区的人口在新城城区、公路沿线(如五环、高速公路、国道等)呈现人口的增长趋势,而在其他地区呈现下降趋势(王金营,2004;张尔薇、李立,2012)。但也有学者认为,初始交通发达程度对人口集聚有正面作用,当经济发展水平到达一定程度后,便捷的交通就成为人口从中心城核心区向城市边缘迁移的推力(高向东,2006;贾鹏,2008)。

4. 政府政策与导向因素

影响人口空间格局的另一个重要途径则是政府的相关政策和导向,其采用的手段和方法包括财税政策、市政规划、行政措施、法律规范等。如纽约政府用差别地价和税价来限制市区发展,鼓励郊区发展;我国香港特区在新市镇的建设中降低厂房租金,兴建基础设施以吸引企业迁入;巴黎通过财政补贴引导产业外迁;东京通过《工业控制法》来促进劳动密集型企业的外迁;北京市政府早在1958年的北京市总体规划方案中就提出建设"子母城"和"卫星城"的城市空间布局。这些政策无疑会对城市的产业和人口分布产生重要影响。

(二)方法选择与模型构建

以往对北京市人口空间分布的影响因素研究多数是人口与相关因素在数据上的描述与对比,而在使用定量方法解释北京市人口分布的研究中多采用横截面数据进行分析,使用面板数据的还没有。北京市16个区县的人口密度具有较为明显的差异,不同区县人口疏密程度一方面是由影响人口分布的共同因素造成的,另一方面可能是因各区县的个体差异造成的。采用既含有横截面纬度又有时间纬度的面板数据分析,即假定个体(不同区县)的回归方程拥有不同的截距项,既可以捕捉其异质性,又没有忽略不同区县的共性,同时由于样本容量大从而提高了估计的精确度。对于面板数据的处理,一般采用"个体效应模型"(individual-specific effects model),即:

$$y_{it}=x'_{it}\beta+i_i\delta+u_i+\varepsilon_{it} \quad (i=1,\cdots,n;\ t=1,\cdots,T) \qquad 式(3—1)$$

其中,τ_i为不随时间而变化的个体特征,x_{it}是随个体和时间而变化的变量,u_i是不可观测的随机变量,代表个体异质性的截距项,ε_{it}是随个体和时间而变化的扰动项,假设$\{\varepsilon_{it}\}$独立同分布,且与u_i不相关。当u_i与某一解释变量相关,则为"固定效应模型",若u_i与所有解释变量均不相关,则为"随机效应模型"。是采用固定效应模型还是随机效应模型,还需要数据检验来确定。

(三)变量选取和数据来源

1. 变量选取

本研究以人口密度做被解释变量,从经济发展因素和社会公共服务因素两个方面选取了11个解释变量,经济发展因素包括经济发展水平、居民生活水平、就业机会、工资水平、房地产开发建设；社会公共服务因素包括教育水平、医疗水平、文化休闲资源和公共交通发展水平（见表3—8）。

表3—8　　　　　　　　变量名称及选取原因

	指标	变量名	选取原因
经济发展因素	经济发展水平	国内生产总值	反映该区经济发展水平
	居民生活水平	城镇居民人均可支配收入	反映该区居民生活水平
	就业机会	城镇单位从业人员数量	反映该地区就业岗位和就业机会
	工资水平	城镇单位在岗职工平均工资	反映该地区就业的工资水平
	房地产开发建设	本年房屋建筑竣工面积	反映该地区房地产对人口的吸引力
社会公共服务因素	教育资源	中小学数量	反映该地区普通教育资源状况
		重点中小学数量	反映该地区优质的教育资源
	医疗资源	卫生机构数量	反映该地区普通医疗资源状况
		三甲医院数量	反映该地区优质的医疗资源
	文化休闲资源	公共文化机构数量	反映该地区的文化休闲场所
	公共交通发展水平	地铁站密度	反映该地区的公共交通发展水平

（1）经济发展水平

GDP通常被公认为衡量国家和地区经济状况的最佳指标，它不仅可反映一个地区的经济表现，更能反映地区实力和财富，同时较高水平的GDP也意味着更多就业机会和社会福利，是人的迁移行为中较为重要的决定因素。

（2）居民生活水平

GDP能够反映该地区的经济发展水平，城镇居民人均可支配收入则更直接地反映了该地区居民的购买力、生活水平和经济状况。一般来讲，生活水平越高的地区对人的吸引力越大。

（3）就业机会

城镇单位从业人员数量是指在各级国家机关、政党机关、社会团体、事业单位以及城镇范围内的各类企业中工作，并取得劳动报酬的全部人员。

2013年城镇单位就业人员占全部就业人员的76%，是劳动就业的主体，而且相对于私营企业和乡镇企业，城镇单位社会保障更为完善，对劳动力人口具有较强的吸引力。

（4）工资水平

一个地区的工资水平代表了劳动者就业的报酬高低，同时也能反映该地区经济发展和产业发展水平，是影响人口流动和迁移的重要原因。上文提到城镇单位就业人员是北京市全部从业人员的主体，因此本文以各区县的城镇单位在岗职工工资水平来代表该地区的平均工资水平，也具有很强的代表性。

（5）房地产开发建设

房屋作为人类工作、居住、生活等活动的载体，对人口空间的分布产生重要影响。特别是在城市规划和建设的过程当中，房地产建设在很大程度上反映了政府城市发展的空间规划和指引。例如，一个现代化的小区可以集聚上万甚至上十万人口，人口的集聚带动了周边商业和相关产业的发展，从而又进一步吸引大量的就业人口。因此，房地产建设对人口空间分布具有很重要的影响，本文用房屋建筑竣工面积代表该地区的房地产发展状况。

（6）教育资源

随着经济社会的发展以及在我国计划生育政策的影响下，现代家庭结构普遍呈现小型化和简单化的趋势，这对基础教育的影响也是巨大的。在普遍只有一个孩子的家庭，对子女教育的投入会明显增加，家长对于优质教育的需求非常旺盛。北京市近年来实施就近入学政策，提高电脑派位入学比例，使得过去的择校热演变成对学区房的需求。北京市的教育资源分布非常不均匀，这在很大程度上影响了人口对城市居住空间的选择，为了进一步研究普通教育资源和优质教育资源对人口分布影响的差别，本文采用各区县中小学数量来代表普通教育资源，用该地区重点中小学数量来代表优质教育资源。

（7）医疗资源

随着人们生活水平的提升，对于健康的关注大大增加，因此也提高了人们对医疗资源的需求，医疗资源对人口居住地的选择也有重要影响。本文用各区县的卫生服务机构数量来代表普通的医疗资源，用该地区三甲医院的数量代表优质的医疗资源。

（8）文化休闲

当物质需求得到满足后，人们必然会提高对文化、休闲、娱乐等精神文明的需求，北京是一个历史文化悠久的古都，大量的文化遗产对人们产生了巨大的吸引力。北京的文化机构和场所的数量居全国之首，这些文化休闲资源也对人口分布产生一定的影响，本文采用文化机构数量来代表各区县文化休闲资源的分布。这些文化机构包括：公共图书馆、专业艺术剧团、文化馆、群众艺术馆、文化站、博物馆、档案馆、艺术表演场所。

（9）公共交通发展水平

很多的研究中都认为公共交通是影响人口分布的重要原因，采用的指标有公路总里程（牟宇峰，2013），公路、铁路客运量（孙铁山，2009），人均公路通车里程（张耀军，2012），公共交通耗时（姚永玲，2014）等。本文因为采用的是区县数据，公路里程并不能反映该区实际的道路状况，比如东城区的公路里程仅为2.3千米，它所属的区管街道并没有统计在内，因此这一指标并不准确。另外，本文公共交通耗时本身具有很大的主观性，会受到居住地和工作地距离的影响，也受到某时段交通拥堵状况的影响，很难反映该地区的交通发展状况。地铁是现代交通发展的产物也是未来公共交通发展的趋势，本文采用2005—2013年间各区县拥有的地铁站密度（个/百平方千米）来代表该地区公共交通的方便程度和发展状况，应该具有一定的科学性。

2. 数据来源

本文使用的主要数据为2005—2013年间北京市16个区县11个指标的面板数据，其中国内生产总值、城镇居民人均可支配收入、城镇单位从业人员数量、城镇单位在岗职工平均工资、本年房屋建筑竣工面积、中小学数量、卫生机构数量等7个指标均来自北京统计信息网2005—2013年分区县主要统计数据。公共文化机构数量采用的是 2014 年的《北京区域统计年鉴》数据。重点中小学数量来自 2014 年《北京晨报》联合新浪教育频道、晨报官方网站评选出的"2014 年京城百所特色发展具有影响力的品牌学校"（实际共有 96 所公立和私立中小学）。三甲医院共 55 所，其中 40 所三甲医院（不含部队医院）可在北京市公共卫生信息中心网站上检索到，另外本文增加了 15 所驻京部队三甲医院。地铁站密度是不同年份通车地铁站数除以该地区面积所得。需要注意的是由于数据限制，重点中小学数量、三甲医院数量以及公共文化机构数量均采用 2013 年数据，是不随时间变化的变量。

3. 变量描述

表 3—9 列出了各变量的统计描述量，可以看到每个变量的整体统计量（overall）、组间统计量（between）和组内统计量（within）的均值、标准差、最小值和最大值以及观察值个数。

表 3—9　　变量描述

Variable		Mean	Std.Dev.	Min	Max	Observations
人口密度 （dens）	overall	4 942	7 339	140	25 787	N=144
	between		7 539	150.1	24 563	n=16
	within		462.6	3 764	6 166	T=9
国内生产总值 （gdp）	overall	1 219 520	5 452 101	40.2	3.96e+07	N=144
	between		1 446 391	102 543.2	4 406 140	n=16
	within		5 267 865	−3 185 319	3.64e+07	T=9
城镇居民人均可 支配收入 （inco）	overall	25 177	7 179	15 050	45 953	N=144
	between		2 959	22 348	31 459	n=16
	within		6 578	12 197	39 671	T=9
城镇单位从业人 员数量 （empl）	overall	384 940	383 589	39 825	1.585e+06	N=144
	between		385 919	55 103	1.284e+06	n=16
	within		80 866	85 428	722 720	T=9
城镇单位在岗职 工平均工资 （wage）	overall	49 973	22 758	17 460	132 717	N=144
	between		16 009	32 302	85 747	n=16
	within		16 613	6 675	96 943	T=9
本年房屋建筑竣 工面积 （buil）	overall	247.9	253.5	18.40	1 420	N=144
	between		237.1	51.92	1 024	n=16
	within		105.9	−224.5	644.1	T=9
中小学数量	overall	115.75	49.488 64	45	252	N=144
	between		49.662 81	54.555 56	221.444 4	n=16

续表

Variable		Mean	Std.Dev.	Min	Max	Observations
（scho）	within		10.986 89	90.861 11	155.861 1	$T=9$
卫生机构	overall	453.7083	306.987 3	68	1275	$N=144$
数量	between		272.147 5	157.888 9	1 119.222	$n=16$
（hosp）	within		155.942 9	73.597 22	876.597 2	$T=9$
重点中小学	overall	6	7.166	0	21	$N=144$
数量	between		7.376	0	21	$n=16$
（pscho）	within		0	6	6	$T=9$
三甲医院	overall	3.438	4.941	0	14	$N=144$
数量	between		5.086	0	14	$n=16$
（thosp）	within		0	3.438	3.438	$T=9$
公共文化机构	overall	40.50	25.16	16	91	$N=144$
数量	between		25.90	16	91	$n=16$
（ente）	within		0	40.50	40.50	$T=9$
地铁站	overall	7.628	16.77	0	69.28	$N=144$
密度	between		16.51	0	54.68	$n=16$
（dsub）	within		4.895	−13.61	27.20	$T=9$

（四）实证分析过程与结果

在处理面板数据时，是使用随机效应模型还是固定效应模型是基本问题，因此首先要进行豪斯曼检验，经过检验，我们得到 chi2（3）=53.47，Prob>chi2=0.000 0，故强烈拒绝了原假设"H_0: u_i 与 x_{it}，τ_i 不相关"，应该使用固定效应模型，而不是随机效应模型。

固定效应模型的一大缺点就是无法估计不随时间而变的变量的影响，因此我们采用"双向固定效应"（TWO—wayFE）进行估计，即在方程中引入各区县虚拟变量来代表不同个体，可以得到对各区县异质性的估计，并且将"时间"变量引入模型，如模型（3—2）所示，增加时间趋势项 γ_t，它随时间变化，而不随个体而变。

$$y_{it}=x'_{it}\beta+\tau'_i\delta+\gamma_t+u_i+\varepsilon_{it}（i=1,\cdots,n; t=1,\cdots,T） \quad 式（3—2）$$

为了控制个体效应（u_i），首先生成15个"区县虚拟变量"（_Iid_2—_Iid_16），未包括的区县虚拟变量（东城区）即为基期。为了考虑时间效应，则生成时间趋势变量"t"，此处为了减少样本容量的损失，不用年度虚拟变量。然后，用"最小二乘虚拟变量模型"（Least Square Dummy Variable Model），简称LSDV法估计双向固定效应模型。表3—10显示了双向固定效应的估计结果，可以看到：

代表经济发展水平的国内生产总值在5%的水平下显著，对人口密度的影响为负，但系数非常小，说明近年来，北京市经济发展水平对人口的集聚作用为负，人口随着经济的进一步发展有扩散趋势，这与城市发展到一定程度后出现的郊区化现象较为吻合。

代表居民购买力和生活水平的城镇居民人均可支配收入在5%的水平下显著，对人口密度的影响为正，该地区人均可支配收入每增加1元，该地区的人口密度增加0.081 6人/平方千米。

代表就业机会的城镇单位从业人员数量在0.1%的水平下显著，说明该地区的就业岗位和就业机会对人口密度的影响非常显著，北京市每增加1个就业岗位，该地区的人口密度增加0.002 19人/平方千米。

代表工资水平的城镇单位在岗职工平均工资对人口密度的影响不显著，可能的解释是工资水平的高低对人口分布的影响并不大，相比较而言，就业机会比工资水平对人口的流动和迁移更重要。另一个可能的解释是城镇单位在北京各个区县的平均工资水平差异不大，难以解释人口密度差异。

代表房地产开发和建设的房屋建筑竣工面积在1%的水平下显著，对人口密度的影响为负。随着北京内城建设的完善，北京的城市发展向外围扩散，房地产开发与建设也同时向城市外围发展，自然对人口起到了一定的扩散效应，因此，本文认为北京市住宅、商业等房地产开发与建设对北京人口适度疏解起到了非常重要的作用。

从教育资源看，普通中小学对人口密度的影响不显著，而重点中小学数量对人口密度的影响在0.1%的水平上非常显著，且系数很大，每增加一个重点中小学，该地区的人口密度则增加5 087.4人/平方千米。可见，优质的教育资源对北京人口空间分布的巨大影响力。

从医疗资源看，卫生机构数量和三甲医院数量分别在1%和0.1%的水平下显著。它们对人口密度的影响为负，其中三甲医院的负向效应较大，说明北京市人口在空间的选择上，对医疗资源的需求并不迫切。其中的原因是北京的医疗资源非常丰富，全市2013年的卫生医疗机构总数达10 141家，三甲医院数量为55个（三甲医院40所，部队医院15所）[①]，比全国平均水平高出很多。因此，实证结果表明相对于其他正向影响因素，医疗资源对人口密度的影响反而为负，也就是说相对于其他稀缺资源，医疗资源在人口密度较低的地区依然丰富，分布很均匀。

代表公共文化资源和公共交通资源的文化机构数量和地铁站点密度并不显著，说明在北京市发展的现阶段，文化休闲需求并不是人口分布的影响因素。而北京市2014年汽车保有量达到了537.1万辆，平均每3.9人拥有一辆汽车，居全国之首，北京人对公共交通的依赖程度并不大。

实证表明时间趋势（t）并不显著，北京市人口空间分布并没有表现出明显的时间趋势和时间效应。

此外，通过对各区县的虚拟变量分析，可以得到各区县人口密度分布的异质性。从表3—10中我们可以看到，大多数的区县显示很显著（西城区、朝阳区、丰台区、石景山区、海淀区、顺义区、昌平区在0.1%的水平下显著，密云县在5%的水平下显著）。大兴区、平谷区和延庆县由于虚拟变量系数估计值及其标准差过于接近0而被删掉。房山区、通州区、门头沟区、怀柔区个体固定效应不显著。

表3—10　　　　　　　双向固定效应估计结果

变量名称	变量代码	系数	z值
国内生产总值	gdp	−0.000 011 1*	(−2.20)
城镇居民人均可支配收入	inco	0.081 6*	(2.26)
城镇单位从业人员数量	empl	0.002 19***	(4.57)
城镇单位在岗职工平均工资	wage	−0.004 56	(−0.32)
本年房屋建筑竣工面积	buil	−0.808**	(−3.00)

---

① 数据来源：北京市公共卫生信息中心．http://www.phic.org.cn

续表

变量名称	变量代码	系数	z值
中小学数量	scho	7.089	（1.61）
卫生机构数量	hosp	−0.620**	（−3.22）
重点中小学数量	pscho	5 087.4***	（10.11）
三甲医院数量	thosp	−4 857.2***	（−8.98）
文化机构数量	ente	−58.33	（−1.51）
地铁站点密度	dsub	8.796	（0.62）
西城区	_Iid_2	27 568.1***	（11.38）
朝阳区	_Iid_3	−49 568.9***	（−13.55）
丰台区	_Iid_4	−46 390.3***	（−10.55）
石景山区	_Iid_5	−40 046.2***	（−8.18）
海淀区	_Iid_6	−12 343.3***	（−11.19）
房山区	_Iid_7	603.9	（0.65）
通州区	_Iid_8	343.2	（1.93）
顺义区	_Iid_9	−4 904.8***	（−9.67）
昌平区	_Iid_10	−19 609.7***	（−10.34）
大兴区	_Iid_11	0	（.）
门头沟区	_Iid_12	−267.1	（−0.86）
怀柔区	_Iid_13	26.09	（0.10）
平谷区	_Iid_14	0	（.）
密云县	_Iid_15	147.4*	（2.52）
延庆县	_Iid_16	0	（.）
时间趋势	t	−50.43	（−0.80）
常数项	_cons	−304.3	（−0.23）
样本数量	N	144	

注：*$P<0.05$，**$P<0.01$，***$P<0.001$。

（五）研究结论

1. 对人口产生集聚效应的影响因素

从表3—10的实证结果可以看到，近年来北京居民生活水平、就业机会和优质的教育资源对人口密度产生了较大的正向作用。具体来讲，代表居民购买力和生活水平的城镇居民人均可支配收入在5%的水平下显著,对人口密度的影响为正,该地区人均可支配收入每增加1元,该地区的人口密度增加0.081 6人/平方千米;代表就业机会的城镇单位从业人员数量在0.1%的水平下显著,且系数为正,说明该地区的就业岗位和就业机会对人口密度的影响非常显著,北京市每增加一个就业岗位,该地区的人口密度增加0.002 19人/平方千米;从教育资源看,普通中小学对人口密度的影响不显著,而重点中小学数量对人口密度的影响在0.1%的水平上非常显著,且系数很大,每增加一个重点中小学,则该地区的人口密度增加5 087.4人/平方千米,可见,优质的教育资源对北京人口空间分布的巨大影响力。

2. 对人口产生扩散效应的影响因素

从实证结果看,经济发展水平、房地产开发与建设和医疗资源的增长则对人口扩散起到一定的作用。具体来讲,代表经济发展水平的国内生产总值在5%的水平下显著,对人口密度的影响为负,但系数非常小,说明近年来,北京市经济发展水平对人口的集聚作用为负,人口随着经济的进一步发展有扩散趋势,这与城市发展到一定程度后出现的郊区化现象较为吻合;代表房地产开发和建设的房屋建筑竣工面积在1%的水平下显著,系数为负。随着北京内城建设的完善,北京的城市发展向外围扩散,房地产开发与建设也同时向城市外围发展,自然对人口起到了一定的扩散效应。因此,本文认为北京市住宅、商业等房地产开发与建设对北京人口适度疏解起到了非常重要的作用;从医疗资源看,卫生机构数量和三甲医院数量分别在1%和0.1%的水平下显著。它们对人口密度的影响为负,其中三甲医院的负向效应较大,说明北京市人口在空间的选择上,对医疗资源的需求并不迫切。也就是说当某种资源进一步丰富,资源的分布更加均衡,人口密度会相应变得均衡和合理。

3. 其他因素的影响

从实证结果看,工资水平、文化机构数量、公共交通发展对人口密度的影响并不显著。可能的解释是工资水平相比就业机会对人口的流动和迁移略显次要，另一个可能的解释是北京各个区县的平均工资水平差异不大，难以解释人口密度差异；而代表公共文化资源的文化机构数量也不显著，说明在北京市发展的现阶段，文化休闲需求并不是人口分布的影响因素；从公共交通发展来看，地铁站点密度并不显著，从北京市的私人汽车发展来看，北京市 2014 年汽车保有量达到了 537.1 万辆，平均每 3.9 人拥有一辆汽车，居全国之首，说明北京人出行对公交的依赖程度并不高，公共交通还难以显著影响人们对居住地的选择。

此外，实证表明时间趋势（t）并不显著，说明北京市人口空间分布并没有表现出明显的时间趋势和时间效应。

4. 各区县人口分布及承载潜力的异质性

从表 3—10 中我们可以看到，大多数的区县显示很显著（西城区、朝阳区、丰台区、石景山区、海淀区、顺义区、昌平区在 0.1% 的水平下显著，密云县在 5% 的水平下显著；大兴区、平谷区和延庆县由于虚拟变量系数估计值及其标准差过于接近 0 而被删掉），说明存在个体效应，应该允许每个个体拥有自己的截距项。而截距项说明虽然经济社会发展各因素对各区县人口地区分布影响的系数相同，但各个区县的人口承载潜力存在显著差异，即各区县人口密度分布存在异质性。一般而言，系数越大，则表明该区县现有的人口密度的经济社会容量越大，即当前该地区仍可容纳较多的人口；反之，系数越小，这一地区的人口密度承载潜力越小。

四、北京市人口空间分布合理性评价

一个区县的人口密度与当地的经济、社会发展应当协调，才能保证可持续发展。虽然经济社会发展各因素对人口地区分布影响的系数相同，但是区县的截距并不同，截距表示人口密度的承载潜力。在经济社会发展因素影响的基础上，各个区县的人口密度承载潜力存在显著差异。一般而言，系数越大，则表明该区县现有的人口密度的经济社会容量越大，即当前该地区仍可容纳较多的人口，可以适当地引导人口迁入；反之，系数越小，这一地区的人口密度承载潜力越小，必须要控制甚至限制人口的迁入。通过对不同区县的人口采用不同的人口迁入迁出策略，从而达到一定程度上人口的平衡状态。结合双向固定效应模型可以考察各个区县的人口密度与当地经济、社会发展的协调性、合理性。

表3—11反映了北京各区县虚拟变量回归所得的分地区截距，其中序号_Iid_1（东城区）为参照组，大兴区（_Iid_11）、平谷区（_Iid_14）、延庆县（_Iid_16）由于虚拟变量系数估计值及其标准差过于接近0而被删掉。通过分析截距项，我们可以将北京各个区县按照现有的人口密度是否合理分为三类。

（一）包容型区县

一部分区县由于截距项比较大，因此仍然有足够的经济社会发展空间，能够吸收较多的人口进入。如西城区、房山区、通州区、密云县、怀柔区等区县。其中，西城区系数最大，达到27 568.1，远超第二位的房山区，意味着西城区人口承载力较高，尚能容纳的人口仍然较多；而房山、通州、密云、怀柔四区也能够再容纳一部分新进入的人口，不过不宜过多。

（二）临界型区县

系数较小的区县则表明，该地区的人口密度已经濒临本文所选经济社会指标所能容纳的人口临界值，如大兴区、平谷区、延庆县、门头沟区等，由于其自身条件的限制，已经不适宜更多人口进入，需要维持现有人口密度方能保证人口不超载。这四个区县大都拥有较多面积的山地，生态环境脆弱，交通较为不便，因此，在现阶段继续增加人口会给当地的经济、社会、环境等方面带来巨大的压力，宜维持人口密度现状。

（三）超载型区县

区县的系数为负则说明，该地区的人口密度已经超过经济社会的承载力，即人口过剩，需要严格限制这些地区，并通过各种手段，限制人口增长，尽力疏解这些区县的人口。这些区域都是城市功能拓展区区县或者城市发展新区当中人口较为密集的区县，如朝阳区、丰台区、石景山区、昌平区、海淀区、顺义区。

朝阳、丰台、石景山三区系数最高，表明这三区虽然在经济、社会等方面发展相对较发达，但是人口密度显然已经大大超出了其所能容纳的量，这会使得人口拥挤，造成经济压力与社保压力；昌平、海淀两区的人口同样超载较为严重，宜疏散人口到邻近区县，如房山区；顺义区的人口密度超载情况相对好一些，但仍属于人口超载区，同样应当疏解一部分人口到邻近的通州、怀柔等区。

表 3—11   分区县的个体固定效应模型各地区系数

变量代码	区县	系数（截距项）
_Iid_2	西城区	27 568.1***
_Iid_7	房山区	603.9
_Iid_8	通州区	343.2
_Iid_15	密云县	147.4*
_Iid_13	怀柔区	26.09
_Iid_11	大兴区	0
_Iid_14	平谷区	0
_Iid_16	延庆县	0
_Iid_12	门头沟区	−267.1
_Iid_9	顺义区	−4 904.8***
_Iid_6	海淀区	−12 343.3***
_Iid_10	昌平区	−19 609.7***
_Iid_5	石景山区	−40 046.2***
_Iid_4	丰台区	−46 390.3***
_Iid_3	朝阳区	−49 568.9***

注：$*P<0.05$，$**P<0.01$，$***P<0.001$。

第四章
北京市人口增长的环境影响与后果

人口与资源、环境、经济的关系,关系人类的生存和发展,是当前国际社会最为关注的话题。西方发达国家已经普遍经历了人口的高速增长并早已经进入后人口发展阶段,出现超低速增长甚至负增长,人口年龄结构则出现了日益严重的老龄化。经济普遍进入了以快速发展到质量提升阶段,环境则经历了严重污染、生态破坏到逐步恢复和环境优美的阶段,总之,目前大多数西方发达国家人口、经济与资源环境之间的关系,已经从几十年前的矛盾激化、问题突出到逐渐和谐发展的阶段。而在中国,从20世纪80年代改革开放以来,随着我国计划生育政策的逐步展开和有效实施,虽然人口的自然增长率得到了极大控制,90年代已经进入到低增长,总和生育率降到更替水平以下,但由于人口年龄结构较年轻,人口的惯性增长依然在持续。同时,伴随着人口城镇化的逐步加快,大量中西部农村剩余劳动力开始向城镇地区转移,尤其是向北京、上海、广州这样的超大城市转移,我国人口在空间分布上进行了重新配置,大量廉价丰富的劳动力有力地促进了中国东部经济高速发展,收获了巨大的人口红利的同时,也给这些超大城市带来很大的环境压力,人口、资源、环境、经济关系频频告急,各类问题层出不穷,可持续发展的需求和压力十分巨大。

北京市作为中国首都和国内人口规模第二的特大城市,近年来人口的变化和资源环境的关系引起了政府和学术界乃至大众的高度关注。新中国成立之初北京市仅有人口420.1万人，1980年人口达到904万人，2010年第六次人口普查资料显示，北京市常住总人口达到1 961.24万人，而到2014年年底，北京市人口已经达到了2 151万人，短短二十余年，人口已经增长到20世纪90年代初的2倍。从增长速度上说，20世纪80年代北京市人口平均每年增加20万人，90年代平均每年增加近28万人，进入21世纪以后，每年净增人口都在40万人上下，人口呈现快速增长态势。人口的不断膨胀与增长给北京的资源和环境带来了巨大的压力。水资源短缺、城市用地紧张、能源问题、城市大气和水环境污染，以及交通拥堵、住房紧张，都与北京市的人口快速增长和经济发展速度与方式有密切的关系。可以说当前北京市面临的最严峻问题之一，就是人口、经济和资源环境的协调发展问题。

一、文献回顾

国际上很早就开始了对人口与环境资源关系的研究，最早可以追溯到马尔萨斯的人口论，他在1798年提出了著名的两个级数原理，指出人口的增长以几何级数增长，而人类生存所依赖的物质资料增长按照算术级数增长，因此人口的增长总是会超过物质资料的增长，当达到一定程度时，就会发生如战争、贫穷、瘟疫、失业、犯罪等灾难，自然界存在一种自然法则，通过这种灾难迫使人口与物质资料再次产生平衡。他的人口理论，第一次将人口与资源环境问题放在同一个框架下研究，开创了人口与环境研究的先河。但是因为这些假设难以得到实证的检验，同时这些假设和原理没有考虑到人类社会特有的技术进步、制度、文化等因素，把人口等同于一般的动物群体，因此该理论从出现以来就遭到了包括马克思主义学者和其他一些西方学者的反对和批判。然而马尔萨斯的观点对后人研究人口与资源环境的关系产生了深远的影响，尤其是20世纪中期以来，随着全球人口与资源环境关系中的矛盾与问题加剧，人口与资源环境的关系研究再度受到极大重视，并且出现了一大批的学者对此进行研究。1949年美国学者威廉·福格特出版了《生存之路》，向世人展示了世界人口的过快增长以及引起的环境资源超载问题（Willian Vogt，1949）；1968 年，美国生态学家 R. 埃里奇（Paul R. Ehrlich）出版了《人口爆炸》一书，认为环境污染、能源危机等产生的原因在于人口爆炸。1972 年美国学者梅多斯（D.H.Meadows）等人结合世界人口演变趋势，出版了《增长的极限》，采用系统动力学仿真技术，给世人演示了人类悲观的前景。这些研究由于种种主客观因素的限制，提出的观点未免危言耸听，也很难得到实证，但是却给人们提出了一个非常严肃的命题，即人类不能再这样无止境地向自然索取下去了，如果依然故我，自然界可能终将因为难以承受而对人类产生报复，人类社会将难以持续下去。20 世纪 80 年代以后，一种崭新的思想或理念——可持续发展，在人口与资源环境关系领域得到了极大的应用和体现，使得人们对于人口与环境的关系研究进入了一个新的阶段。1987 年，以挪威前首相布伦特兰为首的一些专家学者发表了《我们共同的未来》一书，提出了可持续发展的思想，即人类的发展应当"既能满足当代人的需求，同时又不损害子孙后代满足其需求能力"，从而使人们从悲观的看不到光明的未来道路中看到了曙光。目前国际社会已经普遍地接受了可持续发展的理念，人们深刻地认识到，地球上人口、经济发展、资源和环境以及社会等必须协调发展，才能避免人类社会的不可持续，并付诸实践，将可持续发展的理念贯穿到各种政策和人们的生活、生产之中。

目前国际学术界关于人口与环境资源关系的研究很多，从方位上看，既有全球人口与环境关系的研究，也有国家或者区域的研究。从研究内容上看，国际社会主要是采用大量的定量分析和模型，试图揭示人口变量变动与环境资源因子之间的相互作用和关系。大量研究开始主要采用以下几个范式展开：第一类主要是对人口作用的环境后果的定量研究，主要采用实证模型，建立包括人口因素在内的计量经济学模型，试图探索人口因素（包括规模、结构、分布等）对环境的影响，大多数采用的是埃里奇的 IPAT 模型及其变换形式 [埃里奇，霍尔德伦，迪茨等（Ehrlich P.R., Holdrens J.P., 1971; Dietz et al,

1997）]和约克等（York et al，2003）。第二类是采用系统学模型方法对人口与环境资源的关系进行系统模拟和政策研究，比较典型的如沃尔夫冈·卢茨（Wolfgang Lutz）、沃伦·桑德森（Warren Sanderson）等的研究。第三类就是人口承载力和适度人口的相关研究［科恩（Cohen, J.E.，1995a，1995b）]，［伊尔米·赛德、克莱姆·迪斯德尔（Irmi Seidl，Clem A. Tisdell，1999）]；［克劳斯·吉嘉、沃尔夫冈·库尔（Klaus Jaeger Wolfgang，Kuhle，2009）]。目前这一类研究因为缺乏强有力的实证检验，因此研究结果很难得到认可，对政策的操作性也不是太强。但纵观国际上对人口与资源环境关系的研究，尤其是专门针对特大城市的研究，无论是理论基础，还是实证或者政策研究还都比较薄弱。

从中国的情况来看，近年来关于人口与环境资源的研究成果也很多。研究的领域与国际上类似，主要包括以下三个方面，即人口—资源—环境系统研究与评价、人口的环境后果分析以及资源环境承载力研究。纵观国内人口与环境研究的论著，笔者发现了这样一些现象或者称其为研究的误区：（1）很多研究将人口对环境的影响等同于人对环境的影响，题目和出发点是研究人口要素及其变动对资源环境的影响，但是论述或者论证时讲的则是人或者人类对环境的作用，实际上这是两个不同的概念，因此这样的研究也必然是有误的。（2）很少有研究定量地、实证地分析人口要素对某些环境或者资源问题的作用或影响，大多数研究都是直接认定在环境退化问题上，而人口作为重要的或主要的影响因子之一，却没有被进行科学的求证。（3）一些研究对人口、资源和环境变量直接进行简单的对比，以此说明人口与环境的关系，忽略人口与环境关系中社会经济文化等中介变量的影响和作用，孤立地看待人口与资源和环境的关系。这些研究的误区，毫无疑问对本学科的健康快速发展起到极大的阻碍作用，需要加以分析和澄清。

随着北京市人口的快速膨胀、经济的高速发展以及相伴而来的严重资源环境问题，北京市人口、资源、环境、经济的关系也受到国内很多学者的关注，并出现了较多的研究成果。大致可以归纳为三类。第一类可以归为对北京市人口、资源、环境、经济可持续发展的研究，多为战略性研究报告，且以定性的描述和论证为主，定量的研究成果很少，目前公开发表的定量研究成果主要可见曾嵘、魏一鸣等的研究（魏一鸣等，2002；曾嵘等，2000）。第二类研究可归纳为北京市资源环境的人口承载力研究。学者们从北京市的水资源、土地资源等角度对北京市目前和将来的人口承载力进行了计算（童玉芬，2010；冯海燕等，2006；童玉芬，2011；郭艳红，2011；童玉芬，2009）。第三类研究是针对北京市人口、经济与资源环境关系的研究。研究表明北京市人口、经济、资源环境三个系统的矛盾冲突不断，协调度水平较低，对北京市的整体发展带来了严峻的挑战（童玉芬、刘长安，2013；肖周燕等，2011；黄婷婷等，2014）。总的说来，上述成果对北京市人口、经济、资源环境关系展开了多方面的研究，对于我们认识北京市人口、资源、环境和经济的关系和问题提供了很好的基础。但是毋庸讳言，当前的研究存在着一些不足：首先是研究多来自地理学和人口学界，很少有经济学的视角，尤其是上述研究很少与北京市的产业结构调整等结合起来，因此在对策和建议方面也缺乏具体的可操作性。其中，在数据来源方面，主要依赖人口普查和资源环境方面的统计，较少采用经济普查数据进行分析。

关于北京市的人口、资源与环境关系的研究，目前主要集中在以下三个方面。一是对当前首都人口、资源与环境关系的问题及协调性进行评价。如王文杰（2014）在分析了当前人口资源与环境的现状后，指出了北京当前在城市管理中存在的突出问题，并从人口疏解、环境治理、监测体系三个方面提出了政策建议。童玉芬（2013a）采用主成分法对北京市人口、经济和环境系统进行综合评价，通过建立变异系数协调度模型对北京市1996—2010年协调度进行定量分析。通过分析发现虽然近几年北京市的协调度在不断提高，但是协调水平仍然不高。并指出未来仍需注重提高劳动者素质，提升人口发展水平，继续转变经济增长方式和巩固环境治理效果。赵弘等人（2014）在指出了首都经济与人口资源环境相互作用机理后，又从五个方面分析了新阶段首都经济发展面临的突出问题，这其中包括：经济快速发展引致首都人口过快增长；首都存在大量与城市功能定位不相匹配的低端行业；产业发展对资源环境的压力依然很大；经济功能与居住功能、公共服务功能等在空间上的不匹配加剧城市运行管理压力和全市缺乏强有力的统筹调控机制，并对推动首都的协调发展做了战略思考。二是把经济、人口、资源与环境作为可持续发展系统的子系统，对区域的协调发展进行了研究（魏一鸣等，2002；曾嵘等，2000）。再如姚腾霄（2013）运用系统科学理论，论述了经济、人口、资源与环境四个子系统的特征与相互关系，以及各系统之间协调发展的机制，并从历史角度探讨了经济、人口、资源与环境之间关系的历史演变，论证了各系统之间协调发展的可能性与趋势。三是关于人口对资源环境影响后果的定性定量研究。童玉芬（2012）在对北京市水资源压力变动趋势进行分析的基础上，进一步使用对数平均数的因素分解法对北京市 2001—2010 年 10 年间的用水量进行各类驱动因素的分析，研究人口规模变化，家庭规模及数量等各类人口学因素在各类驱动因素中的地位与作用。童玉芬（2014）对雾霾的产生机理以及城市人口与雾霾相互作用关系的机制进行系统分析，并指出与人类生活和生产活动相关的污染性气体排放，是雾霾形成的重要原因，但不是唯一原因，城市人口与雾霾之间的关系是双向的城市人口的增长会导致雾霾现象的加剧，而雾霾反过来会影响城市人口的规模空间分布等。在理论分析方面，童玉芬（2007）在分析了人口与环境的相互作用方式和影响的机制后，给出了人口与环境的相互关系理论框架。

总体来说，目前对北京市人口、资源、环境、经济关系的研究很多，但是在很多基本问题上还没有达成共识，例如如何看待人口在资源环境中的压力和作用？如何看待北京市的资源环境承载力？如何综合看待人口资源环境经济之间的协调关系？另外，从经济角度入手分析的成果较少，很多是集中在人口和资源环境关系中，缺少深入关注经济变化及其人口的视角。

二、北京市的资源环境基础与状况

（一）水资源的硬约束依然较强，水资源的紧缺并没有得到根本缓解

北京市属于水资源严重匮乏的地区，水资源总量很少，人均水资源占有量更少，水资源十分紧缺。随着北京市经济的发展和人口规模的迅速扩大，水资源的需求量不断增加，人均水资源占有量处于不断减少中。

北京市水资源的主要来源是天然降水（随着用水量的不断增加，从外埠调进的水源在全市用水总量中的比例在不断增加），呈现出明显的降雨时间和空间分布不均匀，以及丰水年和枯水年交替出现的特点，丰水年和枯水年连续出现的时间一般为2—3年。北京市多年平均降水585毫米，年均降水总量98.28亿立方米，形成地表径流17.72亿立方米，地下水资源25.59亿立方米，当地自产一次水资源总量37.39亿立方米。境内五大水系除北运河发源于本市外，其他四条水系均发源于境外的河北、山西和内蒙古。多年平均入境水量16.06亿立方米，出境水量14.52亿立方米。

北京市水资源年平均量仅为24.2亿立方米，为多年平均值（1956—2000年）37.39亿立方米的64.72%。见表4—1。2001—2013年，北京市水资源总量呈现波动状况，最高的2012年达到39.5亿立方米，但是2013年仅为24.8亿立方米，相比2012年，2013年水资源总量减少明显，减少了约四成。

表4—1　　　　北京市水资源历年变化及现状　　　　（单位：亿立方米）

年份	全年水资源总量	地表水资源量	地下水资源量
2001	19.2	7.8	15.7
2002	16.1	5.3	14.7
2003	18.4	6.1	14.8
2004	21.4	8.2	16.5
2005	23.2	7.6	15.6
2006	22.1	6.7	15.4
2007	23.8	7.6	16.2
2008	34.2	12.8	21.4

续表

年份	全年水资源总量	地表水资源量	地下水资源量
2009	21.8	6.8	15.1
2010	23.1	7.2	15.9
2011	26.8	9.2	17.6
2012	39.5	18.0	21.6
2013	24.8	9.4	15.4

资料来源：北京市统计网，www.stats.gov。

北京市全年供水量大致在 34～39 亿立方米，远远超过上述的水资源总量，主要是其中除了地表水和地下水来源外，还包括了再生水、南水北调水以及应急供水，2013 年南水北调水 3.5 亿立方米（见表 4—2）。我们知道，2014 年年底南水北调中线工程给北京调水 10.5 亿立方米水，因此假定其他来源不变，2015 年全年供水应当达到 42 亿立方米左右。按照现有人口计算，每人每年平均只多出 31 立方米，人均总计只有 198 立方米/人。不仅依然远远低于人均 1 000 立方米/人的国际用水紧张线，而且也依然在人均 500 立方米/人的国际严重缺水线之下。而且我们还应该注意到，第一，目前地下水是在严重超采情况下开采并提供的；第二，人口处在不断增长中，而南水北调不可能处于每年增长的状态。如果再考虑每年水污染造成的水资源减少，则北京市水资源形势无疑依然是十分严峻的，水资源的硬约束并不能因为南水北调工程而根本上解决。

表 4—2　　　　北京市水资源供水量及其来源构成　　　　（单位：亿立方米）

年份	全年供水（用水）总量	地表水	地下水	再生水	南水北调	应急供水
2001	38.9	11.7	27.2			
2002	34.6	10.4	24.2			
2003	35.8	8.3	25.4	2.1		
2004	34.6	5.7	26.8	2.0		
2005	34.5	6.4	23.1	2.6		2.5

续表

年份	全年供水（用水）总量	地表水	地下水	再生水	南水北调	应急供水
2006	34.3	5.7	22.2	3.6		2.8
2007	34.8	5.0	21.6	5.0		3.2
2008	35.1	4.7	20.5	6.0	0.7	3.2
2009	35.5	3.8	19.7	6.5	2.6	2.9
2010	35.2	3.9	19.1	6.8	2.6	2.9
2011	36.0	4.8	18.8	7.0	2.6	2.7
2012	35.9	4.4	18.3	7.5	2.8	2.9
2013	36.4	3.9	17.9	8.0	3.5	3.0

资料来源：根据2014年《北京统计年鉴》数据整理。

（二）可开发利用的土地资源已经接近极限

目前，北京的经济正处于由外延式增长向内涵式增长的过渡阶段，产业结构的调整、新的经济增长点的发展都急需有一定的发展空间。近年来北京市建设用地面积持续上升，耕地面积却在逐年减少。土地资源的稀缺已成为北京城市发展的硬约束，并导致了环境质量的下降和环境污染的加重（见表4—3）。

表4—3　2012年北京市土地面积及利用状况[①]　（单位：平方千米）

地区	土地面积	建设用地	未利用地	农用地	耕地
全市	16 410.5	3 377.2	2 073.6	10 959.8	2 316.9
东城区	41.9	41.9			
西城区	50.5	50.5			
朝阳区	455.1	308.9	8.9	137.3	47.3
丰台区	305.8	203.3	23.8	78.7	31.6
石景山区	84.3	49.4	3.1	31.8	2.1

---

① 2008年后北京市土地利用情况在统计报表中没有发生变化，因此北京统计年鉴中2012年统计数据仍然用的是2008年的数据，并保留了崇文区和宣武区。此处将原表中崇文区合并到了西城区，宣武区合并到了东城区。

续表

地区	土地面积	建设用地	未利用地	农用地	耕地
海淀区	430.7	229.2	6.6	194.9	26.9
门头沟区	1 450.7	95.3	264.1	1 091.3	18.2
房山区	1 989.5	350.5	479.9	1 159.1	282.8
通州区	906.3	309	35.4	561.9	350.3
顺义区	1 019.9	328.2	87.7	604	310.3
昌平区	1 343.5	365.2	56.7	921.7	117.8
大兴区	1 036.3	311.9	56.6	667.8	381.2
怀柔区	2 122.6	133.4	421.2	1 568	97.5
平谷区	950.1	127	109.3	713.8	123.7
密云县	2 229.4	329.5	359.3	1 540.7	229.3
延庆县	1 993.8	143.7	161	1 689	297.9

资料来源：根据北京统计局网站《2012年北京市分县统计数据》整理。

北京市土地资源总量16 410.5平方千米，其中山区占61.4%，平原只占38.6%。按照北京市统计年鉴资料统计，2008年以来北京市辖区面积16 410.5平方千米中，建设用地面积3 377.2平方千米，占全市土地面积的20.58%，农用地面积10 959.8平方千米（耕地面积为2 316.9平方千米），占全市土地面积的66.79%，未利用土地面积2 073.6平方千米，占全市土地面积的12.64%（见表4—3）。

近年来北京市建设用地面积持续上升。建设用地面积从1992年的2 282平方千米，扩张到2008年的3 377.15平方千米，平均每年增加近60平方千米。可见，其增长方式是外延式的扩张。

全市适宜做建设用地的土地面积有7 138平方千米，扣除现有建设用地面积和基本农田，以及剩余土地中的禁止建设用地500平方千米，剩余的理论上可作为建设用地面积为1 302平方千米。扣除生态用地530平方千米，则全市可用而未用的建设用地面积只有800平方千米左右，如果按照最近若干年每年增加近70平方千米的占用速度，则未使用的建设用地还可用十来年即告罄。由此可见，城市建设用地的开发潜力也将很快接近极限。

（三）能源需求日益扩大，总量供给日益依赖外援

北京的能源资源极为有限，自产煤炭主要分布在京西门头沟和房山区，有少量的水力发电资源及地热等，石油和天然气尚未发现可供采用的工业储量。北京属于能源紧缺地区，是典型的能源资源调入地区，北京发展所需要的能源绝大多数依靠外部调入。与此相对应，北京市能源消费则日渐增大。北京市能源消费总量仅次于上海，为国内第二大能源消费城市。1990年以来，北京市能源消费规模不断提高，1990年北京市能源消费总量仅为2 719.3万吨标准煤，2000年北京市能源消费总量为4 229.2万吨标准煤，2013年能源消费总量增加到7 354.2万吨标准煤，与2000年相比，能源消费总量增长了73.89%，年均增长4.35%，反映了北京市市民对能源的需求和消费呈快速增长的趋势。而2013年本市一次能源生产量和二次能源生产量之和为3 707.7万吨标准煤，仅占能源消费量的50.4%，北京能源将近一半依靠外地调运（见表4—4）。

表4—4　　　　北京市能源生产量和消费量状况　　　　（单位：万吨标准煤）

年份	能源生产量		能源消费量				
	一次能源	二次能源	总量	第一产业	第二产业	第三产业	生活消费
2000	523.7	2 461.4	4 144.0	104.8	2 424.8	1 080.9	533.5
2001	597.4	2 362.0	4 229.2	105.4	2 366.6	1 196.2	561.0
2002	632.1	2 388.6	4 436.1	103.0	2 414.6	1 334.5	584.0
2003	686.3	2 470.5	4 648.2	99.9	2 476.7	1 391.0	680.6
2004	765.0	2 850.8	5 139.6	85.6	2 664.2	1 638.0	751.8
2005	679.5	2 832.1	5 521.9	86.3	2 702.5	1 918.7	814.4
2006	460.6	2 714.4	5 904.1	92.3	2 773.1	2 129.3	909.4
2007	466.1	2 895.2	6 285.0	96.4	2 793.8	2 389.5	1 005.3
2008	414.2	3 213.3	6 327.1	96.9	2 550.5	2 610.5	1 069.2
2009	475.7	3 346.7	6 570.3	99.0	2 544.2	2 760.3	1 166.8

续表

年份	能源生产量		能源消费量				
	一次能源	二次能源	总量	第一产业	第二产业	第三产业	生活消费
2010	481.1	3 457.3	6 954.1	100.3	2 726.7	2 897.4	1 229.7
2011	482.0	3 209.1	6 995.4	100.3	2 488.7	3 100.5	1 305.9
2012	501.8	3 267.2	7 177.7	100.8	2 426.1	3 252.1	1 398.7
2013	541.7	3 019.0	6 723.9	97.3	2 079.2	3 109.1	1 438.3

资料来源：根据《2014年北京市统计年鉴》相关数据整理。

此外，从表4—5我们看到，在能源消费总量的构成中，第一产业能源消费量总体稳中有降，第二产业基本保持不变，但第三产业能源消费和生活能源消费呈现快速增长的变动趋势，给北京的能源供给带来越来越大的压力。

（四）城市环境问题日趋严重，宜居城市建设面临严峻挑战

近年来，北京城市不断膨胀，由此造成的人员拥挤、交通拥堵、房价高涨、环境污染等"大城市病"日趋严峻，尤其是北京近年来频繁出现的雾霾天气不仅影响了北京的城市形象，更是严重威胁到城市居民的身体健康，对城市生态和谐发展和宜居城市建设产生了极为不利的影响。依据北京市环境保护监测中心提供的数据，2013年我市空气质量一级优41天，占11.2%；二级良135天，占37.0%；三级轻度污染84天，占23.0%；四级中度污染47天，占12.9%；五级重度污染45天，占12.3%；六级严重污染13天，占3.6%（见图4—1）。

北京地处的华北地区多维持静稳天气，处于三面环山的"簸箕"状地形，使北京易受上游污染排放带的输送影响，再加上北京庞大的城市体量，全年40%的时间不利于污染物扩散。而北京PM2.5中大都是直径小于1微米（也称为PM1）的粒子。PM1的最大组分为有机碳气溶胶，约占40%；排在第二的组分是硫酸盐气溶胶，占16%，主要来自燃煤；而第三大组分为硝酸盐气溶胶，约占13%，这一部分物质既有机动车燃油的贡献，也有燃煤的影响（见图4—2）。

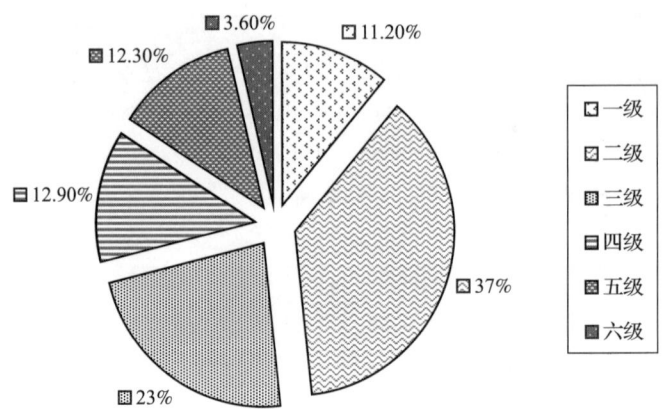

图 4—1 2013 年北京市空气质量达标情况

资料来源：2013 年北京市环境保护监测中心数据。

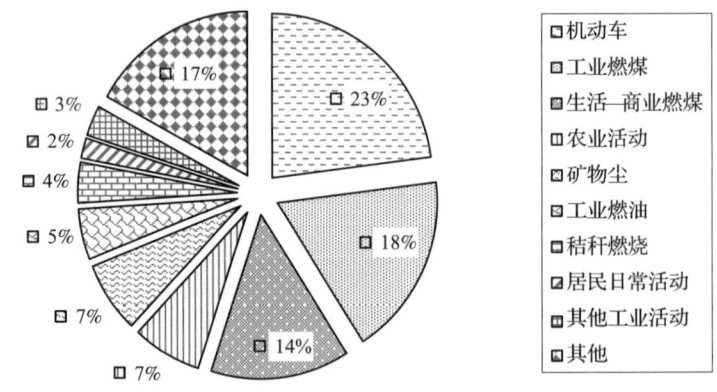

图 4—2 北京 PM1 来源

资料来源：张小曳，孙俊英，王亚强，李卫军，张蔷，王炜罡，权建农，曹国良，王继志，杨元琴，张养梅．我国雾霾成因及其治理的思考[J]．科学通报，2013（13）：1178—1187．

近年来北京采取了大量的环境治理措施，在一定程度上缓解了北京的空气污染。如图 4—2 所示，在北京市的 PM1 中，机动车尾气排放的贡献量约 23%，大致为 PM1 总量的 1/5，为此，北京市采取了机动车限号限行措施、提高车用燃油和机动车排放的地方标准。此外，北京大型的燃煤工业点源脱硫、脱硝已经走在全国前列，商业用煤已基本被天然气替代。北京利用优质煤炭集中供暖和采用天然气供暖也走在全国前列。但是，如图 4—3 所示，北京以南的天津的能源消耗近年来已经逐渐超过北京，特别是煤炭消费量，2012年为5 298.12万吨，北京的煤炭消费量为2 269.89万吨，天津每年的燃煤量约为北京的2.3倍，河北的能源消费总量约为北京的4.2倍，其中煤炭消费量为26 862万吨，是北京的11.8倍。如图4—4所示，天津和河北省废气中主要污染物的排放要远远高于北京的污染物，然而由于区域输送作用的原因，北京难以独善其身。我国环境保护部发布的2014年京津冀、长三角、珠三角区域和直辖市、省会城市及计划单列市共74个城市空气质量状况显示，空气质量相对较差的前10位城市分别是保定、邢台、石家庄、唐山、邯郸、衡水、济南、廊坊、郑州和天津，全部是北方城市，其中京津冀地区有8个。京津冀区域13个地级及以上城市，空气质量平均达标天数为156天，比74个城市平均达标天数少85天，达标天数比例在21.9%～86.4%之间，平均为42.8%；重度及以上污染天数比例为17.0%，高于74个城市11.4个百分点，北京市达标天数比例为47.1%，与2013年相比下降1.1个百分点。要控制北京的雾霾，就必须采取京津冀联防联控措施。

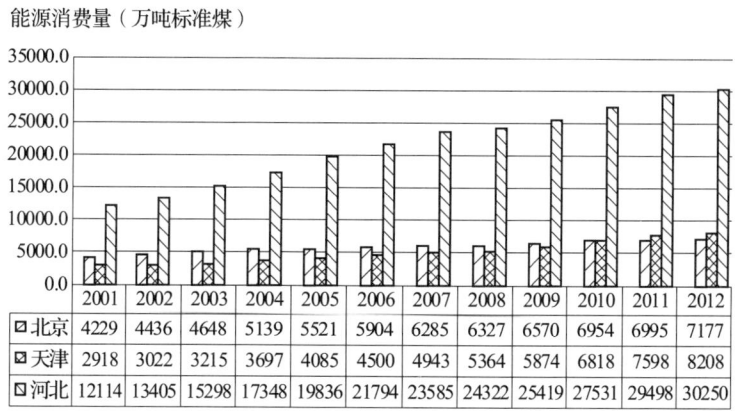

图4—3　2013年京津冀地区能源消费总量对比

资料来源：根据《2014年北京统计年鉴》《2013年天津统计年鉴》《2013年河北经济年鉴》数据整理。

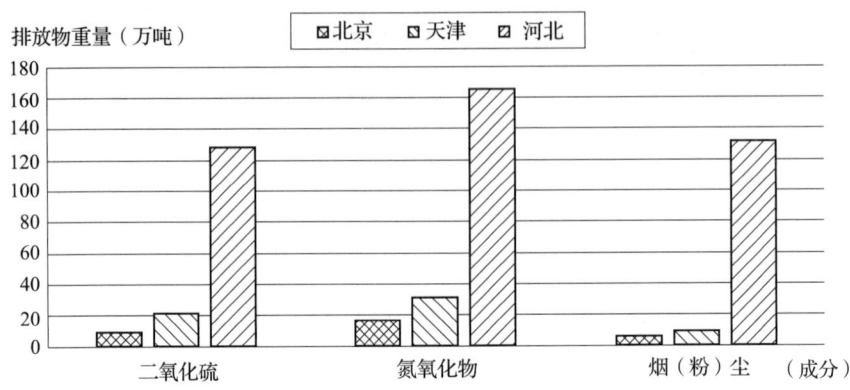

图 4—4 2013年京津冀地区废气中主要污染物排放情况

资料来源：根据2014年《中国统计年鉴》数据整理。

（五）北京市存在大量与城市功能定位不符合的"三高"企业，资源和能源的消耗处于较高水平，而且易产生环境污染

1. 制造业能源消费最高但总量下降，第三产业能耗总量不断攀升

根据第三次全国经济普查数据显示，北京市法人单位能力消费总量为4 333.24万吨标准煤，其中第二产业能源消费量为2 043.33万吨标准煤，占总消费量的47.15%，第三产业的消费量为2 289.90万吨标准煤，占52.85%。分行业看，制造业的能源消费量最高，占全部消费量的25.32%；其次是交通运输、仓储和邮政业，占24.69%；电力、燃气及水的生产和供应业占16.12%（见表4—5）。

表 4—5　北京市第二次和第三次经济普查能源消费量　（单位：万吨标准煤）

行业	第二次经济普查		第三次经济普查		增量	
	规模	占比	规模	占比	规模	增速
合计	4 120.27	100.00	4 333.24	100.00	212.97	5.17
第二产业	2 360.65	57.29	2 043.33	47.15	-317.32	-7.70
采矿业	27.42	0.67	135.70	3.13	108.28	2.63
制造业	1 701.99	41.31	1 096.95	25.32	-605.03	-14.68

续表

行业	第二次经济普查		第三次经济普查		增量	
	规模	占比	规模	占比	规模	增速
电力、燃气及水的生产和供应业	547.93	13.30	698.48	16.12	150.55	3.65
建筑业	83.31	2.02	112.19	2.59	28.88	0.70
第三产业	**1 759.62**	**42.71**	**2 289.90**	**52.85**	**530.28**	**12.87**
批发和零售业	90.72	2.20	121.10	2.79	30.38	0.74
交通运输、仓储和邮政业	811.54	19.70	1 069.90	24.69	258.36	6.27
住宿和餐饮业	120.73	2.93	145.99	3.37	25.26	0.61
信息传输、计算机服务和软件业	39.96	0.97	62.64	1.45	22.68	0.55
金融业	23.66	0.57	35.42	0.82	11.76	0.29
房地产业	232.13	5.63	258.20	5.96	26.07	0.63
租赁和商务服务业	88.28	2.14	118.16	2.73	29.88	0.73
科学研究、技术服务和地质勘查业	69.46	1.69	109.09	2.52	39.63	0.96
水利、环境和公共设施管理业	17.52	0.43	28.62	0.66	11.10	0.27
居民服务和其他服务业	19.12	0.46	30.18	0.70	11.06	0.27
教育	113.25	2.75	145.69	3.36	32.44	0.79
卫生、社会保障和社会福利业	38.19	0.93	50.59	1.17	12.40	0.30
文化、体育和娱乐业	29.73	0.72	35.25	0.81	5.52	0.13
公共管理和社会组织	65.33	1.59	79.07	1.82	13.74	0.33

资料来源：根据北京市第二次、第三次经济普查数据整理。

与第二次全国经济普查相比，第二产业能源消费量下降了317.32万吨标准煤，下降幅度为7.7%；第三产业能源消费量增加了530.28万吨标准煤，增幅为12.87%。其中，制造业能源消费下降了605.03万吨标准煤，下降幅度达到14.68%。除制造业能源消费下降外，其他行业能源消费均呈上升趋势，其中交通运输、仓储和邮政业增加了258.36万吨标准煤，增长幅度为6.27%，其次是电力、燃气及水的生产和供应业，能源消费增加了150.55万吨标准煤，增长了3.63%。从能源消费量来看，第二产业和第三产业中的交通运输、仓储和邮政业仍然是能源消费的主要部门，占到总的能源消费的71.84%（见图4—5）。

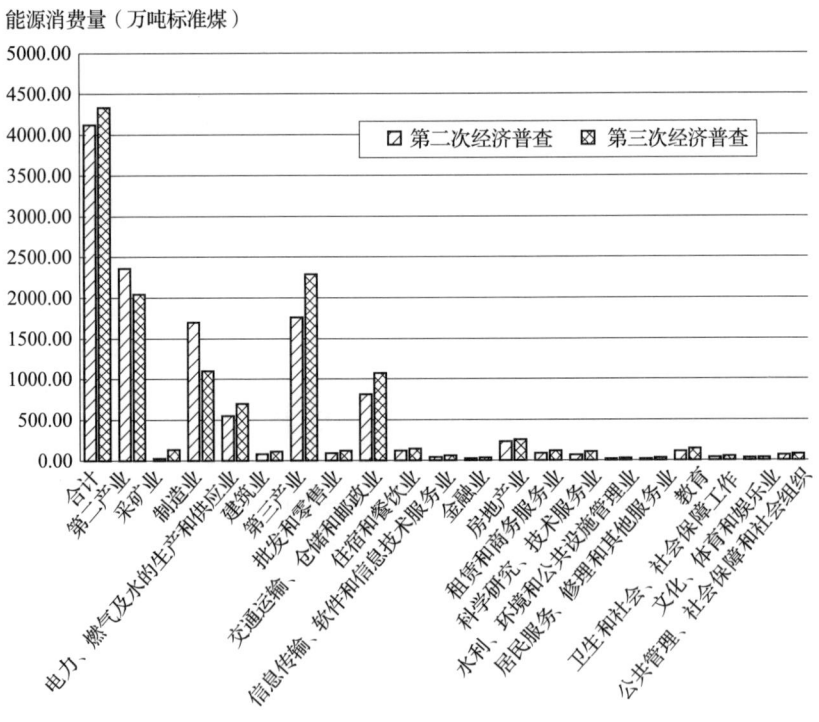

图4—5　北京市分行业能源消耗总量

资料来源：根据北京市第二次、第三次经济普查数据整理。

2. 大多数行业的能源利用效率整体不高

从能源消费的总量我们可以清楚地看到北京市能源消费的结构，但因为能源消费总量还受到产业和行业所占比重的影响，因此并不能完整地看到产业和行业的能源消费效率。而单位资产所消费的能源数量能更清楚地反映各个产业和行业的能源利用效率。如表4—6，图4—6所示，北京市第三次全国经济普查亿元资产的能源消费量为35.49吨标准煤。其中第二产业为400.65吨标准煤，第三产业为19.57吨标准煤。

表4—6　　　　北京市分产业和行业亿元资产能源消费情况

（单位：吨标准煤/亿元）

行业	第二次经济普查	第三次经济普查	增量
合计	**63.68**	**35.49**	**-28.19**
第二产业	**944.26**	**400.65**	**-543.61**
采矿业	685.50	452.32	-233.18
制造业	1 701.99	609.42	-1092.57
电力、热力、燃气及水生产和供应业	782.76	537.29	-245.46
建筑业	119.01	62.33	-56.69
第三产业	**28.29**	**19.57**	**-8.72**
批发与零售业	50.40	30.28	-20.12
交通运输、仓储与邮政业	1 623.08	713.26	-909.82
住宿与餐饮业	1 207.30	729.96	-477.34
信息传输、软件和信息技术服务业	36.33	22.37	-13.96
金融业	0.50	0.41	-0.09
房地产业	116.07	54.94	-61.13
租赁与商务服务业	11.77	10.01	-1.76
科学研究和技术服务业	69.46	45.45	-24.01
水利、环境和公共设施管理业	175.20	95.41	-79.79
居民服务、修理和其他服务业	637.33	301.78	-335.56
教育	566.25	364.23	-202.02
卫生和社会工作	381.90	50.59	-331.31
文化、体育和娱乐业	148.65	88.13	-60.52
公共管理、社会保障和社会组织	326.65	112.96	-213.69

资料来源：根据北京市第二次、第三次经济普查数据整理。

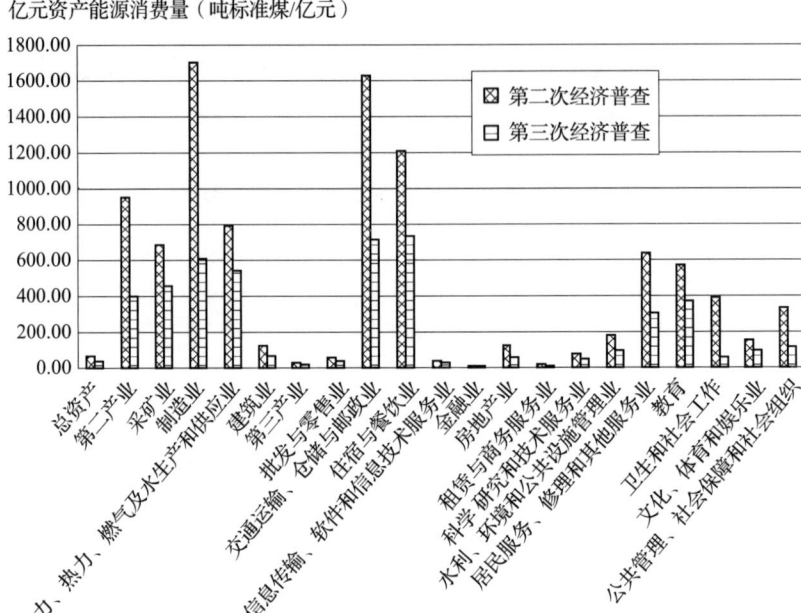

图4—6 北京市分产业分行业亿元资产能源消费量

资料来源：同表4—7。

分行业看，亿元资产能源消费最高的是住宿和餐饮业，达到了729.96吨标准煤，其次是交通运输、仓储与邮政业（713.26吨标准煤），再次是制造业（609.42吨标准煤），电力、热力、燃气及水生产与供应业（537.29吨标准煤），采矿业（452.32吨标准煤）。这些行业是主要的能源消费行业，但从两次经济普查情况看，各行业的亿元资产能源消费情况都有所下降，降幅较大的有制造业，交通运输、仓储与邮政业和住宿与餐饮业，说明这些能源消费较大的行业在节能降耗方面都有突出的成绩，为北京市的节能减排和可持续发展做出了贡献。

3．一些第三产业的传统行业水资源消耗总量大但利用效率较低

北京市属于水资源严重匮乏的地区，水资源总量很少，人均水资源占有量更少，水资源十分紧缺。随着北京市经济的发展，用水需求巨大，据北京市2014年统计年鉴资料显示，北京市2013年水资源总量为24.8亿立方米，而北京市第三次经济普查数据显示，北京2013年年末法人单位水消费量为8.6亿立方米，再加上北京市的农业用水、生活用水和环境用水，可见北京市的用水需求已经大大超过了北京市水资源的承载力。

从具体行业的水消费总量看，第二产业水消费量为3.5亿立方米，其中制造业，电力、热力、燃气及生产和供应业，建筑业的水消费比重占到了16.45%、12.95%、8.47%。第三产业为5亿立方米，其中房地产业、教育、住宿和餐饮业水消费比重占到了9.53%、8.69%和8.48%。从各产业和行业的亿元资产水消费量看，住宿和餐饮业，水利、环境和公共设施管理业，教育业的单位资产的水消费量最大（见表4—7，图4—7）。

表4—7　　　　　　　北京市分产业行业水消费情况

行业	水消费量（千立方米）	单位资产水消费量（千立方米/万亿元）	比重（%）
合计	856 521.61	7 014.92	100.00
第二产业	**353 356.33**	**69 285.56**	**41.25**
采矿业	29 043.52	96 811.73	3.39
制造业	140 876.26	78 264.59	16.45
电力、热力、燃气及水生产和供应业	110 919.80	85 322.92	12.95
建筑业	72 516.75	40 287.08	8.47
第三产业	**503 165.28**	**4 300.56**	**58.75**
批发和零售业	25 764.87	6 441.22	3.01
交通运输、仓储和邮政业	32 725.24	21 816.82	3.82
住宿和餐饮业	72 656.01	363 280.05	8.48
信息传输、软件和信息技术服务业	8 393.01	2 997.50	0.98
金融业	7 028.99	80.52	0.82
房地产业	81 662.72	17 375.05	9.53
租赁和商务服务业	28 562.36	2 420.54	3.33
科学研究和技术服务业	24 011.79	10 004.91	2.80
水利、环境和公共设施管理业	67 775.36	225 917.85	7.91
居民服务、修理和其他服务业	4 416.53	44 165.27	0.52

续表

行业	水消费量 （千立方米）	单位资产水消费量 （千立方米/万亿元）	比重 （%）
教育	74 466.30	186 165.76	8.69
卫生和社会工作	28 326.08	28 326.08	3.31
文化、体育和娱乐业	18 368.14	45 920.36	2.14
公共管理、社会保障和社会组织	29 007.88	41 439.83	3.39

资料来源：根据北京市第三次经济普查数据整理。

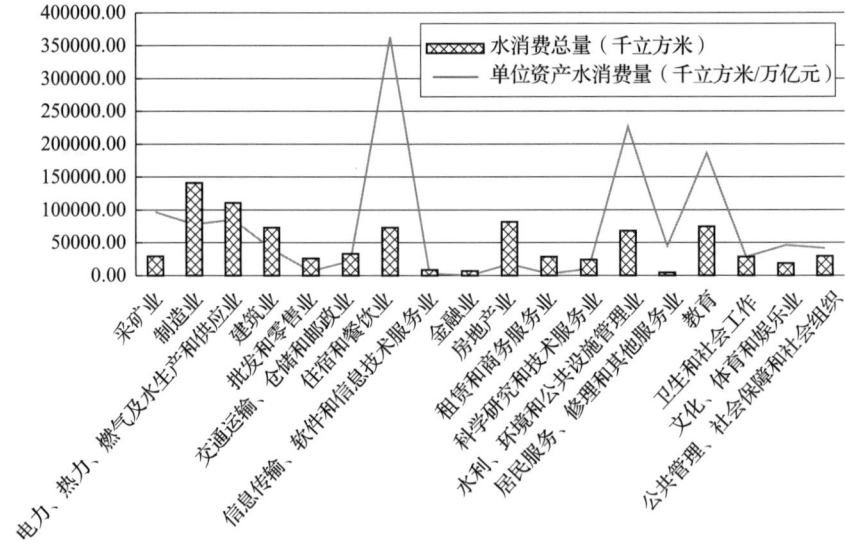

图4—7　北京市分行业第三次经济普查水消费总量和单位资产水消费量

资料来源：同表4—8。

三、人口膨胀对北京资源环境的压力产生机制及后果分析

（一）理论分析

就北京城市发展的实际来说，人口、经济、资源和环境之间，存在着复杂的互为因果、相互叠加的作用和机制。北京市存在的诸多城市病问题，其根源在于经济发展带来的各种机会和与周边发展的差距，吸引了大量的外来人口进入北京，导致人口的膨胀。人口的高速增长和膨胀，又产生了对公共

资源和公共服务的需求,包括城市用地、道路用地和基础设施、城市环境污染治理需求,以及教育、医疗等的巨大需求,需要政府巨大的财政投入进行公共建设投资和公共服务方面的建设,这一切在当前的财税体制下,刺激政府进一步进行经济方面的投资和发展,吸引更多的人口进入,从而产生一个不良循环和因果关系。

图4—8采用系统动力学的因果关系和反馈来展示北京市人口、资源、环境和经济之间相互作用的关系。可以看到,它们之间相互制约、相互作用,在人口、资源、环境和经济几个主要因素之间,存在着既为因,又为果的关系。

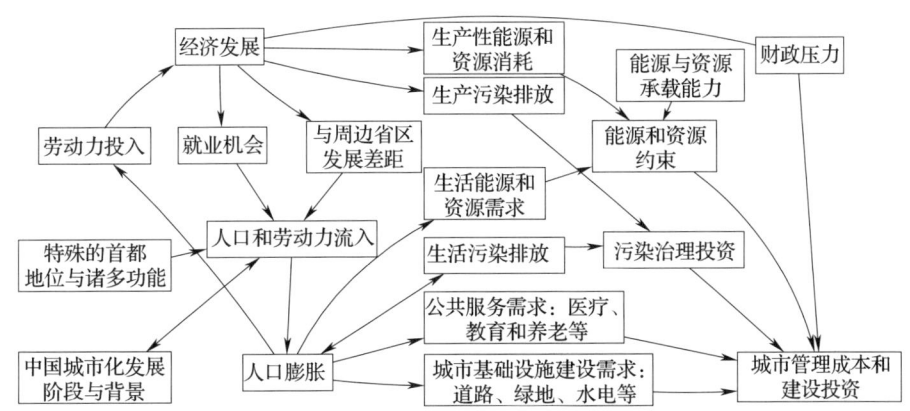

图4—8 北京市人口、资源、环境和经济相互作用因果关系

1. 经济增长和产业层次不高成为人口高速膨胀的根源

大量的人口增长为首都经济提供了充足的劳动力资源,促进了首都经济发展的同时,也产生了很大的财政压力,进一步刺激经济的增长和人口膨胀,次年改成不良循环。

经济发展既是人口膨胀的原因,同时又受到人口膨胀带来的促进作用。经济发展通过创造更多的就业机会,扩大了与周边省区经济发展的差距,以及对其他省区的外来人口产生吸引。与此同时,首都特殊的地位以及诸多的功能,也对潜在的外来人口流入产生很大的吸引力。而中国城市化发展的阶段性，决定了中国目前正处于城市化上升的最快时期，大量农村劳动力为人口流入北京创造了潜在的可能，遇到这些经济原因，就导致了人口的膨胀。人口对经济发展的反作用：人口通过不同的途径影响着首都的经济发展。首先，由于大量劳动力的进入，使得经济发展收获了很大的人口红利。其次，人口增长过程中产生了巨大的消费需求、城市基础设施建设需求、公共服务需求。这都需要政府在这些方面进行大量的投资，从而产生很大的财政压力，在现有的财税体制下，对经济发展产生很大的刺激作用和投资动力。

人口的高速膨胀，除了与前述分析经济的增长、就业机会的增加密切相关以外，还与北京市产业结构高端不高的现状有着十分密切的关系。在经济发展过程中，一个地区的产业结构和就业结构有着极强的相关性。由于不同产业对劳动力的吸纳能力不同，不同产业所占的比重和产业结构的调整必然带来就业结构的变动，分析就业结构的现状和变动能够在很大程度上反映一个地区劳动力的数量、质量结构和变动方向。虽然从大的产业结构上看，北京市早已发展到以第三产业为主的产业结构演变高级阶段，2013年三次产业比重为76.9%。但是从产业内部来看，还是存在着很大比例的低端产业，尤其是存在着较高比例的传统吸纳劳动力的行业和部门。

根据全国第三次经济普查数据显示，2013年年末，全市第二产业和第三产业法人单位共有从业人员1 111.3万人，比2008年年末增加294.4万人，增长36.0%。其中，第二产业从业人员216.6万人，增加15.3万人，增长7.6%；第三产业从业人员894.7万人，增加279.1万人，增长45.3%。与此同时，因为劳动力是人口的主体，因此北京市的人口也同步呈现了快速增长。从大的产业结构来看，北京市当前劳动者主要集中在第三产业，2013年规模达到894.7万人，占全部就业者的80.51%；第二产业规模为216.6万人，比重为19.49%。然而进一步细分，从第二和第三产业内部来看，本次普查显示在法人单位从业人员中，吸纳劳动力最多的是第三产业中的批发和零售业，2013年共有劳动力147.8万人，占全市全部劳动者的13.3%；其次是租赁和商务服务业劳动者，共有141.7万劳动力，占12.8%；制造业再次，有138.5万人，占12.5%。仅这三个行业就吸纳了北京市劳动力的1/3以上，从业人员整体比重超过了38.6%，可见，北京传统制造行业和部分低端服务业仍然吸引着大量劳动力就业（见表4—8）。

表4—8　　　　北京市分产业行业的就业结构及变化　　　　（单位：万人）

	第二次经济普查		第三次经济普查		增量	
	规模	比重	规模	比重	规模	增速
总的从业人员数	816.9	100	1 111.3	100	294.4	36.0
第二产业	201.3	24.64	216.6	19.49	15.3	7.6
采矿业	5.1	0.6	6.9	0.6	1.8	34.1
制造业	134.7	16.5	138.5	12.5	3.8	2.8
电力、热力、燃气及水生产和供应业	6.7	0.8	9.3	0.8	2.6	38.2
建筑业	54.7	6.7	65.5	5.9	10.8	19.7
第三产业	615.6	75.36	894.7	80.51	279.1	45.3
批发和零售业	94.3	11.5	147.8	13.3	53.5	56.7
交通运输、仓储和邮政业	69.5	8.5	68.6	6.2	−0.9	−1.4
住宿和餐饮业	44.9	5.5	50.6	4.6	5.7	12.6
信息传输、软件和信息技术服务业	46.6	5.7	93.0	8.4	46.4	99.4
金融业	25.1	3.1	43.3	3.9	18.2	72.3
房地产业	41	5	56.4	5.1	15.4	37.6
租赁和商务服务业	95.9	11.7	141.7	12.8	45.8	47.8
科学研究和技术服务业	56.4	6.9	95.2	8.6	38.8	68.7
水利、环境和公共设施管理业	9.3	1.1	12.9	1.2	3.6	39.1

续表

	第二次经济普查		第三次经济普查		增量	
	规模	比重	规模	比重	规模	增速
居民服务、修理和其他服务业	14.1	1.7	21.5	1.9	7.4	52.5
教育	43.1	5.3	53.1	4.8	10.0	23.2
卫生和社会工作	20	2.4	27.8	2.5	7.8	39.2
文化、体育和娱乐业	18.6	2.3	27.6	2.5	9.0	48.1
公共管理社会保障和社会组织	36.6	4.5	51.8	4.7	15.2	41.4

资料来源：根据北京市第二次、第三次全国经济普查数据整理而得。

从增长规模看，这些行业吸纳的劳动力规模不降反升，依然处于增长中。第二产业从业人员在两次经济普查期间继续增长，第三次经济普查时比第二次经济普查共增加15.3万人，第三产业从业人员增加279.1万人。从行业内部看，与第二次经济普查相比，除了交通运输、仓储和邮政业从业人员略有下降外，其他各行业从业人员均有增长，尤其是一些低端的行业劳动力规模增加很快。其中，批发和零售业，信息传输、软件和信息技术服务业，租赁和商务服务业，科学研究和技术服务业从业人员增长规模靠前，分别增长了53.5万人、46.4万人、45.8万人、38.8万人。整体来讲，北京市服务业已经成为已吸纳劳动力就业的主渠道，而劳动密集型的低端服务业和技术含量高、高附加值的高端服务业有着共同发展的趋势（见图4—9）。

近年来，一些高端的技术含量高、高附加值的行业增长速度已经超过了低端行业的劳动力增长速度。与第二次经济普查数据相比，到2013年，虽然除了交通运输、仓储和邮政业从业人员比重略有下降外，全市其他各行业从业人员均有增长，但增长的幅度有所不同。其中增长最快是信息传输、软件和信息技术服务业，从业人员增长了近1倍。其次是金融业（72.3%）、科学研究和技术服务业（68.7%）。批发和零售业虽然规模最大，但是增长相比前

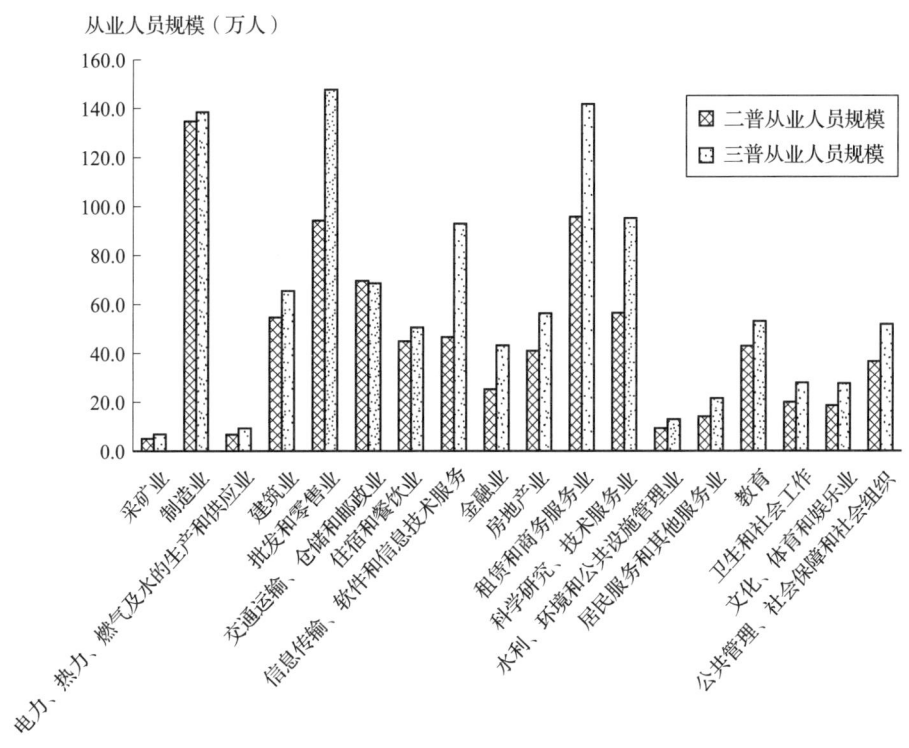

图4—9 北京市分行业第二次、第三次全国经济普查从业人员规模

资料来源：同表4—9。

面几个略有逊色，只增长了56.7%，上述其余几个行业劳动力的增幅都在50%以上。从增长速度看，技术含量高、高附加值的高端服务业如信息传输、软件和信息技术服务业，金融业，科学研究和技术服务业，其从业人员增长速度很快，代表着北京就业结构向高端化发展的趋势明显（见图4—10，图4—11）。

2. 经济和人口双重膨胀，产生极大的城市基础设施和公共服务压力，进一步刺激经济增长和人口膨胀

经济和人口的膨胀，产生了越来越多的能源、资源消费需求，以及各类污染排放，也需要政府进行投资和治理，这最终也通过财政投入压力映射到经济发展中，最终作用于人口的增长。

（1）人口高速增长对北京经济发展产生红利的同时，也给城市基础设施和公共服务带来极大压力。

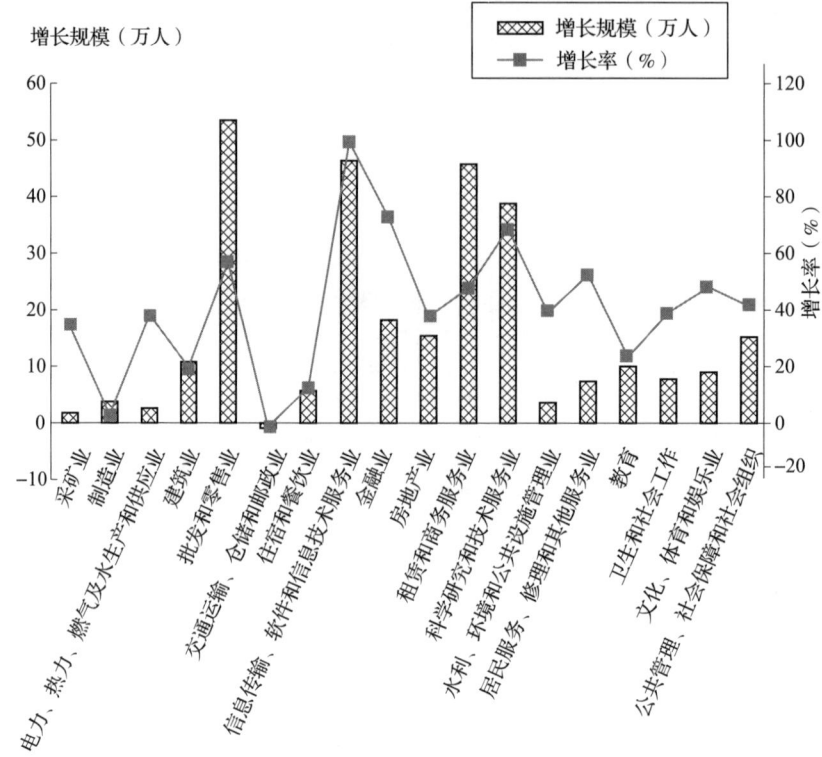

图4—10　北京市分行业第二次和第三次经济普查从业人员增长量与增长率
资料来源：同表4—9。

北京市人口的高速增长和规模膨胀，主要是由于外来人口的流入引起的。如前所述，新增人口主要是年轻的劳动年龄人口，也就给北京的经济和社会发展带来了非常丰富的劳动力，并由此产生了很大的人口红利，促进了北京市经济的高速增长。

客观地说，北京市的人口红利，主要受益于年轻的农村劳动力的大量迁入。然而我们也看到，在对经济增长带来巨大促进作用的同时，人口的高速膨胀给城市的各方面，包括社会发展和城市基础公共服务等带来了很大的压力，也成为不争的事实。

（2）对公共服务提出了越来越高的要求，尤其是对医疗和教育资源的需求在持续增加。

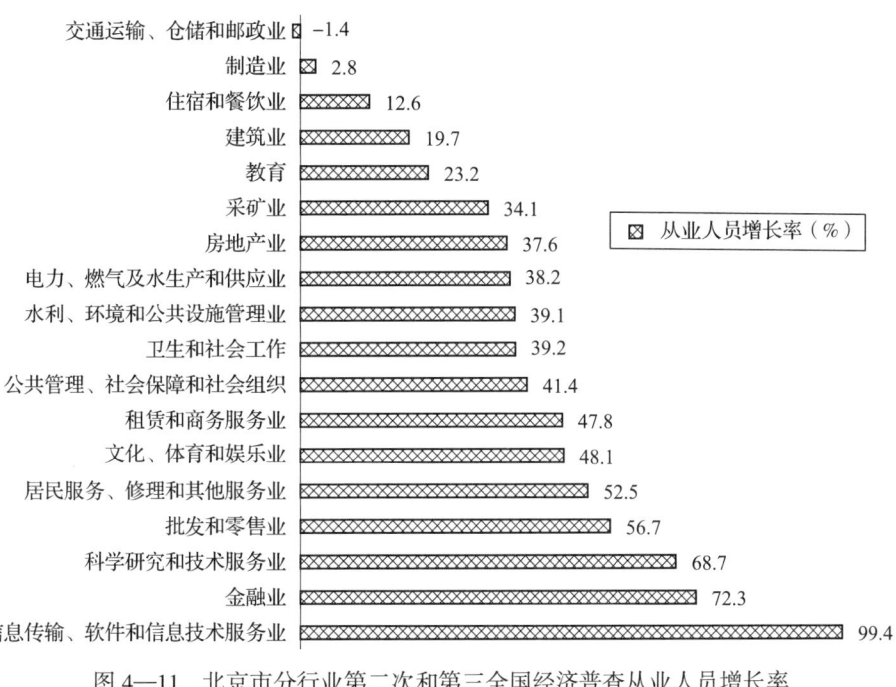

图4—11 北京市分行业第二次和第三全国经济普查从业人员增长率
资料来源：同表4—9。

仅以幼儿园的增加来看，北京市幼儿数量增长与幼儿园数量增加不一致，幼儿园的增加赶不上幼儿数量的增长。从几次人口普查中3~6岁的幼儿数量变化看，北京市的幼儿数量经历了几次波动起伏，其中幼儿数量最高的年份为1982年，达到404 235人，1990年减少到376 441人，为最低人数，但从1990年之后，又开始了增长，到2000年达到395 022人，2010年幼儿数量更是达到了487 662人。由此可以看到从1990年之后，北京市对幼儿园的需求必然呈现上升的趋势。

北京市卫生机构数与人口变动规律一样，都呈现出随年份增长而逐年增加的趋势。卫生机构从2003年的7 265家增加到了2013年的10 126家，10年间增加了2 861家，年均增长率为3.94%。同样地，实有床位数在2003—2013年间也呈现出逐年递增的趋势，从2003年的66 990张增加到了2013年的122 754张。10年间，实有床位数增加了55 764张，年均增长率为

8.32%。对比10年间人口增长情况可以发现，10年间，医疗机构增长率慢于常住人口增长。

（3）对城市基础设施建设提出了更高的要求。

北京市生活用水量达到16亿立方米，占全市总水量的43.3%，成为用水量最多的领域。人均生活用水量却由2001年的86.6立方米下降至2012年的77.4立方米，但人们的生活用水却随着人口的增加以及生活水平的整体改善而不断增加，目前生活用水无论是总量还是份额都远远超过其他几类用水量（见表4—9）。可以想见，尽管工农业用水可以随着人为的调整进一步的减少，但是人口生活用水却不能明显减少，除非是人口减少。由此可见，未来北京市水资源紧缺主要体现在其与人口增长之间的矛盾，而且还会进一步恶化。

表4—9　按照不同用途分的北京市历年用水量变化　（单位：亿立方米）

	农业用水	工业用水	生活用水	环境用水	合计
2001	17.4	9.2	12.0	0.3	38.9
2002	15.5	7.5	10.8	0.8	34.6
2003	13.8	8.4	13.0	0.6	35.8
2004	13.5	7.7	12.8	0.6	34.6
2005	13.2	6.8	13.4	1.1	34.5
2006	12.8	6.2	13.7	1.6	34.3
2007	12.4	5.8	13.9	2.7	34.8
2008	12.0	5.2	14.7	3.2	35.1
2009	12.0	5.2	14.7	3.6	35.6
2010	11.4	5.1	14.8	4.0	35.3
2011	10.9	5.0	15.6	4.5	36.0
2012	9.3	4.9	16.0	5.7	35.9
2013	9.1	5.1	16.2	5.9	36.4

资料来源：根据《2014年北京统计年鉴》数据整理。

另外，根据《2013年北京市交通运行报告》资料分析显示，2013年的出行总量相较于2012年增长了2.2%，2013年工作日平均每天要堵25分钟，因此 2013 年道路运行情况不如 2012 年。2013 年，本市六环路内日均出行总量（不含步行）达到 3 099 万人次，比 2012 年年底增加了 66 万人次。2013 年全路网工作日平均交通拥堵指数为 5.5，比 2012 年的 5.27 增长了 4.2%。拥堵也分早晚高峰，2013 年工作日早高峰拥堵指数为 5.0，同比增长 5.2%；晚高峰拥堵指数为 6.0，同比增长 3.6%。晚高峰道路拥堵水平比早高峰严重。由此我们不难看出，北京道路交通拥堵情况呈现出加重趋势。

（4）人口分布与城市功能布局不合理加剧了城市管理和建设的压力。

由于北京市人口和就业主要集中于四环内，而居住人口向城市发展新区和城市功能拓展区边缘地区集聚，这种趋势越来越明显。例如首都功能核心区和城市功能拓展区集聚了全市近六成的就业人口，按照人口职业居住比来看，西城区的职住比最高，达到 0.939，东城区达到 0.858，此外顺义区、海淀区和朝阳区的职住比也均在 0.5 以上。而房山区、通州区、昌平区的职住比过低，不到 0.2。

从公共服务提供的空间分布与人口分布的对比上看，居住主要集中在城市外围，而公共服务功能仍主要集中在首都功能核心区和城市功能拓展区，发展新区和生态涵养区远不能满足当地居民需求。根据《北京市统计年鉴 2013》的数据显示，从医疗服务资源来看，东城、西城、朝阳、海淀、丰台、石景山等城六区拥有北京市 59% 的医疗机构和 88.5% 的三级医疗机构。昌平区的回龙观和天通苑集聚了 70 多万人口，仅有一家三甲医院。将近 50% 的三甲医院集中在三环以内，五环之外三甲医院只有全市的 1/4，顺义区目前没有一家三甲医院。

从教育资源布局和人口分布匹配上看，也很不合理。以 0～14 岁常住少儿人口和教师人数的比值来看，首都功能核心区为 9.3，即每 9.3 个少儿有一个教师。但城市功能拓展区该指标为 16.1，城市发展新区为 16.5，分别是功能核心区的 150% 以上。生态涵养区因人口较少，该比值为 12.2，但依然高于功能核心区，反映出北京周边教育资源在量上的不均衡。

居住、经济和公共服务功能相互间的不匹配，给城市运行管理带来一系列问题，增加了通勤距离和通勤时间，目前北京市平均通勤时间为50分钟，为全国最长，居民跨区域获取公共服务资源增加了通勤距离，提高了城市管理的难度和成本，而且郊区居民到中心城区就业，"钟摆式"通勤格局加剧交通拥堵。

3．人口高速膨胀对资源环境造成的压力持续增长

（1）人均水资源占有水平持续下降。

北京市的水资源开发利用程度已经超过本地水资源可开发利用的潜力，水资源紧缺已成为制约经济社会可持续发展的第一瓶颈。

人口和水资源的直接对比，可以从人均水资源的占有上来观察。自2001年以来，北京市人均水资源量基本保持在150立方米/人以下，这个人均水资源量为全国人均水资源量的1/13，是世界平均水平的1/50，不仅低于人均1 000立方米/人的国际用水紧张线，而且不到人均500立方米/人的国际严重缺水线的1/3。2012年作为最近10年来的高丰水年，人均水资源量也只有193.3立方米/人，不到国际严重缺水线的一半。2013年北京市人均水资源量为118.6立方米/人，由此可见北京市水资源量短缺的严重程度。即便算上南水北调的10.05亿立方米水，按照现有人口计算的人均水资源每人增加也不到30立方，而且人口还处于快速增长中，人均水资源将会进一步下降（见图4—12）。

其次，人地矛盾日益紧张。

北京人多地少，土地资源不足的特点十分突出。全市人均土地只有0.077 58公顷，仅为全国的1/5。北京由于开发历史悠久，绝大部分土地已被人类开发利用，其面积约占总土地面积的87.4%，而未利用土地面积只占12.6%。2013年全市常住人口已经达到2 114万人，其中居住在城区的人口1 691万人。人均建设用地面积2007年只有203.6平方米（见表4—10）。

第四章 北京市人口增长的环境影响与后果

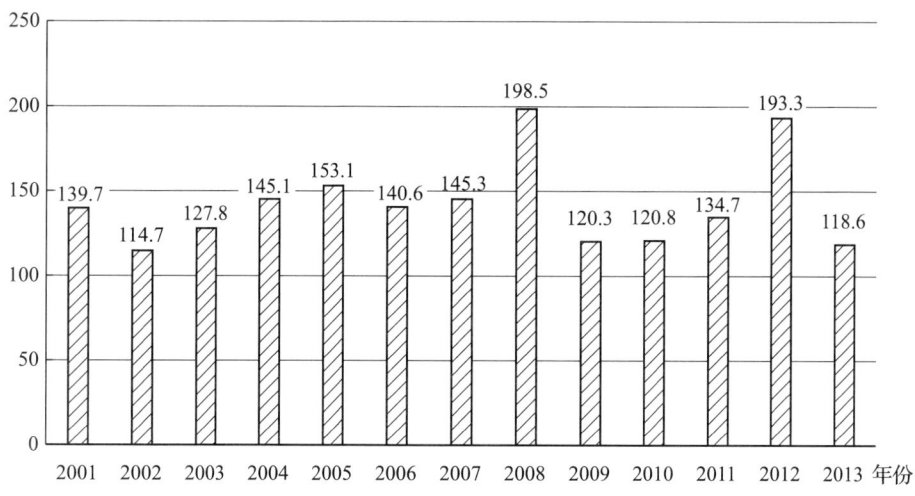

图4—12 北京市各年人均水资源变化情况

资料来源：根据《2014年北京市统计年鉴》数据整理。

表4—10　　　　　　　　北京市建设用地及人均建设用地的变化

年份	土地面积（平方公里）	总建设用地面积（平方公里）	城市建设用地面积（平方公里）	人均建设用地面积（平方米/人）
1992	16 808	2 282		207
1993	16 808			
1994	16 800	2 600		206
2004	16 800	3 197	1 254	214
2005	16 800	3 230	1 254	210
2006	16 411	3 273	1 254	207
2007	16 411	3 326	1 289	203.6
2008	16 411	3 377	1 311	
2009	16 411		1 350	
2010	16 411		1 386	
2011	16 411		1 426	
2012	16 411		1 445	
2013	16 411		1 505	

133

（3）随着人口增加，生活垃圾排放量日渐增大。

随着人口的增加，北京市生活垃圾与生活污染问题进一步突出。以生活垃圾为例，2013年全市生活垃圾产生量671.69万吨，日产生量1.84万吨，全市垃圾处理任务十分艰巨；而且新的垃圾处理设施面临"选址难""建设难"等问题（见图4—13）。

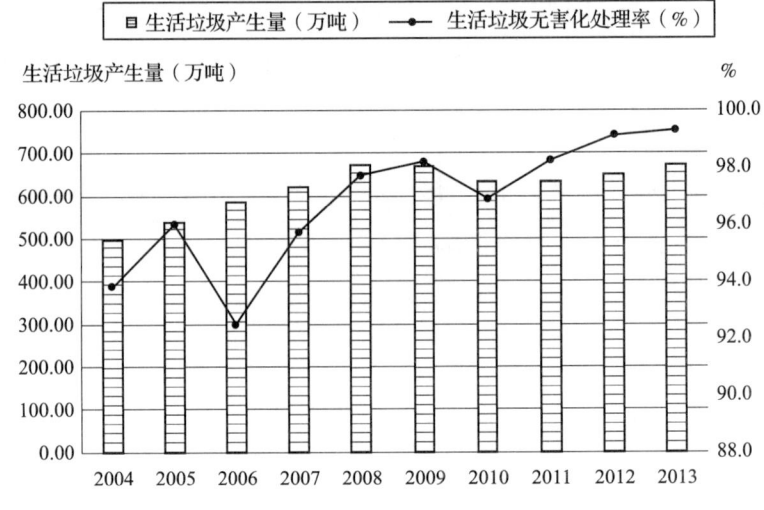

图4—13 北京市生活垃圾产生量及无害化处理

资料来源：同图4—12。

以上这些相互的作用，全部是一种正反馈的关系，也即一个因素的变化，将会通过这一系列反馈环的作用，产生同方向的加剧作用。如果这个过程是我们不希望看到的，不利于可持续发展的，则这个反馈过程将会形成一种恶性循环，使得某种现象越演越烈。具体说来，就是经济发展越快，人口增长越多，环境压力和城市建设压力越大，越会进一步刺激经济发展。

总之，北京市当前财税体制倒逼下的城市发展思路，就是经济发展——人口集聚——城市建设需求增大——能源资源消耗——生态环境压力。为提供城市运行所需财力，又不得不进行新一轮经济扩张，从而陷入"城市发展怪圈"。按照"通过扩张经济规模来增强财力，进而支撑城市运行和发展"的思路，发展经济必然带来大量就业岗位，从而吸引大量就业人口，进而引致人口快速集聚。

要改善这种状况，从机制上说，就是要建立能够打破这种正反馈环作用的机制，即建立遏制正反馈环作用的负反馈环，阻止这种过程继续进行下去。我们可以从任何一个环节上进行突破，例如，减少北京市城市发展与其他省区之间的差距，从而减少北京市对外来人口的吸引力；减少首都非核心功能，减少对人口的吸引力等。通过改变经济发展方式，减少劳动力的大量需求；改革财税体制，减少城市建设压力对经济发展的刺激；提高技术，加强管理，减少城市污染和扩大城市承载力。

（二）实证分析——以人口增长对碳排放的影响为例

前面我们探讨的是北京市人口增长带来的一系列环境后果的理论思考，现实中这些后果是否真实存在，人口因素在这些后果产生中到底发生了何种作用，以及人口因素发生作用的程度等，还需要更进一步的实证研究来分别加以验证。

考虑到在众多已有研究中，关于北京市人口增长的后果更多地集中在人口压力对北京市的资源环境带来较多不利于可持续发展的影响，在很长一段时期内，北京市人口增长带来的资源环境压力成为研究北京市人口增长后果的一个十分重要的方面，而能源消耗在资源环境的变化中又是最为显见的方面且具有十分重要的影响作用，为此，本节以能源消耗为例，旨在在前人研究的基础上，通过实证研究，来对北京市能源消耗的影响因素加以分析，从中发现北京市人口增长对于北京市能源消耗进而是资源环境的明确的影响程度，从而为相关政策的制定提供必要的参考。

1. 相关文献综述

关于人口与资源环境之间的关系，国际上较早就开始进行研究。早期在18世纪时马尔萨斯提出了著名的人口论，其中核心的思想就是比较人口增长与人类赖以生存的物质资料增长的速度问题，其研究将人口与资源、环境问题放到了同一个框架之下，"开创了人口与环境研究的先河"（童玉芬，2012），其后，埃里奇《人口爆炸》以及梅多斯《增长的极限》两本专著思想的传播，尤其是后者明显的悲观结论，给读者以更加强烈的冲击，也使得人口与资源环境之间的冲突关系越来越为世人关注，促使越来越多的学者关注此方面的研究，并努力对此之间的关系进行更加科学的解释。

国内关于人口增长对资源环境的影响研究中，在研究地区的选择上，很多学者研究了中国不同的区域和省份的人口增长对资源环境的影响，并进行了对比分析研究（张志良，1990；赵建华，1997；刘登伟等，2005；童玉芬，2006；李华，2008；苏明城，2008；杨静，2011）；在研究方法上，关于人口对资源环境的影响主要通过因素分解法（童玉芬等，2012）、GIS 方法（张萍萍等，2008）、IPAT 方法（王正环等，2007；何强等，2008；刘扬等，2009；）以及后来演化的 STIRPAT 方法（王立猛等，2008 年；陈强强等，2009；童玉芬等，2013b）。

研究北京市人口增长对其资源环境影响的文献也相对较多。如赵峰（2011）就北京市人口增长过快与以水资源严重短缺为代表的资源环境问题的突出矛盾问题进行了相关研究。与此类似，就北京市人口、资源环境协调发展视角进行相关研究的论文成果众多（梁昊光，2008；张娟，2009；魏保义，2010；冯晓英，2010；王莹莹，2013；王文杰，2014）。此外，王朝华（2014）、关小克（2015）着重分析了北京市人口增长过程中的土地利用问题，指出伴随着北京市人口日益增长，其土地资源的利用需要进一步科学化。施昌奎（2014）从缓解北京市人口资源环境压力的社会公共服务视角进行了相关研究，他指出北京市社会公共服务应从促进人口、资源、环境协调发展的顶层设计出发，从布局、供给、标准和政策入手，对相关问题进行化解。周永军（2015）对已有的北京市水资源预测方法进行了梳理与分析，选择了离散二阶差分方程预测模型（DDEPM）方法对北京市未来人口总量及水资源总量进行了预测。

而就人口增长与能源消耗之间的关系的研究多年来一直是人们关注的焦点。刘淑英（1985）较早阐述了人口与能源之间可能存在的相互影响的关系。于立（1993）在理论上阐述了人口与能源消耗之间的关系，并从平均数、增长率以及弹性三个角度详细阐述了两者之间可能的共变特征。俞志坚（1997）在理论上分析了人口、能源以及经济三者之间的关系，并构建了我国人口—能源—经济多目标递推规划仿真模型。伴随着近年来国际上关于碳排放及减排问题的重视，以及雾霾等新形态所代表的能源消耗后果的被人关注，这方面的研究更加得到重视。王建军（2013）就人口、能源消耗、碳排放以及经济增长之间的关系进行了分析。肖周燕（2013）就北京市人口增长以及折算成碳排放总量的能源消耗之间的关系，并使用岭回归等方法，验证了人口增长与能源消耗之间的相关关系。

考察已有的相关文献通常可以认为，人口增长与能源消耗之间存在很强的相关性，一个地区的人口增长往往意味着存在更多的能源消耗。不仅如此，一个地区的能源消耗往往是很多因素共同影响的结果，在这一过程中，不仅仅是人口总量，还有人口增长过程所带来的一系列经济、社会活动的变化都会对能源消耗带来一定的影响。为此，我们在分析人口增长所带来的能源消耗的影响时，不能简单地就人口与能源二者之间的关系进行分析，还需要将两者放到一个地区经济、社会活动的更加现实以及复杂的背景下来进行考虑。与此同时，我们不仅仅要关注到单纯人口数量变化所带来的对能源消耗的影响，还更应该关注到人口因素作为一个单纯与因其变动而带来的经济、社会活动的变化所形成的对于能源消耗的共同影响。

2．北京市历年能源消耗的基本情况

能源是一类重要的不可再生的有限性资源。北京市不仅在水资源、土地资源方面比较缺乏，在能源方面也是一个较为缺乏的城市。尤其是近年来人口增长，加快了对全市能源的需求，从而进一步加快了能源供应紧张的局面；

与此同时，人口增长使得本地供应能源严重不足，加剧了内部和外部能源竞争的矛盾局面。

（1）北京市能源消费和生活消费均呈现不断增长的态势

人口增长对能源的影响最重要的一个方面是对能源的消费方面，而能源消费总量中一个十分重要的方面是能源的生活消费量。图4—14显示了自1980年以来，北京市能源消费总量和生活消费的增长趋势和对比变化。由图中所见，北京市能源消费总量和生活能源消费总量基本呈现增长的态势，但能源消费总量增长较快，而生活能源消费总量增长较为平缓。对比发现，能源消费总量远远高于生活能源消费总量，这说明非生活消费能源占能源消费的绝大部分。

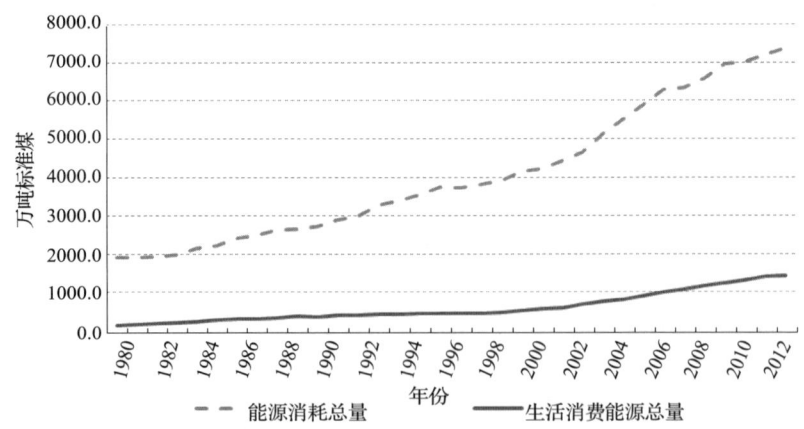

图4—14 北京市历年能源消耗总量及生活消费能源量情况
资料来源：根据《2014年北京统计年鉴》数据整理而得。

（2）北京市人均生活用能源不断增长，且主要能源日均消费量有所差别

人均生活用能源是较能反映北京市人口增长对能源消耗的一个重要指标。由表4—11所见，北京市人均生活用能源自2000年以来，呈现不断增长的趋势，由2000年的407.1千克标准煤增长到2012年的684.3千克标准煤，增长幅度超过一半，达到68.1%（见表4—11）。

表 4—11　　2000—2012 年北京市人均生活用能源情况

年份	合计 （千克标准煤）	煤炭 （千克）	电力 （千瓦时）	液化石油气 （千克）	天然气 （立方米）	汽油 （升）
2000	407.1	223.6	363.6	13.7	16.4	31.4
2001	408.2	209.6	392.5	13.1	18.7	38.4
2002	415.8	156	445.8	16.3	24.1	50.7
2003	472.7	187.8	488.2	20.2	28.4	61.8
2004	509.8	167.6	546.2	22.2	32.9	72.2
2005	537.4	154.1	586.8	20.8	37.4	93.5
2006	579.4	169.9	610.8	15.2	53.5	113.5
2007	613.5	169.1	651.1	16.8	54.8	136.5
2008	620.4	148.4	674.8	12.8	53.1	153.8
2009	642.7	150.7	709.4	12.5	54.3	162.1
2010	643.5	145.9	729.1	11.3	53.1	164.9
2011	656.1	140.5	727.2	10.7	52.7	167.6
2012	684.3	133.2	791.8	9.3	56.5	174.4

资料来源：同图 4—14。

同时从北京市主要能源日均消费量来看（见表 4—12，图 4—15），煤炭的消费占主要能源消费的大部分，但增长趋势是波动不定的，焦炭所占比重较小，日均消费也呈现下降趋势，而原油、汽油、煤油和柴油近年来日均消费呈现缓慢上升趋势，燃料油占比重很小，日均消费基本保持不变。

表 4—12　　2000—2012 年北京市主要能源日均消费情况　　（单位：吨）

年份	煤炭	焦炭	原油	汽油	煤油	柴油	燃料油
2000	76 598.4	12 270.5	20 620.2	3 046.4	3 213.1	2 303.3	2 448.1
2001	74 331.5	11 769.9	19 191.8	3 997.3	3 542.5	2 972.6	2 147.9
2002	70 726	10 353.4	20 501.4	4 380.8	3 978.1	3 145.2	1 950.7
2003	75 274	12 008.2	19 909.6	4 772.6	3 778.1	3 194.5	1 811
2004	80 404.4	12 451.6	22 114.8	5 420.8	4 994.5	3 603.8	1 830.6

续表

年份	煤炭	焦炭	原油	汽油	煤油	柴油	燃料油
2005	84 081.4	10 887.7	21 906.8	6 444.7	5 187.9	3 859.2	1 804.9
2006	83 717	9 551.2	21 811.5	7 620.8	6 407.1	4 862.7	1 316.4
2007	81 771.8	9 813.4	26 052.3	8 896.4	7 591.8	5 260.8	1174
2008	75 073.8	6 363.4	30 513.7	9 314.2	8 699.5	6 207.7	699.5
2009	73 005.5	5 807.4	31 861.1	9 961.9	9 367.9	6 580.3	1 161.6
2010	72 181.1	6 039.7	30 583.3	10 178.9	1 0757	6 504.4	1 826.8
2011	64 809.3	911.8	30 276.2	10 679.2	11 503.6	6 605.8	2 045.2
2012	62 018.9	881.7	29 392.6	11 363.4	12 112.8	5 896.7	2 135.5

资料来源：同图 4—14。

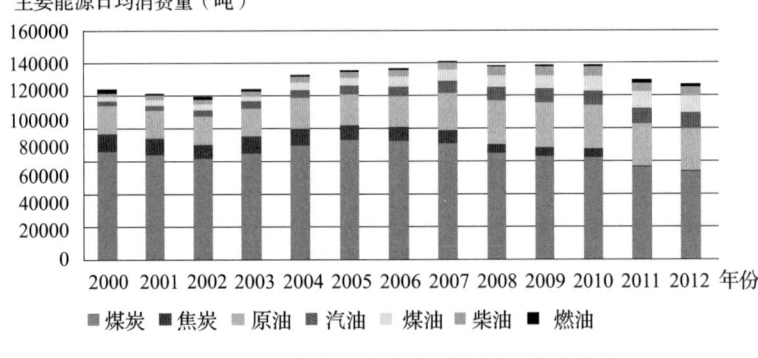

图 4—15　北京市近年来主要能源日均消费量

资料来源：同图 4—14。

（3）北京市全社会用电量呈不断增长的态势

随着北京市常住人口的不断增长，北京市全社会用电量也呈现出不断增长的趋势，如图 4—16 所示。1978—2000 年，北京市全社会用电量先经历一个缓慢增长的阶段，2000 年之后，全社会用电量快速增长，由 2000 年的 3 844 266 万千瓦时增长到 2012 年的 8 742 835 万千瓦时，增长幅度达到 1.27 倍。全社会用电量的快速增长，一方面反映了北京市人口增长对社会用电量的大量消费需求，使得电力供应较为紧张；另一方面反映了社会经济的快速发展，使得科技电子产品普及和发展壮大。

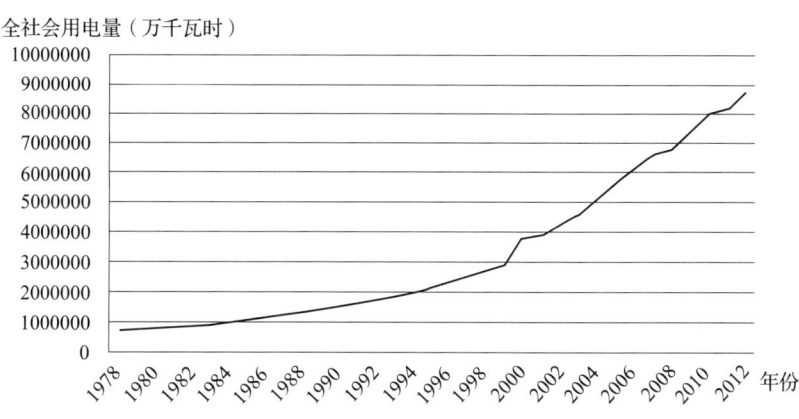

图4—16 北京市历年全社会用电量情况

资料来源：同图4—14。

城市和乡村因为社会经济发展状况的不同，使得城市和乡村居民用电消耗也会有所差别。图4—17反映了北京市城市和乡村居民的用电情况。由图可见，1978—1998年，城乡居民生活用电缓慢增长，1998年之后，城乡居民用电量快速增长。值得注意的是，2007—2011年城市居民用电量基本保持不变，而在此期间，农村居民用电量有所增长；2012年后城市居民用电量又保持快速增长，2013年后少量减缓。但总体来说，城市居民用电量远远大于乡村居民用电量，且均基本保持增长态势。可见，随着北京市经济社会的快速发展和人口增长，城乡居民对电力的需求量不断加大。

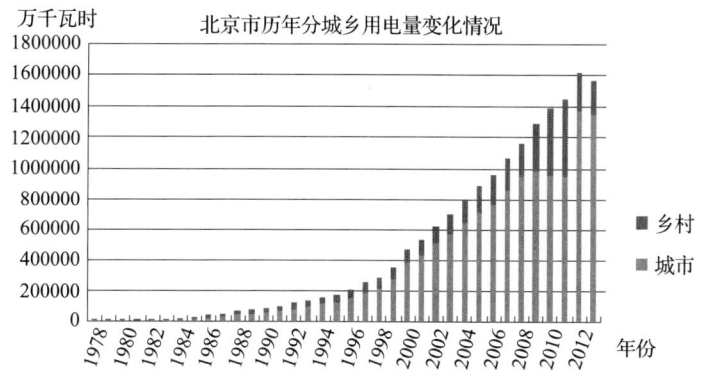

图4—17 北京市历年分城乡用电量变化情况

资料来源：同图4—14。

3. 对北京市人口增长与能源消耗关系的模型检验

（1）模型说明及数据选择

本研究借鉴资源环境研究中最常见的 IPAT 及其改进的 STIRPAT 模型。IPAT 模型是美国生态学家埃里奇和康默纳于 1971 年最早提出的一个简单计量模型。该模型在对资源环境进行研究时，将其影响因素从人口因素与经济因素之外加入一个技术指标，从而可以反映出除基本的人口与经济因素之外的更多的社会影响。

IPAT 的基本公式为：

$$I=P \times A \times T \qquad 式（4—1）$$

其中，I 为环境压力，通常包括能源、资源消耗和废弃物排放，在本研究中为能源消耗；P 为人口规模；A 为富裕程度；T 为技术。

为了更好地分析各自变量同时变动对因变量的影响效果，蒂兹和罗萨对经典的 IPAT 公式进行了一定的改进。其改进的公式为：

$$I=aP^{b}A^{c}T^{d}e \qquad 式（4—2）$$

对其公式两边同时取对数，可得到以下公式：

$$\ln I = \ln a + b\ln P + c\ln A + d\ln T + \ln e \qquad 式（4—3）$$

在本次研究中，笔者借鉴大卫·威利（2000）的思想，将生活方式纳入考察范围中，考察消费模式对于能源消耗的影响。不同的是，大卫·威利认为消费方式受生活方式和组织的影响，而后两者又是富裕程度的反映，因此，其将原先的 IPAT 公式更改为 $I=P \times L \times O \times T$，而笔者认为，生活方式与组织不仅仅是一个国家和地区富裕程度的反映，还同时受其他方面如文化和制度的影响，它们同富裕程度的关系更为复杂，也并不一定表现出一致性，为此，有必要将消费方式作为单独的因素纳入模型中进行考虑。

有鉴于此，最终本研究采取的模型为：

$$\ln I = \ln a + b\ln P + c\ln A + d\ln S + \ln T + \ln e \qquad 式（4—4）$$

其中，S为生活方式，在本研究中指的是消费模式。

在具体变量选择中，因变量选择的是北京市历年能源消费总量（ener），而自变量中，人口因素选择的是北京市历年常住人口数量（pop）；消费模式因素中，笔者选择了北京市历年社会消费品零售总额中的用类商品数据（styl），以此来作为北京市人口消费模式的代理变量；经济因素中选择的是北京市历年GDP，在此，本研究没有像已有的部分研究中那样采用人均GDP，而是基于降低变量间共线性的考虑，尽可能地不去选择复合指标，而仅仅以单一指标来表示。在技术变量中，已有研究通常采用平均每万元GDP能源消费量来表示。这里存在一个问题，若是同其他研究那样采用平均每万元GDP能源消费量来作为技术水平的变量，则在模型分析时会发生和人均GDP一样的问题，即将这些理论上高度相关的变量放到同一模型中进行回归分析时，会很明显因多重共线性的存在而使得回归结果和实际情形偏离。有鉴于此，考虑到数据的可获性，笔者选取了全社会基础设施中用于能源部分的投资额（tech）来作为技术水平的替代变量。

本研究中，所有的数据统一来自《2014年北京统计年鉴》，各变量的统计年限为1980—2013年。其中，GDP数据以1980年为基年进行了购买力平价折算。

（2）模型分析结果

本研究将采用以上各年份数据进行回归分析，考虑到以上年份数据属于时间序列数据，普通OLS回归时各回归系数偏离真实情况，为此，需要关注时间序列数据的自相关问题，不仅如此，异方差问题也很可能在很大程度上改变模型估计的结果。在此，本文采用了滞后2期的纽维—韦斯特（Newey-West）稳健回归模型进行分析，具体分析过程使用STATA 12.0进行。

表4—13为Newey—west稳健回归的具体分析结果。

表 4—13　　　　　　Newey—west 稳健回归模型分析结果

变量	模型（4—1）		模型（4—2）		模型（4—3）		模型（4—4）	
	系数	T值	系数	T值	系数	T值	系数	T值
常数项	5.328 1	7.09	4.194 0	0.91	15.752 5	2.16	14.747	1.99
lnpop	0.004 3	0.03	0.170 8	0.25	−1.479 2	−1.40	−1.353 4	−1.24
lnGDP	0.496 9***	6.01	0.617 9	1.25	−3.500 6	−1.53	−3.834 2	−1.64
lnstyl	−0.087 4*	−2.03	−0.093 9	−1.70	2.536 7	1.72	3.175 3*	1.97
lntech	0.046 1***	4.17	0.454 7***	3.68	0.032 1**	2.67	−0.383 7**	−0.81
lnpop × lnGDP			−0.017 0	−0.26	0.567 5*	1.75	0.610 4*	1.85
lnpop × lnstyl					−0.370 5**	−1.79	−0.458 5*	−2.04
lnpop × lntech							0.057 9**	0.88
Prob>F	0.000 0		0.000 0		0.000 0		0.000 0	

注：*p<0.10；**p<0.05；***p<0.001。

模型（4—1）为不考虑交互效应情况的模型。从模型结果可以看出，传统的 IPAT 模型在本研究中再次得到验证，人口、经济和技术三个方面的变动都同能源消耗总量的变动有关。其中，人口变化的方向同能源消耗增长的方向一致，但其相关性并没有通过显著性检验。对北京市能源消耗总量带来较大影响的是经济发展水平的变化以及技术水平的变化。以上两者都在很大程度上造成了北京市能源消耗总量的不断提升，其中经济发展水平每增加一个标准单位，能源消耗总量会增加 0.496 9 个标准单位。而技术水平，在本研究中采用的是全社会基础设施建设中用于能源的投资额，这一指标并不如我们想象得那样和能源消耗总量成反向的关系，在模型（4—1）中，全社会基础设施建设中用于能源的投资额越高，则北京市的能源消耗总量也越高，这很可能是因为，一方面，全社会基础设施建设中用于能源的投资额其使用方向既可能是促进能源生产的，也可能是促进能源节约的，该变量同能源消耗总量之间的关系很可能是互为因果关系；另一方面，该指标所反映出的同能源消耗增长的同向关系有可能是没有考虑到更多重要变量而形成的伪相关关系，这种情况在后面进一步分析时加入人口同其他变量之间的交互效应时影响方向得以改变便可以看出。生活方式如我们前面分析得那样也是引起北京市能源消耗总量变化的一个重要的原因,且在反方向对北京市能源消耗产生影响,该种影响在0.10的显著水平上通过检验。综合以上分析可以看出,北京市人口增长的影响中,能源消耗的总量增长在很大程度上并非简单的北京市人口数量增加造成的,更多的还是由其所处的经济发展水平、生活方式、技术发展水平的影响造成的。

单纯从模型(4—1)我们不能看出人口增长同北京市能源消耗增长以及能源危机等一系列严重后果的关系,但如前所说,人口增长带来的一系列后果,通常可以从人口规模增长的人均效应方面来解释,通常人口规模增加,则人均能够拥有的资源等数量将会下降。而另一方面,人口规模的增长对于其他经济、社会的变化,通常不仅仅只是基于人均效应,随着人口密度的增加,人口流动带来的不同群体人口比例结构的变化,人口往往还会产生简单的人均效应之外的影响,也即前面所说的集聚效应。也即人口规模的增长,往往会引起其他经济、社会方面的加速变化,并且与这些变量一起对能源消耗等产生影响。有鉴于此,本研究中,在模型(4—1)的基础上,笔者还构建了增加人口因素同其他变量的交互效应的模型,以充分考虑人口规模变化通过集聚效应等带来的多变量联合的影响。

从模型(4—2)到模型(4—4)中,分别逐渐加入了人口同经济、人口同生活方式以及人口同技术的交互效应变量。从模型结果可以看出,随着交互效应的添加,人口变量对于能源消耗的主效应开始变化。模型(4—2)中,当加入了人口因素与经济因素的交互效应时,人口因素依旧同能源消耗之间保持着同方向变化的关系,同样两者之间的相关性没有通过显著性检验。模型(4—3)中在增加人口因素同生活方式因素的交互效应,以及模型(4—4)中在增加了人口因素与技术因素的交互效应后,人口因素同能源消耗之间的关系从同向关系转变成了反向关系,显示出人口增长能源消耗总量反而减少的和理论分析中不一致的情况。但出现这种情形的原因,在于影响北京市能源消耗总量的主要因素从人口、经济等单一因素转向了这些变量的交互效应上。从模型（4—3）和模型（4—4）中都可以看出，在考虑到人口与其他变量的交互效应时，这些交互效应都是北京市能源消耗总量增长的重要影响方面，且都通过了不同程度显著水平下的检验。从模型（4—4）的结果看，生活方式、技术水平、人口与经济发展水平的交互影响、人口与生活方式的交互水平、人口与技术水平的交互效应等都对北京市能源消耗总量的增长产生了显著影响。其中，生活方式和理论分析中一样，对北京市能源消耗增长产生正的影响，其影响系数在各变量中最高，且在0.10的显著水平下通过检验；技术发展水平从先前的正向影响转变成如理论分析中所显示的负向影响，且在0.05的显著水平下通过检验。人口与经济、生活方式、技术水平等的交互影响都对北京市能源消耗总量的增长产生重要影响，其中人口同经济、人口同技术发展水平显示了正的影响，而人口与生活方式的交互影响则对北京市能源消耗总量的增长产生了负向的影响。

综合以上模型分析结果可以看出，北京市的人口增长对其能源消耗的影响，并非如人们所预想的那样是通过人口增长造成人均能源拥有量的变化的单一途径形成的，事实上，相比经济发展水平、生活方式、技术发展水平等变量，人口规模增长对能源消耗的净影响可以忽略不计。但我们不能据此认为人口增长对北京市的能源消耗没有影响，事实上，北京市人口增长对于北京市的能源消耗产生了十分重要的影响，这种影响并非体现在该变量本身的净效应上，而是体现在人口增长自身通过对其他变量的影响，间接对北京市能源消耗产生十分重要的影响。正如在理论机制分析中所阐述的那样，人口增长带来的能源消耗的影响往往并非仅仅存在于因数量变化而带来的人均效应上，还会产生于因为人口达到一定规模所形成的对于北京市常住人口产生的经济、社会、文化等各个方面，即人口增长所带来的集聚效应。经济上，北京市人口增长达到一定规模后，会带来经济发展的规模效应，形成经济发展的强大动力以及各类新兴的市场，形成人才集聚效应，等等；社会方面，当北京市人口增长达到较大规模以后，会形成制约能源消耗的各类技术发展，既包括经济上的发展，也包括社会组织上的措施；文化上，当北京市人口增长达到较大规模后，带来的人口密度更大，使得北京市常住人口的交往密度更加频繁，现代性得以加速传播，这些都会对北京市常住人口的生活方式产生十分重要的影响。正是因为北京市人口增长在经济发展水平、生活方式、技术发展上带来的重要影响，才使得人口增长借助以上中间变量的作用，最终对于北京市能源消耗产生了十分重要的作用。

四、本章结论与讨论

人口增长会在一定程度上影响一个地区的能源消耗，北京市作为首都，同时也是经济社会发展程度较高的一个超大城市，本身具有较多的常住人口，且其流动人口规模日益增大。北京市的人口增长与北京市自身所拥有的资源环境产生严重的矛盾，这种矛盾的产生，在很大程度上是因为北京市人口的过快增长所造成的。但以往我们考察北京市人口增长的后果，往往都是从人口数量变化的净效应出发，认为人口数量的变化使得人均能够拥有的能源量发生变化，或是人均产生的能源消耗量不变而总能源消耗量随之增加。这种基于人口数量的人均效应，已经有人口学家对此展开研究。穆光宗（2005）曾指出，北京市的能源消耗问题并非单纯的人口数量上的增长所带来的，北京市流动人口与北京市常住人口相比其对于能源消耗的产生量是要明显低于后者的，同样新增的北京市常住人口与以往的北京市常住人口相比，其能源消耗量也是较低的。为此，单纯从人均效应的视角来考察北京市人口增长对于能源消耗的影响并不科学，也不全面。为此，我们需要通过人口增长带来的其他方面的影响来综合考察北京市能源消耗的变化，即需要我们从人口增长所产生的积聚效应方面来更全面地考察北京市人口增长的后果。

上面的研究提示我们，人口增长过程中单纯因为人口数量的变化而带来的人均效应常常是较小的，其对于能源消耗等方面的影响程度甚至是要低于经济发展水平、生活方式等其他经济社会类变量，但倘若我们考察人口增长所带来的积聚效应，则会发现，人口因素往往会通过其他经济、社会、文化因素的中间变量的传导作用，对能源消耗等带来十分重要的影响。综合来看，考察北京市人口增长的后果问题时，我们不能仅仅观察到因为人口数量增长而带来的净效应，更多的是需要我们观察到人口因素通过其他变量的中间作用最终对能源消耗等各个方面所产生的综合效应。

第五章
北京人口增长的政策调控效果评价

2014年7月,国务院印发的《关于进一步推进户籍制度改革的意见》中指出,要"严格控制特大城市人口规模。改进城区人口500万以上的城市现行落户政策,建立完善积分落户制度"。"严格控制特大城市人口规模"在政府各类会议和文件中并非第一次提及,新中国成立以来,控制大城市人口规模便成为主导我国城市化发展战略的一条主线。北京作为中国的首都、政治中心和对外交流中心,常住人口总体呈上升趋势,其背后所涉及的一系列经济和社会后果使得历届政府对人口调控和管理的关注有增无减。从"一五"计划开始,北京就明确了"控制人口的盲目增加,减少城市人口"的政策思路(石红溶,2012)。中共北京市委十届八次全会和全市经济工作会议更是着重强调,要把"人口调控"作为"十二五"期间经济和社会发展的重要任务(首都社会经济发展研究所课题组,2011)。

北京常住人口从1949年的420.1万人增长到2014年的2 151.6万人,约增长了4倍。尤其是从20世纪90年代中期以来,北京人口进入了一个高速增长阶段,以外来人口增长为主的人口规模从1990年的1 086万人,到2011年短短的11年内就增加到2 018.60万人,人口翻了一番。人口的增长,给北京资源、环境带来很大压力的同时,也给城市基础设施建设和公共服务等提供带来很大挑战,并产生了越来越明显的"城市病",如交通拥堵,雾霾锁城,地下水过量超采,房价高企,医疗教育资源紧缺,等等。人口规模的变动也对城市整体规划不断提出新的要求。

在这种背景下,北京从20世纪50年代起就开始出台了一系列旨在限制人口过快增长的人口调控政策。调控政策的制定与当时的国家整体统筹规划、社会稳定性、区域经济发展需求和城市功能定位等密切相关。因此,本部分将通过北京不同阶段的人口调控政策方案进行系统性的梳理,并发现其中存在的问题,为今后更加有效地实施人口调控措施提供依据和借鉴。

根据调控主体的差异,北京人口调控政策主要针对户籍人口和非户籍人口两类。特别是20世纪90年代中期以来,随着市场经济的发展和人口的自由流动,大量外来人口进入城市,在为北京的城市发展建设提供了大量劳动力的同时,也对城市规划、基础设施建设、外来人口管理等产生了比较大的压力。因此,外来人口是人口调控措施的主要管控对象。从调控的方案和措施来看,不仅包括总体规模的控制,还包括产业、就业、住房、卫生、资源环境等相关政策加以间接引导和控制,实现多措并举的调控措施。从调控政策的思路来看,逐步从早期的行政性限制措施,转变为人口服务管理并举的服务性思路,体现了管理方式的变化。北京人口调控政策在各个时期有着特定的历史背景和社会环境,每一阶段的人口调控的主要目标和依据是什么呢?依据一定时期内目标和规划制定的具体政策主要包括哪些方面呢?如何对人口调控政策的合理性和有效性进行评价?这些都需要我们对相关政策文件予以梳理。

当前国内学者对北京市人口调控政策的研究主要分为两类,一类是对大的人口方针目标的政策和规划进行梳理和评价,在这种情况下,有的学者是以历年出台的"北京城市总体规划"为主线(董光器,2006;崔承印,2006;周进,2008),有的学者是以各个时期"国民经济与社会发展五年规划"为主线(陆杰华、李月,2014),还有的学者主张不分政策类型而将一定时间内出台的所有措施作为梳理对象的混合研究(张真理,2009);另一类是以具体的外来人口调控政策为关注点,主要包括户籍制度、住房政策、就业政策等

（冯晓英，2005；张梅珠，2013）。

然而，不管采用哪一种研究方式，都可以看出北京人口调控目标屡次被突破的历史事实，人口调控政策收效甚微。究其原因，有的学者认为，各个时期针对总人口特别是外来人口的行政调节手段和政策只是一种"碎片化"的状态，并没有形成体系，难以起到其应有的作用（段成荣、邹湘江，2012）；有的学者认为其深层次原因在于未能正确认识人口变动的内在规律，目标设置存在随意性（冯晓英，2005；张真理，2009；段成荣，2011）；还有的学者从政治体制的角度出发，认为当前的人口调控政策和措施只能在短期内能够取得突击效果，然而从长远来看，其根本在于改革现行高度集权的政治体制（王桂新，2011；石红溶，2012）。

在具体政策措施改进建议方面，主要包括产业调控（首都社会经济发展研究所课题组，2011；丁金宏，2011；张强、周晓津，2014）、制度改革（《人口研究》编辑部，2005；王桥，2014）、社会服务（冯晓英，2005；尹德挺，2012）、城市规划（吴群刚，2009；张先兵，2013；肖周燕，2013）以及人口信息化（于学军、郭维明，2000；尹德挺，2012）五个大的方面。

北京外来人口调控政策不仅包括直接的人口目标政策，还包括住房、就业等在内的许多间接引导政策，它们都或多或少地影响着人口的流动和分布。同时，每个社会政策的出台都有其特定的社会背景和目标，不同时期的人口调控政策也因此呈现出阶段性特征，从而解决近期或长期存在的人口问题。然而，已有研究未能对北京人口调控政策出台的背景、调控方向以及调控内容或思路进行全面的梳理和评价，这也是本文希望进一步完善的方向。

本章安排如下，在厘清人口调控政策的概念和体系的基础上，从国家层面和北京市地方层面，对有关北京的城市人口调控政策进行梳理。在此基础上，利用MARMA模型和倾向值分析方法从宏观和微观层面对北京市的人口调控政策效果进行评价，并进行原因与机制方面的分析。

一、人口调控政策的概念和体系

政策是"政府、政党或其他组织为实现其特定目标而制定的各种规则和采取的各种行动总和"（关信平，2009）。我们可以看出，政策主要包括以下几个方面的内容：特定的目标、实现目标的法规或行动计划、完成计划的具体手段或行动内容。在政策体系中，公共政策是属于政策体系下的一级系统，是国家通过对资源的战略性运用，以协调经济社会活动及相互关系的一系列政策的总称（财经大词典·上卷，1990），人口政策是公共政策体系中的分支之一，是政府对本国的人口规模、增长、分布、构成产生直接或间接影响的一系列政策和法规（现代经济词典，2005）。

人口调控政策则是隶属于人口政策系统的下一级体系，是政府从人口自身特点以及人口对社会经济、环境等因素的影响出发，制定的一系列旨在解决人口问题的宏观目标、原则方针、调控方式和具体措施等（王俊祥等，1999）。从政策层次的角度来看，可将人口调控政策分为自上而下的源政策、基本政策和具体政策（刘庆龙，2002）。其中，人口调控政策的源政策起着奠基性的作用，是后期相关政策制定的最初依据和基础；基本政策在一定时期内起着方向性的作用，主要包括一些纲领性的文件，例如人口法规、条例以及有关人口规模调控的规划、计划等，由各级政府和人大制定；具体政策则是对目标、方针和规划的具体实施，其内容较为具体，因此，人口调控政策涉及社会的各个领域、各个部门，如从户籍、就业、住房、教育等多方面对北京外来人口进行调控。

从人口调控政策的形式上来看，主要分为直接人口调控和间接人口调控，前者主要是采取行政力量直接干预政策对象，后者则主要表现为通过经济、就业和住房等方面间接引导人口的流动、分布等。随着国家管理方式不断向着科学化、合理化的方向迈进，间接化的人口调控政策也逐渐成为人口调控政策中的主要作用方式。从内容上来看，人口调控政策不仅包括对人口数量的调控政策，还包括人口分布、人口素质等方面的调控政策。本部分的研究目的是对北京以人口规模调控政策为主的人口调控政策体系进行梳理。

二、人口调控政策梳理

（一）新中国成立之初至1978年，初步指明限制人口规模的方向

1. 调控政策目标：北京市区人口快速增长，初步设立人口调控目标

新中国刚刚成立，百废待兴，人民生活水平较为落后。出于巩固政权的需要，政府及各界专家经过讨论后将北京确定为工业发展中心，并于1954年出台了《关于改建与扩建北京市规划草案要点》，其中将市人口规模设定为在20年左右，亦即在1974年左右达到500万人。然而，1974年北京实际总人口达到836.8万人，大大超出了当初设定的目标。紧接着发生了如"大跃进"和人民公社化运动、"文化大革命"等一系列重大历史事件，使得北京人口调控没有一个具体的目标，且摇摆不定。主要表现在，1971年之前北京的城市建设没有明确的规划指导，导致城市无序发展，而人口规模尤其是市区人口快速增长，需采取措施，积极控制人口规模。直到1973年，《关于北京城市建设总体规划中几个问题的请示》规定，到1980年力争把市区人口控制在370万~380万人。虽然到1978年市区城市人口达到395.5万人，但毫无疑问，这一目标的设定指明了限制北京人口规模的方向，具有一定的积极作用。

2. 具体政策措施：利用户籍管理手段，严格控制户籍人口增长

从全国范围来看，新中国刚刚成立，城市工业发展需要农业的支持，人口调控的主旋律是防止农村人口盲目流入城市。尤其是从20世纪50年代后期到改革开放前，政府对人口的乡—城流动是严格限制的。1957年国务院出台了《关于制止农村人口盲目外流的指示》，提出对盲目外流的农村人口以思想教育为主，同时加强城市户口管理。并于次年1月颁布《中华人民共和国户口登记条例》（以下简称《户口登记条例》），奠定了我国城乡分治的户籍制度基础。这主要是由于当时国家陷于"内外交迫"的艰难处境，经过多方讨论，提出了集中精力优先发展重工业的战略抉择。通过如统购统销、人民公

社等制度切断城乡产品和人员的流通渠道，从而达到最大限度地降低工业发展成本、减轻城市财政负担的目的。

《户口登记条例》明确规定，"公民由农村迁往城市，必须持有城市劳动部门的录用证明，学校的录取证明，或者城市户口登记机关的准予迁入的证明，向常住地户口登记机关申请办理迁出手续。"这种以迁入地、准迁单位和迁出地三者共同满足的严格审批程序打破了以往以迁出地审批意见为主的户口迁移管理规定。并在《户口登记条例》前后出台了一系列与之配套的制度，试图从粮食、就业、居住等方面"斩断"农民进入城市的道路。1977年，国务院批转《公安部关于处理户口迁移的规定》的通知中更是特别提到"从其他市迁往北京、上海、天津三市的，要严加控制"。

可以说，受中国特殊二元户籍制度的影响，户籍背后涉及的是一系列有关就业、医疗、养老、子女受教育等切身利益的问题。因此，在新中国成立之初，社会各种资源有限，为了支持工业优先发展，我国主要通过强制性的行政措施限制人口的自由流动，北京也不例外。通过户籍制度约束人口流动成了这一时期人口调控的主要方式。

（二）1979—1984年，继续严格控制人口机械增长

1. 调控政策目标：坚持严格控制人口规模，促使城市功能转型

改革开放政策的出台，为各地区经济快速发展提供了更加广阔、自由的劳动力市场，为了防止北京未来人口过快增长，政府开始对北京城市功能进行重新定位和调整。1980年中央书记处对首都建设作了四项指示，要求将北京确立为全国政治中心和我国进行国际交往的中心，并要求经济建设要适合首都特点，重工业基本不再发展。

北京"六五"计划的调控思路，提出"严格控制人口的机械增长""全市常住人口1985年要控制在970万人以内"的人口调控思路，并取得了良好的效果，1985年的实际常住人口规模仅多于原调控目标11万人。与此同时，1983年得到批复的《北京城市建设总体规划方案》继续坚定了"严格控制人

口规模"的方针,从长期的角度来看,设定到2000年全市人口控制在1 000万人左右,市区人口控制在400万人左右。

2. 具体政策措施

(1) 国家层面

这一时期,我国对城市中的外来人口还采取严格控制的态度,避免其在城市长期居留。国务院出台的《城市流浪乞讨人员收容遣送办法》(1982年)要求各城市尤其是大城市"设立收容遣送站负责收容和及时遣送",在具体实施过程中,农村外来人口经常被当做收容遣送对象。

(2) 北京市层面

北京根据首都功能定位和城市发展特征,会在依据国家总体的人口调控形式的基础上,形成北京的人口调控政策体系。这一时期的主要政策措施是通过户籍管理制度对外来人口实行总量控制。一方面贯彻落实国务院的《城市流浪乞讨人员收容遣送办法》,另一方面"进京介绍信制度"(1978—1983年)更是使得人口自由流入北京变得越发困难,这种户口迁移的严格限制制度一直持续到了20世纪80年代中期。

综上所述,在改革开放初期,为防止北京总人口规模的增长,政府提出"严格控制人口机械增长"的政策目标和思路。一方面,对首都功能进行重新定位和调整,不再是重工业发展重心;另一方面,在具体措施上,主要采取强制性的行政手段严格控制人口数量。

(三) 1984—2000年,户籍管理制度有所放松,多种方式管控外来人口

1. 调控政策目标:着重控制外来人口数量

社会主义市场经济体制确立之初,经济得到了进一步发展,城市建设速度随之大幅加快,但在这一过程中产生了许多问题和矛盾。一方面,城市基础设施建设难以满足市场经济体制下经济社会发展尤其是社会生产的需要;另一方面,改革开放后北京常住外来人口规模进一步增长。因此,不管是针

对当时的状况还是从未来预期的角度出发，流动人口的管理和疏导都显得日益重要。从以上两个方面出发，新体制下的社会发展对城市建设提出了新的要求。1991—1992年年底，北京城市规划设计研究院对北京城市总体规划进行了修订，并于1993年10月得到国务院的批准。新出台的《北京城市总体规划（1991—2010年）》分阶段和分对象对人口规模进行了设定，争取在2000年把全市常住人口控制在1 160万人左右，流动人口控制在200万人左右；政策预计在2010年将常住人口控制在1 250万人左右，流动人口控制在250万人左右。北京"八五"计划也提出了短期内的要求，争取"全市常住人口1995年控制在1 105万人以内"。

2．具体政策措施：多管齐下的调控方式

（1）国家层面

虽然一直以来对流动人口向大城市流动采取的是严格限制的政策，但在不同的时期，根据社会经济发展的需要，对城市外来人口并非一味地限制，有时也会有所松动。20世纪70年代末，受国家改革开放政策的影响，农民被束缚在土地和农村的力度越来越小，1984年《国务院关于农民进入集镇落户问题的通知》打开了非户籍常住人口有条件地落户城市的大门，农村的剩余劳动力开始不断进入城市。1984年10月13日，国务院《关于农民进入集镇落户问题的通知》要求，"各级人民政府积极支持有经营能力和有技术专长的农民进入集镇经营工商业，公安部门应准予其落常住户口，发给《自理口粮户口簿》，统计为非农业人口"等措施，鼓励符合一定条件的农村人口在城市落户。但是，国家对农村人口的自由外出依然保持严格控制的政策措施，在1989年出台的《关于严格控制民工外出的紧急通知》，对农村人口流动进行了限制。

随着农村剩余劳动力不断转移，并在社会经济发展中的地位不断提升，中央在1995年发布的指导流动人口管理的纲领性文件《中央社会治安综合治理委员会关于加强流动人口管理工作的意见》中指明，要"促进农村剩余劳动力就地就近转移""加大对流入地外来人口的就业、户籍、治安等管理",从对流动人口外出进行行政限制转变为对流入城市的人口进行合理化的管理。

（2）北京市层面

改革开放以后，受市场经济的自由发展和人口的大规模流动，产生了一系列新的经济、社会等问题，人口调控的主要目标也转移到外来人口方面。北京提出了以"总量控制"为核心的政策，采取了如限制外地人在北京就业工种、"出租屋"管理等一系列具体的政策方案。总的来说，这一时期人口调控政策呈现出以下特点：

第一，国家层面放开对人口流动控制，北京人口调控的政策压力加大。改革开放后，随着市场经济的发展，对人口流动限制程度有所降低。但北京作为全国大都市，人口大量涌入带来诸如环境、治安、交通等问题。因此，北京在改革开放后对外来人口的调控比以往更加迫切，这一时期对外来人口仍采取"总量控制"的原则。与改革开放前所不同的是，在调控目标和规划上，对外来人口数量控制的目标更加明确也更加具体。尤其是1984年《国务院关于农民进入集镇落户问题的通知》一经发布，打开了非户籍常住人口有条件地落户城市的大门，虽然为外来人口进入北京提供了更多的机会，但也使北京人口规模面临着更加严峻的局面。

第二，管理思路发生了转变。在国家整体人口调控思路有所转变的情况下，北京在调控方式上，不再仅仅局限于强制性的户籍管理，而是采取户籍管理、就业管理、居住管理、产业管理相结合的综合调控方式。从管控思路上来看，从早期关注于城市治安问题转为对进城人口进行综合管理。1984年前，行政部门多将流动人口视为"盲流"进行严格限制，避免其进入之后会影响城市发展。但随着流动人口在城市建设和社会经济发展中扮演的角色更加重要，政府更加关注外来人口的务工、经商、居住等方面的综合管理。

这一时期北京面临着较大的人口压力，因此，仍坚持严格控制外来人口规模的总方向。一方面，对不同行业的来京务工经商人员提出了严格的条件，例如 1989 年颁布的《北京市外地人员务工管理办法》中规定，"允许雇用外地人员务工的行业、工种范围，以本市城乡社会劳动力不能满足用工需要为原则"。到 1995 年，人口统计数据显示北京流动人口出现了急剧增长，针对这种人口规模迅速膨胀的现象，政府开始采取更为严格的人口调控措施。在短短一年时间里就颁布实施了近二十条的外来人口就业管理规定。文件中明确提出要总量控制，即"根据首都城市功能和经济发展的需要，对外地来京人员以总量控制为要求"，同时对人口的管控进行了不同区县的责任划分，要求"采取措施，使暂住本地区外地来京人员的总数，不超过区、县人民政府确定的外地来京人员与本地区常住人口的比例"，对各个相关单位的职责进行了划分，如"公安、工商行政管理、劳动、房屋土地管理、计划生育等部门分工负责，相互配合，综合治理，实行目标管理责任制"。同时在各个具体实施细则上面实行了更加全面、严格的限制，例如外来人口在北京务工的要有《外来人员就业证》，经商的要有《外地人员经商证》，从事家庭服务工作的要有《家庭服务员证》，从而达到"严格控制流动人口数量"的目的。

另一方面，在居住管理措施上，针对大多数外来人口选择的"出租屋"，1987 年和 1995 年政府分别专门出台了《关于加强暂住人员租赁私有房屋管理的规定》和《北京市外地来京人员租赁房屋管理规定》，通过更加详细的措施用来加强外来人口的住房管理。其中，后者在《规定》中提出"房屋土地管理机关应当对出租房屋的总量进行控制，使居住在出租房屋内的外地来京人员数量不超过当地常住人口数量的一定比例"，并且租住房屋要有《暂住证》信息登记。这就在通过"出租屋"限制外来人口数量的同时，也利用《暂住证》信息加强了对现有外来人口的管理。

第三，调控措施由单一的行政化手段转为直接与间接政策相结合。20 世纪末期，国家和北京市政府开始通过产业结构调整等间接经济措施来推进外来人口调控。由单一的行政，改为直接间接政策相结合，产业调控等手段开始介入。例如，1992 年《中共中央　国务院关于加快发展第三产业的决定》

中提出,利用第三产业投入少、见效快、社会效益好的优势促进经济发展。对于这一决定,北京市政府予以了很好的落实,这为今后在更大范围内采取间接经济手段疏解人口提供了一个良好的开端(见表5—1)。

表5—1　　1984—2000年国家和北京市主要人口调控政策措施

政策层面	时间	文件名称	调控类别	调控方向	调控思路或措施
国家	1984年	《国务院关于农民进入集镇落户问题的通知》	户籍	人口流动	鼓励符合一定条件的农村人口在城市落户
	1989年	《国务院关于严格控制民工外出的紧急通知》	综合管理	人口流动	要求各地人民政府采取有效措施,严格控制当地民工外出
	1992年	《中共中央　国务院关于加快发展第三产业的决定》	产业	人口规模、空间分布	加快发展第三产业,吸纳劳动力,缓解就业压力
	1995年	公安部《暂住证申领办法》	户籍	人口规模	要求及时申领暂住证
	1995年	《中央社会治安综合治理委员会关于加强流动人口管理工作的意见》	治安	人口管理	促进农村剩余劳动力就地就近转移,加大对流入地外来人口的就业、户籍、治安等管理
北京	1985年	北京市人民政府《关于暂住人口户口管理的规定》	户籍	户籍管理	要求及时申领暂住证
	1986年	《北京市国营企业使用农民合同制工人管理办法》	务工	人口管理	招用农民合同制工人,户口和粮食关系一律不转
	1986年	《北京市家庭服务员管理暂行规定》	务工	人口管理	要求及时申领暂住证
	1986年	《北京市人民政府关于严格控制外地建筑企业来京施工的暂行规定》	经商	人口规模	严格的准许进入条件
	1987年	《关于加强暂住人员租赁私有房屋管理的规定》	居住	人口管理	程序繁杂
	1988年	《北京市人民政府关于外地建筑企业来京施工管理暂行规定》	经商	人口规模	加强管理和监督,不许使用外地零散民工

续表

政策层面	时间	文件名称	调控类别	调控方向	调控思路或措施
北京	1989年	《北京市外地人员务工管理办法》	务工	人口规模	先满足本地劳动力就业需求，且外地人员就业有严格的行业、工种限制
	1991年	《北京市外地人员经商管理办法》	经商	人口规模	要求证件齐全，且有经商行业、范围、方式限制
	1995年	《北京市郊区小城镇建设试点城镇户籍管理试行办法》	户籍	空间分布、人口规模	控制迁入人口数量
	1995年	《北京市外地来京务工经商人员管理条例》	务工经商	人口规模	规模控制、严格管理
	1995年	《北京市外地来京务工经商人员管理服务费征收规定》	治安	人口管理	征收管理服务费
	1995年	《北京市外地来京人员目标管理责任制规定》	综合管理	人口规模	总量控制、综合管理
	1995年	《北京市外地来京人员户籍管理规定》	户籍	人口管理	暂住证作为其他一切社会行动的基本依据
	1995年	《北京市外地来京人员租赁房屋管理规定》	居住	人口管理	严格出租双方证件管理和监督检查
	1995年	《北京市外地来京人员租赁房屋治安管理规定》	居住	人口管理	严格出租双方证件管理和监督检查
	1995年	《北京市外地来京人员务工管理规定》	务工	人口管理	总量控制，先满足本地劳动力就业需求，且外地人员就业有严格的行业、工种限制
	1995年	《北京市外地来京人员经商管理规定》	经商	人口管理	总量控制、证件要求严格
	1995年	《北京市外地来京人员计划生育管理规定》	生育	人口管理	证件要求严格
	1995年	《北京市集贸市场管理规定》	经商	人口管理	证件要求严格

续表

政策层面	时间	文件名称	调控类别	调控方向	调控思路或措施
北京	1995年	《北京市外地来京人员从事家庭服务工作管理规定》	务工	人口管理	证件要求严格
	1995年	《北京市外来人口规模控制工作总体方案（讨论稿）》	综合管理	人口流动、人口规模、空间分布	促进外来人口有序合理流动，达到数量适度、分布合理、质量提高
	1995年	《北京市外地来京务工经商人员管理条例》	务工经商	人口管理	规模控制、严格管理
	1997年	《北京市郊区小城镇建设试点城镇户籍管理试行办法》	户籍	空间分布、人口规模	控制迁入人口数量
	1999年	《北京市外地来京人员卫生防疫管理规定》	卫生	人口管理	督促检查、加强管理
	1999年	《北京市收容遣送管理规定》	治安	人口管理	收容遣送站负责收容和及时遣送

（四）进入21世纪，调控政策的思路逐步从早期的行政性限制措施，转变为人口服务与管理并举

1. 调控政策目标：逐渐淡化人口目标的设定，侧重思路的调整

进入新世纪，《北京市国民经济和社会发展第十个五年计划纲要》明确提出"到2005年人口总量控制在1 440万人以内"的目标。紧接着，新的《北京城市总体规划（2004—2020年）》设定："2020年，北京市总人口规模规划控制在1 800万人左右，年均增长率控制在1.4%以内。其中户籍人口1 350万人左右，居住半年以上外来人口450万人左右。2020年，城镇人口规模规划控制在1 600万人左右，占全市人口的比例为90%左右。"从"十一五"规划开始，政府不再提出具体的人口规模控制目标，之后的"十二五"规划纲要则着重强调，"转变经济发展方式是人口规模调控的根本途径""把控制人口

无序过快增长作为经济发展的重要原则"。

2. 具体政策措施：寓管理于服务，用经济手段疏解人口，促进人口合理布局

（1）国家层面

进入 21 世纪后，我国的人口管理方式不断转型，服务的色彩更加浓厚。中央出台了一系列保护农民工合法权益的政策措施，如《国务院办公厅关于做好农民进城务工就业管理和服务工作的通知》（2003 年）和《国务院办公厅关于进一步做好改善农民进城就业环境工作的通知》（2004 年）提出，"取消对农民进城务工就业的不合理限制"，"改善农民工的生产生活条件"，"进一步做好农民进城就业的管理和服务工作"。2001 年，国务院办公厅转发国家计委关于《"十五"期间加快发展服务业若干政策措施的意见》，要求加快发展服务业，促进产业升级，"引导劳动力的跨地区流动就业"，"完善和规范就业服务体系，避免盲目流动"。这一决定在当时经济发展的现实条件下具有重要意义，不仅促进了经济快速发展，还缓解了城市中的就业压力。

（2）北京市层面

第一，人口流动规模不断提升，人口调控的政策压力不断增加。

进入新世纪以后，北京外来人口又保持了新的增长势头，2000—2014 年外来人口年均增长率达到 9.28%。随着市场经济的发展，人口流动更加自由，且流动成本不断降低。作为全国优质资源较为集中的地方，人口规模仍在不断膨胀，面临压力更大。

第二，管理思路进一步转变，服务性色彩更浓。

随着经济发展、对外来人口的贡献认识加深以及社会整体的统筹发展需要，人口调控的理念开始由行政限制向管理与服务并重的方向转变。

在户籍政策方面，2002 年《北京市人民政府批转市公安局关于推进小城镇户籍管理制度改革意见的通知》中进一步指出，"本市小城镇户籍管理制度改革工作，应坚持既要积极又要稳妥，因地制宜、协调发展的原则"，"不搞

'一刀切'","探索建立适应社会主义市场经济体制的新型户籍管理制度",体现了政府进入了对非户籍常住人口的单方面管理向管理与服务并重的转型阶段。

在务工经商方面,北京市政府于2005年废除了《北京市外地来京务工经商人员管理条例》,并依据《国务院办公厅关于做好农民进城务工就业管理和服务工作的通知》(2003年)和《国务院办公厅关于进一步做好改善农民进城就业环境工作的通知》(2004年),"取消对农民进城务工就业的不合理限制","改善农民工的生产生活条件","进一步做好农民进城就业的管理和服务工作"。自此,以就业管理为主要方式的北京流动人口管理格局发生了重要的改变。

在居住管理方面,虽然北京市政府对外来人口居住的"出租屋"管理措施有明确的要求,但由于流动性较大和缺乏有效的监督机制,出现了很多社会问题,危及到城市的治安和环境卫生。为此,2007年年底,北京市政府专门成立了"流动人口和出租房屋管理委员会",在工作内容目标上,全面贯彻落实流动人口的属地化管理,实现常住外来人口享受到与本地居民一致的城市公共服务;采取措施科学调控人口的流向和流量,促进首都人口、资源、环境的协调可持续发展;构建信息化的流动人口和出租房屋管理,实现各管理部门的信息共享等。在工作体系上,力图在全市形成市、区(县)、街道(乡镇)、社区(村)相互配合的四级流动人口和出租房屋管理服务组织体系。正所谓"安居"才能"乐业",有一个落脚的地方是就业的基础,因此,"以房管人"不仅有利于地区人口调控,也能更好地保障外来人口的生活和权益。

第三,调控手段中纳入区域协调发展的措施。

从区域产业结构引导的层面来看,京津冀一体化的作用和前景不同忽视。早在20世纪80年代京津冀都市圈的协调工作就已开展,虽然近二十多年来,一体化的道路稍显曲折,且成果并不明显,与长三角、珠三角地区乃至国外一些都市圈的发展程度相比仍存在很大差距。但京津冀区域一体化构想为促进区域的协作与发展提出了方向，为各地区之间的进一步合作奠定了基础。2014年2月，习近平总书记在主持召开的京津冀三地协同发展座谈会上，要求北京、天津、河北三地打破"一亩三分地"的思维定式，将京津冀区域协同发展上升为国家战略，并指明产业融合是区域合作的重要方向。例如，近期北京部分批发市场和企业搬迁到河北、天津的一些地区便是通过产业结构调整和合理布局来调控北京市流动人口的一项重要举措。这种以产业结构调整为代表的经济手段引导将会更加科学、合理、有效，也更加符合当今社会经济和人口发展规律，是北京市政府在未来很长一段时间内的主要工作方向。

第四，调控方向多元化：由关注人口规模到人口规模、布局、素质全面调控。

长期以来，北京人口调控主要侧重于人口规模，这种单方面的调控方向非常不利于外来人口的融入。因此，进入新世纪，政府关于人口调控政策开始向着多元化的方向发展，不仅仅关注人口规模，还开始重关注人口的空间分布和外来人口素质的提升。主要采取优惠措施促进小城镇建设，通过《关于进一步加快本市小城镇规划建设，推进郊区城市化进程的意见》和《北京市人民政府批转市公安局关于推进小城镇户籍管理制度改革意见的通知》等政策措施引导人口向小城镇有序流动，从而优化人口空间分布。同时，维护农民工社会保障等基本权益，保障农民工子女受教育权利，这将有利于外来人口素质的全面提升。

第五，产业调控等间接调控方式成为主导。

产业结构与人口集聚之间存在着密切的关系。埃德加·胡佛的区域经济学理论提出，人口与产业集聚具有相互促进、相互集聚的作用，也就是说，在区域发展条件较好的地方产业会得到集中和布局，而产业集聚也将促进人口集聚。对产业的合理布局，发挥区域比较优势和主导产业，实现产业集聚与人口集聚的双向作用机制，进而实现产业结构的优化和有效的人口疏解。

从新中国成立以后北京历史和现状来看，各个时期的政策条例主要是从户籍、就业和住房三个方面来进行非户籍人口的调控，即通常我们所说的"以证管人""以业控人"和"以房管人"。先不论其实行效果如何，从某种程度上来说，它们都是直接地对外来人口规模加以控制，具有强制性。毫无疑问，未来是流动性更强、市场更加自由的社会，以行政手段为主的人口调控作用是有限的。如何通过经济手段引导人们自觉做出更加理性的选择判断，是当前乃至今后以北京为例的特大城市亟须思考和解决的问题。

在国家的战略规划指导下，北京也出台了战略意见。如2001年，《北京市"十五"时期高新技术产业发展规划》中提出重点发展高新技术产业，2003年提出《中共北京市委、北京市人民政府关于振兴北京现代制造业的意见》，体现了北京以高新技术产业和现代制造业为主导产业加快发展，提高经济综合实力和竞争能力的要求。但是在政策规划作用的引导下，服务业的快速发展加速了人口的集聚，而北京与周边其他城市乃至全国其他地区在经济发展水平、就业机会和公共资源发展差距较大的现实条件下，外来人口更加快速地向北京的城市地区集中。

在这一前提下，北京的人口调控政策中也有多项措施，通过对产业结构的布局促进人口疏解。在这一背景下，一系列措施开始提出，如《北京市"十五"时期高新技术产业发展规划》（2001年）、《北京市"十一五"时期产业发展与空间布局调整规划》（2006年）、《北京市产业结构调整指导意见》（2007年）、《北京市"十二五"时期现代产业建设发展规划》（2011年）等，以通过发展现代服务业和高新技术产业来吸引更多人才的进入。这种以提升产业结构调整和升级为契机，对外来人口规模和布局加以经济上的引导是未来北京市人口调控的主要方向。它一方面吸引了更多的人才，另一方面，迫使当前外来人口接受职业培训，从而在提升外来人口素质的同时也能够更好地为北京经济发展服务（见表5—2）。

表 5—2　2000年以后国家和北京主要人口调控政策措施

政策层面	时间	文件名称	调控类别	调控方向	调控思路或措施
国家	2001年	国务院批转公安部《关于推进小城镇户籍管理制度改革的意见》	户籍	人口规模、空间分布	对办理小城镇常住户口的人员,不再实行计划指标管理,引导农村人口向小城镇有序转移
	2001年	《"十五"期间加快发展服务业若干政策措施的意见》	产业	空间分布	引导劳动力的跨地区流动就业,完善就业信息,避免盲目流动
	2002年	《中共中央　国务院关于做好2002年农业和农村工作的意见》	三农	人口流动	促进三农发展,合理引导农民工进城务工
	2003年	《国务院办公厅关于做好农民进城务工就业管理和服务工作的通知》	就业	外来人口服务	保护进城务工农民工利益,取消就业不合理限制,农民工不在收容遣送范围之内
	2003年	《中共中央　国务院关于促进农民工增加收入若干政策的意见》	综合管理	外来人口服务	保障农民工合法权益,增加收入
	2004年	《国务院办公厅关于进一步做好改善农民进城就业环境工作的通知》	就业	外来人口服务	取消就业不合理限制
	2006年	《国务院关于解决农民工问题的若干意见》	综合管理	外来人口服务	维护农民工权益,促进就地就近转移就业
	2011年	《国务院办公厅关于积极稳妥推进户籍管理制度改革的通知》	户籍	人口流动、空间分布	控制大城市人口规模,放宽中小城市和小城镇落户条件
	2012年	《国务院办公厅转发教育部等部门关于做好进城务工人员随迁子女接受义务教育后在当地参加升学考试工作意见的通知》	教育	外来人口服务	综合考虑随迁子女入学考试和流入地教育资源承载力
	2013年	《中共中央关于全面深化改革若干重大问题的决定》	综合管理	外来人口服务	严格控制特大城市人口规模,推进农业转移人口市民化
	2014年	《国务院关于进一步推进户籍制度改革的意见》	户籍	外来人口服务	严格控制特大城市人口规模,采取积分落户制度;取消农业、非农业户口,实施居住证制度

续表

政策层面	时间	文件名称	调控类别	调控方向	调控思路或措施
国家	2014年	《国务院关于进一步做好为农民工服务工作的意见》	综合管理	外来人口服务	促进农民工社会融合，保障其基本权益
	2014年	《国务院关于全面深化农村改革加快推进农业现代化的若干意见》	三农	人口流动、外来人口服务	推动农业转移人口市民化
北京	2000年	《关于进一步加快本市小城镇规划建设，推进郊区城市化进程的意见》	小城镇建设	空间分布	引导农村人口流入小城镇
	2001年	《关于外地来京投资开办私营企业人员办理北京市常住户口试行办法》	户籍	人口规模	申请入户原"城八区"有更严格的条件
	2001年	北京市劳动和社会保障局关于印发《北京市农民工养老保险暂行办法》的通知	社会保障	外来人口服务	要求用人单位为农民工办理养老保险手续
	2001年	《北京市"十五"时期高新技术产业发展规划》	产业	人口规模、空间分布	通过产业结构调整疏解人口，同时引导人口合理布局
	2002年	《北京市人民政府批转市公安局关于推进小城镇户籍管理制度改革意见的通知》	户籍、小城镇建设	空间分布	转为城镇户口的与原城镇居民享有同等权利
	2003年	《中共北京市委 北京市人民政府关于振兴北京现代制造业的意见》	产业	人口规模、空间分布	通过产业结构调整疏解人口，同时引导人口合理布局
	2004年	《关于贯彻国务院办公厅进一步做好进城务工就业农民子女义务教育工作文件意见的通知》	教育	外来人口服务	给予财政专项补助，落实农民工子女接受九年义务教育
	2005年	《关于进一步加强流动人口管理工作的若干意见》	综合管理	外来人口服务	分地区分部门加强流动人口管理服务
	2005年	北京市劳动和社会保障局关于印发《北京市外地农民工参加工伤保险暂行办法》和《北京市外地农民工参加基本医疗保险暂行办法》的通知	社会保障	外来人口服务	落实外地农民工参加社会保险，保障其基本权益

续表

政策层面	时间	文件名称	调控类别	调控方向	调控思路或措施
北京	2005年	《流动人口计划生育管理办法》（修订）	生育	人口规模	加强计划生育宣传，提供相关服务
	2006年	《北京市人民政府办公厅关于进一步加强未经批准流动人员自办学校安全工作的通知》	教育	外来人口服务	严格审批、加强管理、确保安全
	2006年	《北京市"十一五"时期产业发展与空间布局调整规划》	产业	人口规模、空间分布	通过产业结构调整疏解人口，同时引导人口合理布局
	2006年	《北京市流动人口计划生育管理规定》	生育	人口规模	促进与流入地的信息共享
	2007年	《北京市产业结构调整指导意见》	产业	人口规模、空间分布	通过产业结构调整疏解人口，同时引导人口合理布局
	2007年	设立"流动人口和出租房屋管理委员会"	居住	人口规模	对流动人口进行属地化管理
	2007年	《北京市房屋租赁管理若干规定》	居住	人口规模	出租双方要积极进行房屋出租登记
	2011年	《北京市"十二五"时期现代产业建设发展规划》	产业	人口规模、空间分布	通过产业结构调整疏解人口，同时引导人口合理布局
	2014年	北京市人民政府关于印发《市政府党组党的群众路线教育实践活动整改方案》的通知	教育	人口规模、空间分布	疏解中心城区功能，实行产业调控

三、北京市人口调控政策的效果分析

（一）关于人口调控政策的文献回顾与综述

1. 关于人口政策的调控

人口政策作为社会政策的重要组成部分，对于人口再生产、社会稳定、经济良性运行、资源环境可持续发展等起着举足轻重的作用，因此各个国家和地区都在致力于制定符合自身发展情况、科学合理的人口政策和措施（张纯元，2000）。汤兆云（2004）将学术界对人口政策的界定分为两类：一类是基于"人口发展过程"的宏观人口政策的界定（侯文若，1988；陈正，2000），另一类是基于"人口生育行为"的微观人口政策的界定（冯立天等，1999）。通过对已有文献的梳理可以发现，对宏观人口政策的研究并不多，更多的是微观层面、具体的人口政策研究，例如生育政策、婚姻家庭政策、流动人口政策、少数民族人口政策等，尤其是生育政策和流动人口政策的研究占了绝大部分比例。

从研究内容来看，对我国国家层面的和以北京、上海、广州、深圳等特大城市为代表的地方人口政策研究的最大不同之处在于，对国家层面人口政策的梳理和评价主要指的是"生育政策"（王金营，2006；张翼，2006；李通屏、郭继远，2007；田雪原，2010；邬沧萍、谢楠，2011；王钦池，2014），这与过去三十多年我国计划生育政策所产生的巨大效应有关；而在外来人口数量日益膨胀以及其影响不断凸显的背景下，对大城市或特大城市人口政策的研究则以"流动人口政策"和外来人口调控措施为主要内容（黄晨熹，2007；张真理，2009；蒋同明，2013；陆杰华、李月，2014），这也是本章研究的主要关注点。从研究方向来看，当前有关人口政策的研究正逐渐摆脱就人口政策谈人口政策的单一模式，不少学者正在尝试跨学科的视角，并取得了一定的成果。例如，罗源昆等（2013）、刘洁等（2013）从区域人口承载力的角度，刘渝琳等（2003）、杨光辉、丁安安（2012）和王方兵、吴瑞君（2014）从宏观经济和微观经济的角度，王学义（2006）从社会资本的角度对我国人口政策进行了评价并提出相应的建议。人口政策的制定和实施是多方主体利益权衡和博弈的结果，它涉及政治、经济、文化、社会、资源环境等方方面面，因此，跨学科的研究视角将会更加积极地促进科学、合理的人口政策的有效制定和实施，这也是今后研究的趋势所在。

新中国成立以来，北京市常住人口基本上是呈不断增长的态势，尤其是20世纪90年代中期后，大量外来人口的涌入对北京市基础设施建设、社会的稳定和资源环境的可持续发展等提出了严重的挑战。在此背景下，不管是国家还是北京市政府都制定了一系列政策来管理和引导北京市人口，特别是外来人口。通过回顾已有文献，发现当前国内学者对北京市人口调控政策的研究主要分为两类，一类是对大的人口方针目标的政策和规划进行梳理和评价，在这种情况下，有的学者是以历年出台的"北京城市总体规划"为主线（董光器，2006；崔承印，2006；周进，2008），有的学者是以各个时期"国民经济与社会发展五年规划"为主线（陆杰华、李月，2014），还有的学者主张不分政策类型而将一定时间内出台的所有措施作为梳理对象的混合研究（张真理，2009）。另一类是以具体的外来人口调控政策为关注点，主要包括户籍制度、住房政策、就业政策等（冯晓英，2005；张梅珠，2013）。

然而，不管采用哪一种研究方式，都可以看出人口调控目标屡次被突破的历史事实，人口调控政策收效甚微。究其原因，有的学者认为，各个时期针对总人口特别是外来人口的行政调节手段和政策只是一种"碎片化"的状态，并没有形成体系，难以起到其应有的作用（段成荣、邹湘江，2012）；有的学者认为其深层次原因在于未能正确认识人口变动的内在规律，目标设置存在随意性（冯晓英，2005；张真理，2009；段成荣，2011）；还有的学者从政治体制的角度出发，认为当前的人口调控政策和措施只能在短期内取得突击效果，然而从长远来看，其根本在于改革现行政治体制（王桂新，2011；石红溶，2012）。

有关人口政策方面的研究有很多，许多研究进行了人口政策发展历史的回顾与思辨性研究（洪英芳，1993；翟振武，2000；陈一平，2001；慈勤英，2011）。一些研究以人口规模、抚养系数等作为人口政策效果的评估标准，如王金营（2007）的研究体现了人口学理论体系在政策评价中的作用，应用人口动力系统的人口发展方程进行了不同政策方案的模拟，对中国人口政策的效果进行了评估，旨在分析计划生育政策使中国少增加了多少人，陈卫等（2004），陶涛等（2011）在相似领域进行了研究，所采用的方法则包括时间序列分析、国别比较研究方法等。另一种比较常用的方法，是利用投入产出分析方法对中国的人口政策进行评估（吴忠观等，1994；明立群等，2000），但是由于采用的预测方法的限制，所获得的结果可能误差较大。对于人口政策中的一些政策，如计划生育服务工作、奖励扶助工作等也有研究涉及。李春亭和王健（2009）对人口政策中的计划生育服务工作进行了评价，采用了数据包络方法（DEA）。唐代盛等（2013）则通过微观调查的方法，利用mlogit模型分析奖励扶助政策对于计划生育家庭在经济收入等方面的影响。关于社会政策对外来人口规模影响的研究，是陈卫、庄亚儿在2004年的研究。他们利用时间序列模型进行分析，发现20世纪80年代北京市城市开放政策促进了外来人口规模的迅速增长。从总体上来看，在人口政策领域，对人口调控的政策效果进行分析的研究还比较有限。

北京市人口调控政策由来已久，取得了一定的成效，其自身也在进行着不断的调整，逐渐从严格的行政控制转变为管理与服务并重的调控思路（黄匡时，2008；薛枫，2014）。然而在实施的过程中仍存在许多问题，例如人口目标设置的随意性、重管理轻服务的模式、缺乏人口调控的长期目标和根本性措施等（关信平，2014）。为此，国内学者从人口学、社会学、政治学、经济学、城市学等多学科视角出发，对包括北京在内的大城市人口调控政策的进一步完善提出了宝贵的建议。总的来说，这些建议有一个共同点，在整体方向上都强调以间接的经济疏导取代传统的直接行政限制。在具体改进措施方面，主要分为（1）产业调控类，即促进产业结构调整、优化产业布局，从而引导外来人口的合理分布（首都社会经济发展研究所课题组，2011；丁金宏，2011；张强、周晓津，2014；《人口研究》编辑部，2011）；（2）制度改革类，即认为二元分割的户籍制度及其背后所附加的利益差异是造成人口不断向大城市集中的根本性原因，因此，要彻底改革户籍制度，从而为相关人口调控政策的实施创造有利环境（《人口研究》编辑部，2005；王桥，2014）；（3）社会服务类，人口政策的制定要切实保障外来人口的权益，采取措施加强对外来人口的服务，促进他们对城市生活的融入（冯晓英，2005；尹德挺，2012）；（4）城市规划类，在对城市职能明确定位的基础上，疏解中心城市功能，加强公共交通网络建设，优化人口空间布局（吴群刚，2009；张先兵，2013；刘志，2013；肖周燕，2013）。还有一些学者通过借鉴国外大都市人口调控政策的经验和教训，提出了许多适合北京等国内大城市的人口调控措施。例如，增强城市副中心、新城、城市圈的基础设施建设（杨舸，2013；陈佳鹏、黄匡时，2014；赵燕霞、刘黎，2014），采取立法措施实施人口信息化管理（于学军、郭维明，2000；尹德挺，2012）等。

从已有研究成果可以发现，目前关于人口政策的研究不仅包括国家层面的还包括以特大城市为代表的地方层面，其中不乏有针对性的人口政策分析评价和全方位的改进建议。然而，仍存在一些问题。首先，人口政策所包含的内容较为广泛，国家层面和大城市人口政策侧重点不同，大部分研究都采用了相同的概念，没有明确的界定和说明。其次，以北京为例，外来人口调控政策不仅包括直接的人口目标政策，还包括住房、就业等在内的许多间接引导政策，它们都或多或少地影响着人口的流动和分布。然而，已有研究未能对其进行全面的梳理和评价，这也是本文接下来将主要完善的内容。

2. 其他社会政策评价与效应研究

社会政策是国家通过对资源的战略性运用，以协调经济社会活动及相互关系的一系列政策的总称（何盛明等，1990）。社会政策关乎社会经济发展运行与民生福祉，许多研究学科和领域都进行了政策评价方面的研究。尽管对公共政策效果的研究具有必要性，但是研究的复杂程度比较高。我国政策的制定和执行具有层级性，包括中央级和地方级的政策设计，而在同一级别，不同区域的地方级别政策也可能具有相互影响的效果。从时间轴的角度来看，对公共政策的评价一般会涉及某一领域的多个方面以及多个年份的政策，一般会形成政策体系，对政策体系的合理构建也是该领域的研究难题。此外，政策一旦执行就具有不可重复性，这也会增加对政策执行效果进行评价的难度。

对已有的公共政策评价方面的研究进行梳理可以发现，如果从研究方法上进行划分，一些研究仍集中于对政策的思辨与论证的定性研究（汤兆云，2004；朱海伦，2008；胡静，2012；张正军等，2011）。更多的研究将政策的评价建立在理论体系基础上，如林斐（2009）在 Tinbergen 理论的基础上，建立起行动者、决策、中间结果与地区/个人优化目标的逻辑体系，分析政策实施对人口流动产生的影响。丁佳俊等（2011）利用 SWOT 理论分析地方政府政策效果。周光礼和张文静（2010）则应用了理性选择制度主义的理论框架。

一些定量分析方法也得到比较广泛的应用。首先，比较常见的研究框架是对所评价的政策构建评价指标体系，并利用层次分析法（徐新鹏等，2013；严飞，2012）、模糊数学（杨伟杰等，2003）、TOPSIS 方法（柳劲松，2009）、数据包络分析（宁凌等，2011）等研究方法，以及将上述研究方法进行结合对政策效果进行评价（于丽敏等，2009）。在这一过程中，指标体系的构建方法也十分多样，杨存等人（2011）的研究对此进行了详细的归纳，总结了关于政策指标体系构建方面的理论方法、选择方法和分析方法。其次，另一种常见的研究框架是构建模型，将政策变量纳入模型中分析其对目标变量的相对影响作用。比较常见的是计量经济学模型，如翟文侠、黄贤金（2003）建立计量经济学模型，对 1984—1999 年的耕地保护政策进行评价，同时对不采取政策情况下的结果进行了模拟，分析政策的执行效果。胡静、陈银蓉（2007）在对柯布—道格拉斯生产函数进行分析的基础上构建评价土地政策的模型，采用"投射—实施后"分析法分析政策效果。此外，一些比较新兴的模型也运用在政策效果研究中。王裕雄，肖海峰（2012）提出了用实证数学规划模型（PMP Model）分析农业政策的思路，并提出了模型构建的方法，但是并未进行实证研究。在模型构建过程中的一个难点是选择公共政策的代理变量。在产业政策、就业政策等方面的研究中，多将公共政策支出作为变量进入模型（赖德胜等，2011；宁凌等，2011）。然而在一些领域的公共政策中，很难单纯以货币投入考量政策的实施效果，也就是说，政策输出的无形的效果难以进行评价。因此，一些研究将层次分析法、模糊评价法等应用其中，计算公共政策的评分，并将该得分带入模型中，分析其对被解释变量的影响（翟文侠等，2003；胡静等，2007）。此外，在土地、环境等研究领域，有研究应用可计算一般均衡模型（CGE Model）、可能满意度方法等进行政策评价（陈红蕾等，2006）。

从已有研究成果中可以发现，已有研究在研究方法上不仅贯穿定性、定量两大研究领域，而且还涉及许多新兴的研究方法和模型，同时对经济活动、产业结构、交通管理、能源环境等多个研究领域进行了广泛的探索，获得了比较丰富的研究成果。但是在一些方面，已有研究还有值得商榷之处。首先，从研究方法上来看，对政策的定性研究多描述政策执行的原因、历史过程和主要类别等，难以对政策的最终产出进行评价，也就是说，无法评估政府对于所干预的系统产生的影响程度。这种方法仅能对公共政策进行评价，而难以分析政策效果。其次，对于广泛应用的政策指标体系构建方法，由于政策变量的特殊性，不同的指标构建方法可能获得不同的政策评价结果，在很大程度上反映了研究者的主观性。这也需要研究者进行审慎考量。最后，关于人口调控政策方面的研究，多为经验性、历史性研究，但是对人口调控的政策进行合理评价的研究十分有限。这可能是人口调控问题的特殊性而导致的。由于人口出生、死亡、流动迁移的复杂活动，对政策效果的研究难度较大，难以从人口增长的水平中剥离政策的作用效果。

3. 人口调控效果的定性判断与评价

人口规模与资源环境、经济社会发展水平的适度匹配是使城市有序发展的重要前提。随着我国人口流动水平的不断提高，外来人口不断进入城市，在为城市的发展带来贡献的同时，也由于城市地区在公共交通、公共服务、基础设施建设等方面发展的欠缺，引发了一系列社会问题。北京、上海、广州等国内特大城市出台了包括户籍制度改革在内的人口调控政策。以北京为例,关注户籍、公共服务、产业调整等方面的政策措施屡次出台。

通过总结"北京市城市总体规划"和"北京市国民经济和社会发展五年规划纲要"对北京市常住人口设定的规划目标来看,北京市的常住人口规模不断超过规划目标(见表5—3)。自1985年政府提出明确规划目标以来,实际常住人口规模超出规划目标的人数和比例不断上升,并在2010年达到历史上的新高,超出"九五规划"的规划目标62.08%。可以说,如果单纯从数字上来看,常住人口规模总量依然不断攀升,北京市人口调控的政策并未达到预期目标(见图5—1)。因此,北京市人口调控政策的作用效果常常被公众所质疑。

表5—3　　　　北京市城市规划方案中的人口规模调控

北京城市规划文件	规划背景	人口调控目标	实际人口规模
1954年《关于改建与扩建北京市规划草案要点》	新中国刚刚成立,百废待兴,人民生活水平落后;同时出于巩固政权的需要,将北京确定为工业发展中心	城市人口规模在20年左右达到500万人	1974年北京市总人口达到836.8万人
1973年《关于北京城市建设总体规划中几个问题的请示》	新中国成立以来,北京市人口规模尤其是市区人口快速增长,需采取措施,积极控制人口规模	1980年市区人口控制在370万～380万人	1978年市区城市人口达到395.5万人
1982年《北京城市建设总体规划方案》	1980年中央书记处作出指示,将北京确定为全国政治和外交中心;亟须修正"文革"期间对城市建设和人民生活的破坏	到2000年全市人口控制在1 000万人左右,市区人口控制在400万人左右	1979年北京市区城市人口突破400万人,达419万人;1988年北京市户籍人口达到1 001.2万人

续表

北京城市规划文件	规划背景	人口调控目标	实际人口规模
《北京城市总体规划（1991—2010年）》	社会主义市场经济体制确立之初对城市建设提出了新的要求	2000年全市常住人口控制在1 160万人左右，流动人口控制在200万人右；2010年常住人口控制在1 250万人左右，流动人口控制在250万左右	2000年北京市常住人口1 356.9万人，流动人口256.8万人
《北京城市总体规划（2004—2020年）》	城市在加速发展的过程中出现了一系列的矛盾，要求在诸多矛盾中寻找"平衡点"，掌握城市建设合适的"度"，以推进社会、经济建设，引导城市持续健康有序地发展	2020年，总人口规模规划控制在1 800万人左右，年均增长率控制在1.4%以内。其中户籍人口1 350万人左右，居住半年以上外来人口450万人左右	2010年北京市常住人口1 961.2万人，常住外来人口704.5万人，户籍人口1 255.4万人
		2020年，城镇人口规模规划控制在1 600万人左右，占全市人口的比例为90%左右	2010年，城镇人口1 685.9万人，占全市人口的比例为86%

资料来源：①段成荣，邹湘江．北京人口规模调控研究：人口流动受益者的责任重构［J］．2012．学术前沿论丛——科学发展：深化改革与改善民生（上），2012．

②董光器．五十七年光辉历程——建国以来北京城市规划的发展［J］．北京规划建设，2006（5）：13-16．

③崔承印．对北京人口规模的反思与认识［J］．北京规划建设，2006（5）：67-69．

④《2013年北京市统计年鉴》相关数据。

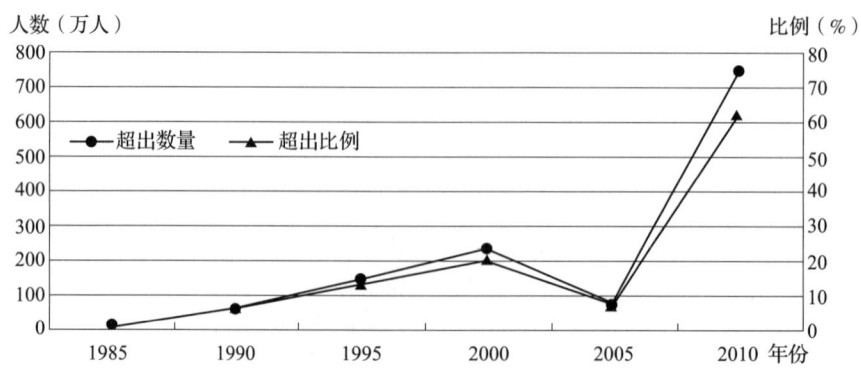

图5—1 主要五年计划时期实际人口超过调控目标的数量和比例趋势

从一般数据和定性分析的角度我们看到，北京市人口调控政策并没有实现原有的规划目标。

（二）定量宏观分析——政策使进京人口规模减少多少

为了对北京市的宏观人口调控政策对外来人口规模的影响进行分析，在这一部分，我们将构建外来人口政策调控的计量经济学模型，分析政策变量对人口变动的影响。

1. 研究方法

本文研究所使用的是多元自回归移动平均模型（multivariate autoregressive-moving average model），即 MARMA 模型。这一模型结合了多元回归与时间序列模型的优势，能够对回归模型中误差项的自相关进行处理，获得比较好的分析和预测结果。该模型的表达式为这种回归与时间序列相结合的模型形式，

$$Y_t = \hat{\beta}_0 + \hat{\beta}_1 x_t + \Phi^{-1}(L)\Theta(L)v_t \qquad 式（5—1）$$

其中 $\hat{u}_t = \Phi^{-1}(L)\Theta(L)v_t$。$v_t$ 是服从正态分布的误差项。v_t 的方差一般与 $\hat{u}_t$ 不一样。模型的 Y_t 为时间序列中的第 t 个观察值，本研究将建立北京市常住外来人口（暂住人口）的 MARMA 模型，引入外来人口开放政策和城市外来人口调控政策作为两个政策变量，分析政策干预的效果。

2. 变量选取与处理

本研究将北京市的常住外来人口作为模型分析的因变量。外来人口的数据口径出现了一定的波动，因此选择 1949—1977 年数据为北京市暂住人口统计数，1978—2014 年数据为北京市常住外来人口统计数。1977 年及以前的数据来自《新中国六十年统计资料汇编》，1978 年以来的数据源于《北京统计年鉴》。

由于新中国成立初期城乡二元分割的制度设计，早期的人口流动受到限制。然而，1984 年国务院《关于农民工进入集镇落户问题的通知》，标志着农民进入城镇的绝对限制被打破，农村人口开始源源不断地进入城市地区，人口的流动行为逐渐兴起并长时间存在。我们将这一政策视为城市对外来人口开放政策的主要标志。随着外来人口规模的不断增加，城市的公共服务、

基础设施等出现了压力，不论是中央层面还是地方层面，都采取了一些对外来人口进行调控和管制的政策措施。我们假设上述两类政策变量对人口流动行为都会产生较强的影响，但是显然两类政策对人口流动作用的方向不同。

假设1：城市开放政策将促进人口流入城市。

假设2：外来人口调控政策将减少外来人口进入城市的规模。

我们将政策变量设为干预因子P，包括户籍政策、外来人口调控政策在内的社会政策对北京市常住外来人口变动的影响。根据政策变量设立两个干预因子，干预因子1是城市开放政策，以1985年为政策开始实施的标志，设置为取值为0、1的虚拟变量，在政策实施前为0，政策实施后为1；干预因子2是历年外来人口调控政策措施。由于外来人口调控政策措施是一个系统的政策体系，并且涉及国家层面与北京市地方层面的政策措施，因此如果按照以往学者的一些研究方法，将政策变量设置为连续的自然数，容易忽视政策措施在不同年份之间的由于强度变化产生的差异，因此我们采取评分法，对我国的外来人口调控政策体系、北京市历年的外来人口调控政策体系和城市规划等进行综合评价。具体的评分标准是，国家层面的外来人口调控政策为2分；北京市的历次城市规划为纲领性文件，评分为1分；历年人口调控的政策体系，每项政策为0.5分。[①] 整理结果见表5—4、表5—5、表5—6，其中，并没有选取可能对北京市人口调控产生间接影响的产业调控等政策措施，而是仅仅选取了直接针对流动人口的人口管理政策，这是由于产业调控等措施可能通过一系列复杂的政策机制对外来人口产生影响，更加难以通过评分的方式测量。由于外来人口调控政策的变更，从外来人口调控政策的制定、执行到收效的各个环节之间可能会存在一定的时间间隔或者时间滞后。假设外来人口调控政策时滞，分别为一期时滞和二期时滞，即政策出台到达到政策效果分别可能经历1年或2年的时间滞后。

---

① 北京早期人口调控政策一些条例后来被废除。本文采用的量化分析方法对于政策措施只计算一次实施效用，而不是累积效用。由于上述已废除条例在实施期间已经发挥了人口调控的作用，因此这一部分条例的赋值与其他政策的赋值方法类似，并不需要再进行调整。

表 5—4　　　　　　北京市外来人口调控政策措施与管理办法

年份	北京城市规划	评分
1985年	《北京市人民政府关于暂住人口户口管理的规定》	0.5
	北京市公安局《实施〈北京市人民政府关于暂住人口管理的规定〉的细则》以及《若干具体问题的通知》	0.5
1986年	《北京市国营企业使用农民合同制工人管理办法》	0.5
	《北京市家庭服务员管理暂行规定》	0.5
	《北京市人民政府关于严格控制外地建筑企业来京施工的暂行规定》	0.5
1987年	《关于加强暂住人员租赁私有房屋管理的规定》	0.5
1988年	《北京市人民政府关于外地建筑企业来京施工管理暂行规定》	0.5
1989年	《北京市外地人员务工管理办法》	0.5
1991年	《北京市外地人员经商管理办法》	0.5
1995年	《北京市郊区小城镇建设试点城镇户籍管理试行办法》	0.5
	《北京市外地来京务工经商人员管理条例》	0.5
	《北京市外地来京务工经商人员管理服务费征收规定》	0.5
	《北京市外地来京人员目标管理责任制规定》	0.5
	《北京市外地来京人员户籍管理规定》	0.5
	《北京市外地来京人员租赁房屋管理规定》	0.5
	《北京市外地来京人员租赁房屋治安管理规定》	0.5
	《北京市外地来京人员务工管理规定》	0.5
	《北京市外地来京人员经商管理规定》	0.5
	《北京市外地来京人员计划生育管理规定》	0.5
	《北京市集贸市场管理规定》	0.5
	《北京市外地来京人员从事家庭服务工作管理规定》	0.5
	《北京市外来人口规模控制工作总体方案（讨论稿）》	0.5
	《北京市外地来京务工经商人员管理条例》	0.5
1997年	《北京市郊区小城镇建设试点城镇户籍管理试行办法》	0.5
1999年	《北京市外地来京人员卫生防疫管理规定》	0.5
	《北京市收容遣送管理规定》	0.5
2000年	《关于进一步加快郊区小城镇建设，推进农村城市化进程的意见》	0.5
2001年	《关于实行〈暂住人员临时登记证〉和分类办理〈暂住证〉的办法》	0.5
	《关于外地来京投资开办私营企业人员办理北京市常住户口试行办法》	0.5
	关于印发《北京市农民工养老保险暂行办法》的通知	0.5
2002年	《北京市人民政府批转市公安局关于推进小城镇户籍管理制度改革意见的通知》	0.5

续表

年份	北京城市规划	评分
2005年	《北京市人民政府办公厅转发市教委关于对流动人口中适龄儿童少年实施义务教育暂行办法的通知》	0.5
	《关于进一步加强流动人口管理工作的若干意见》	0.5
	关于印发《北京市外地农民工参加工伤保险暂行办法》和《北京市外地农民工参加基本医疗保险暂行办法》的通知	0.5
	《流动人口计划生育管理办法》（修订）	0.5
2006年	《北京市人民政府办公厅关于进一步加强未经批准流动人员自办学校安全工作的通知》	0.5
	《北京市人民政府办公厅转发市卫生局等部门关于加强流动人口公共卫生和医疗服务工作意见的通知》	0.5
2007年	《北京市流动人口计划生育管理规定》	0.5
	设立"流动人口和出租房屋管理委员会"	0.5
	《关于贯彻国务院办公厅进一步做好进城务工就业农民子女义务教育工作文件意见的通知》	0.5
	《北京市房屋租赁管理若干规定》	0.5
2012年	北京市人民政府办公厅关于转发市教委等四部门制定的《进城务工人员随迁子女接受义务教育后在京参加升学考试工作方案》的通知	0.5
2014年	北京市人民政府关于印发《市政府党组党的群众路线教育实践活动整改方案》的通知	0.5

表 5—5　　　　国家外来人口管理服务政策

时间	国家外来人口调控政策	评分
1958年	《中华人民共和国户口登记条例》	2
1982年	国务院《城市流浪乞讨人员收容遣送办法》	2
1989年	国务院《关于严格控制民工外出的紧急通知》	2
1995年	公安部《暂住证申领办法》	2
	《中央社会治安综合治理委员会关于加强流动人口管理工作的意见》	2
2001年	国务院批转公安部《关于推进小城镇户籍管理制度改革的意见》	2
2002年	《中共中央　国务院关于做好2002年农业和农村工作的意见》	2
2003年	《国务院办公厅关于做好农民进城务工就业管理和服务工作的通知》	2
	《城市生活无着的流浪乞讨人员救助管理办法》	2
	《中共中央　国务院关于促进农民工增加收入若干政策的意见》	2
2004年	《国务院办公厅关于进一步做好改善农民进城就业环境工作的通知》	2
2006年	《国务院关于解决农民工问题的若干意见》	2

续表

时间	国家外来人口调控政策	评分
2010年	《国务院关于转移农村劳动力保障农民工权益工作情况的报告》	2
2012年	《国务院办公厅关于积极稳妥推进户籍管理制度改革的通知》	2
	《国务院办公厅转发教育部等部门关于做好进城务工人员随迁子女接受义务教育后在当地参加升学考生工作意见的通知》，《关于做好进城务工人员随迁子女接受义务教育后在当地参加升学考试工作的意见》	2
2013年	《中共中央关于全面深化改革若干重大问题的决定》	2
2014年	国务院《关于进一步推进户籍制度改革的意见》	2
	国务院《关于进一步做好为农民工服务工作的意见》	2
	国务院《关于全面深化农村改革加快推进农业现代化的若干意见》	2

表 5—6　　　　　　　　　　北京市城市规划

年份	北京市城市规划	评分
1954年	《关于改建与扩建北京市规划草案要点》	1
1973年	《关于北京城市建设总体规划中几个问题的请示》	1
1982年	《北京城市建设总体规划方案》	1
1991年	《北京城市总体规划（1991—2010年）》	1
2004年	《北京城市总体规划（2004—2020年）》	1

3. MARMA 模型的拟合结果

我们选择北京市常住外来人口变量是非平稳数据，存在单位根现象，如果对上述数据进行回归分析，会使回归模型的估计结果出现伪回归现象。首先对北京市常住外来人口变量与外来人口调控政策变量进行 ADF 检验。结果见表 5—7。可见，常住外来人口、外来人口调控政策1期滞后和2期滞后变量序列均存在单位根，为非平稳序列，但是经过一阶差分后，相应的 ADF 统计量均低于 0.01 的临界值。这说明，在经过一阶差分后，三个序列均称为平稳序列，所获得的变量分别为 DY_t，DP_{t1}，DP_{t2}。

DY_t 代表流动人口规模的一阶差分，P_{1985} 代表外来人口开放政策，在 1985 年前取值为 0，1985 年后为 1。P_t 为外来人口调控政策变量，按照历年的综合评价进行得分，P_{t1}，P_{t2} 分别为外来人口调控政策的一期和二期滞后。

表 5—7　　　　　　　　　单位根平稳性 ADF 检验

	ADF检验结果	1%水平	5%水平	10%水平	结论
常住外来人口	4.992 2	−3.534 9	−2.906 9	−2.591 0	非平稳
常住外来人口（一阶差分）	−5.038 3	−3.536 6	−2.907 7	−2.591 4	平稳
外来人口调控政策滞后一期	3.269 4	−3.534 9	−2.906 9	−2.591 0	非平稳
外来人口调控政策滞后一期（一阶差分）	−6.930 9	−3.536 6	−2.907 7	−2.591 4	平稳
外来人口调控政策滞后二期	4.328 4	−3.534 9	−2.906 9	−2.591 0	非平稳
外来人口调控政策滞后二期（一阶差分）	−6.661 6	−3.536 6	−2.907 7	−2.591 4	平稳

其次，对北京市常住外来人口与政策干预变量进行多元回归分析。获得回归模型结果，分别为模型（5—2），和模型（5—3）。模型回归结果见表 5—8。

$$DY_t = 0.518 - 0.982 DP_{t1} + 26.950 P_{1985} + u_{t1} \qquad 式（5—2）$$

$$DY_t = 0.714 - 3.387 DP_{t2} + 30.780 P_{1985} + u_{t2} \qquad 式（5—3）$$

表 5—8　　　　　　　　　多元回归模型结果

变量（Variable）	外来人口调控政策一期滞后（DP_{t1}）				外来人口调控政策二期滞后（DP_{t2}）			
	系数（Coefficient）	标准误（Std.Error）	t统计量（t-Statistic）	P值（Prob.）	系数（Coefficient）	标准误（Std.Error）	t统计量（t-Statistic）	P值（Prob.）
C	0.518	4.186	0.124	0.902	0.714	4.073	0.175	0.862
DP_t	−0.982	1.840	−0.534	0.595	−3.387	1.828	−1.852	0.069
P_{1985}	26.950	6.580	4.096	0.000	30.780	6.531	4.713	0.000

从模型分析结果来看，模型（5—2）和模型（5—3）的可决系数分别达到 0.23 和 0.26。但是，对模型残差进行序列相关检验发现，上述模型均未通过 Q 检验（P<0.05），存在序列自相关（如图 5—2，图 5—3 所示）。

第五章 北京人口增长的政策调控效果评价

自相关图 (Autocorrelation)	偏自相关图 (Partial Correlation)		自相关 (AC)	偏自相关 (PAC)	Q检验 (Q-Stat)	P值 (Prob)
		1	0.259	0.259	4.5594	0.033
		2	0.137	0.075	5.8595	0.053
		3	0.064	0.012	6.1440	0.105
		4	0.094	0.071	6.7802	0.148
		5	0.304	0.282	13.508	0.019
		6	-0.023	-0.198	13.547	0.035
		7	0.053	0.057	13.761	0.056
		8	0.057	0.055	14.012	0.081
		9	0.077	0.018	14.478	0.106
		10	-0.012	-0.156	14.490	0.152
		11	-0.174	-0.094	16.935	0.110
		12	-0.038	0.017	17.052	0.148
		13	-0.000	0.010	17.052	0.197
		14	0.027	-0.001	17.112	0.250
		15	-0.016	0.044	17.134	0.311

图 5—2　模型（5—2）残差的序列相关检验

自相关图 (Autocorrelation)	偏自相关图 (Partial Correlation)		自相关 (AC)	偏自相关 (PAC)	Q检验 (Q-Stat)	P值 (Prob)
		1	0.242	0.242	3.9995	0.046
		2	0.282	0.237	9.4811	0.009
		3	0.162	0.059	11.316	0.010
		4	0.107	0.001	12.128	0.016
		5	0.361	0.327	21.600	0.001
		6	-0.024	-0.214	21.643	0.001
		7	0.039	-0.096	21.757	0.003
		8	0.042	0.084	21.892	0.005
		9	0.082	0.095	22.412	0.008
		10	-0.013	-0.241	22.426	0.013
		11	-0.120	-0.044	23.591	0.015
		12	-0.047	0.089	23.776	0.022
		13	-0.008	0.003	23.782	0.033
		14	0.019	-0.064	23.812	0.048
		15	-0.064	0.057	24.170	0.062

图 5—3　模型（5—3）残差的序列相关检验

为此，引入 MARMA 模型对回归模型进行修正。根据残差的 AC 和 PAC 图的分布情况，分别考察了 $AR(1)$，$AR(2)$，$MA(1)$，$MA(2)$ 以及 $ARMA(1,1)$，$ARMA(2,2)$ 模型，对结果进行比较，确定模型（5—2）与模型（5—3）的残差为 $AR(1)$ 序列。因此，将残差的时间序列引入模型中，获得模型（5—4）和模型（5—5）的分析结果。模型拟合结果见表 5—9。

$$DY_t=0.957-1.571DP_{t1}+26.915P_{1985}+0.267\hat{u}_{t1-1}+v_{t1} \quad \text{式（5—4）}$$
$$DY_t=0.801-3.104DP_{t2}+29.977P_{1985}+0.244\hat{u}_{t2-1}+v_{t2} \quad \text{式（5—5）}$$

表 5—9　　外来人口调控政策的 MARMA 模型拟合结果

变量 (Variable)	外来人口调控政策一期滞后（DP_{t1}）				外来人口调控政策二期滞后（DP_{t2}）			
	系数 (Coefficient)	标准误 (Std.Error)	t统计量 (t-Statistic)	P值 (Prob.)	系数 (Coefficient)	标准误 (Std.Error)	t统计量 (t-Statistic)	P值 (Prob.)
C	0.957	5.676	0.169	0.867	0.801	5.380	0.149	0.882
DP_t	−1.571	1.857	−0.846	0.401	−3.104	1.737	−1.787	0.079
P_{1985}	26.915	8.331	3.231	0.002	29.977	8.129	3.688	0.001
AR（1）	0.267	0.135	1.981	0.052	0.244	0.126	1.946	0.056

模型（5—4）和模型（5—5）代表政策一期滞后和二期滞后模型，可决系数分别达到 0.28 和 0.31，说明模型能够较好地对回归参数进行拟合。对模型残差进行 Q 统计量检验，取 $k=15$，那么模型（5—4）中 $Q(15)=13.01$，模型（5—5）中 $Q(15)=17.391$，在 0.05 的水平上均不显著，模型的结果比较理想。模型（5—4）和模型（5—5）的自回归特征根均在单位圆外，如图 5—4、图 5—5 所示。可见，残差序列是白噪声，构建的 MARMA 模型比较合理。

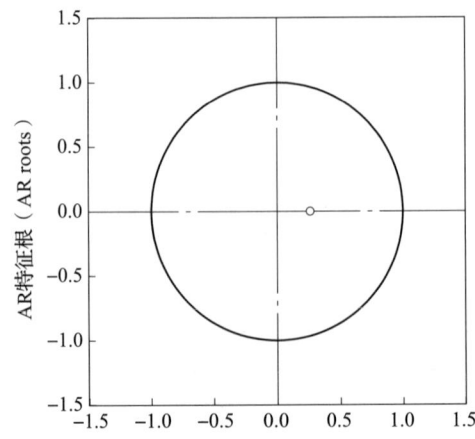

图 5—4　模型（5—4）中 MARMA 的特征根分布

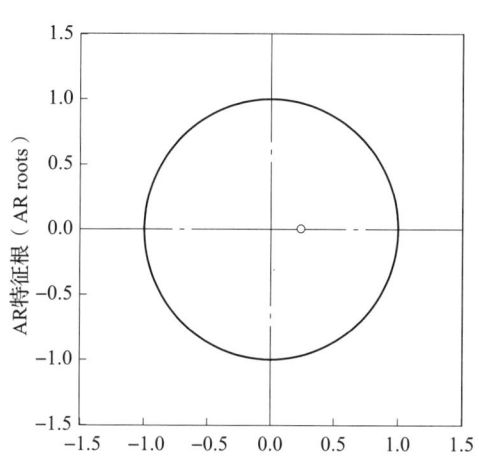

图 5—5 模型（5—5）中 MARMA 的特征根分布

模型（5—4）中政策变量回归系数的 t 检验结果显示，城市开放政策 P_{1985} 的回归系数在 0.05 的显著性水平下显著，但是外来人口调控政策的一期滞后变量 DP_{t1} 的回归系数在统计上不显著。尽管政策一期滞后变量的系数不显著，我们为了比较不同政策滞后可能对外来人口规模产生的影响，对政策二期的滞后模型进行了政策变量的拟合分析。模型（5—5）的结果显示，对外来人口调控政策在二期滞后条件下进行拟合后，DP_{t2} 的回归系数显著（$P<0.1$），并且对外来人口规模的增长产生负向的影响作用。这可能说明，外来人口调控政策具有一定的政策效果，但是政策时滞较长，可能在政策推行的两年之后才产生比较明显的影响效果，使进入北京的流动人口规模有所减少。但是，尽管外来人口调控政策将在两年及以上的时滞后对流动人口进京产生负向影响作用，但是其影响作用远不及城市开放政策的实施效果。

图 5—6 所展示的是利用 MARMA 模型拟合的结果与北京实际常住外来人口规模进行的对比。$YLAG1$，$YLAG2$ 分别代表外来人口调控政策一期滞后和二期滞后的影响，$MIGPOP$ 代表北京市的实际常住外来人口规模。总体来看，在不同政策时滞的情境下，模型拟合的结果与实际的常住外来人口增长情况比较吻合。

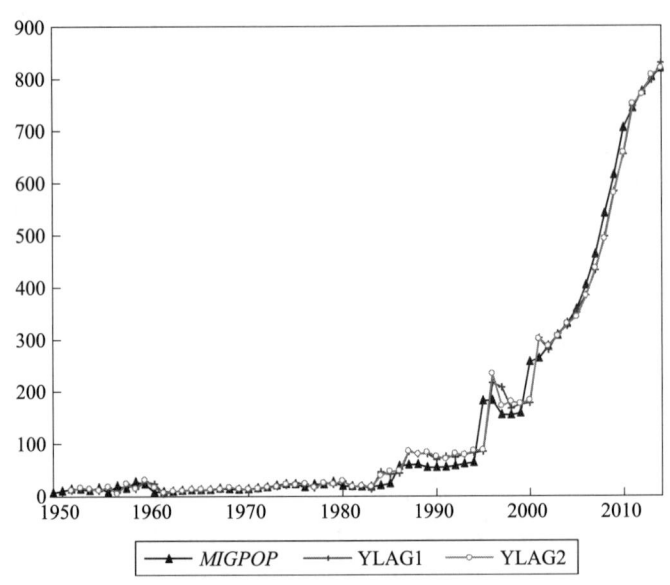

图 5—6　实际常住外来人口增长与模型拟合外来人口增长趋势

4. 不同政策滞后方案下的外来人口调控政策效果

为了进一步分析外来人口调控政策对外来人口规模产生的作用，评价政策效果，我们对北京市暂住人口和常住外来人口规模的时间序列进行模型拟合。选取了不同外来人口调控政策滞后期间的两种方案下的政策效果，亦即，外来人口调控政策实施可能让进京的外来人口规模下降多少？图5—7、图5—8展示了不同滞后期方案下外来人口调控政策的实施效果。

从不同政策滞后方案下外来人口调控政策的政策效果可见，外来人口调控政策将使进京的外来人口平均每年减少1.1万～2.6万人。外来人口进京的规模会随着外来人口调控政策出台的力度和密集程度而呈现一定的波动，在政策力度较弱的年份，并不会对外来人口减少产生作用，但是在一些外来人口调控政策集中推出或政策力度较强的年份，将使外来人口减少的规模增大，最大可能达到55万人（1997年）。如果从政策实施效果的累积效应来看，考察1949—2014年的时期范围内，通过国家层面和北京市层面外来人口调控政策措施的出台和实施，外来人口进京的规模有所减少，在一期滞后方案下，

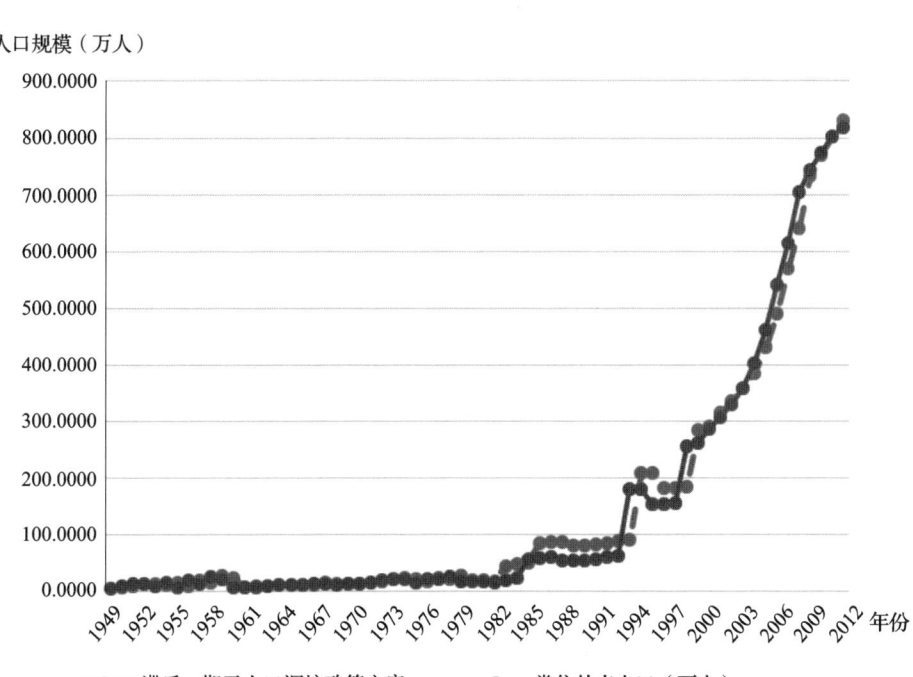

图 5—7　滞后一期情境下外来无人口政策调控方案

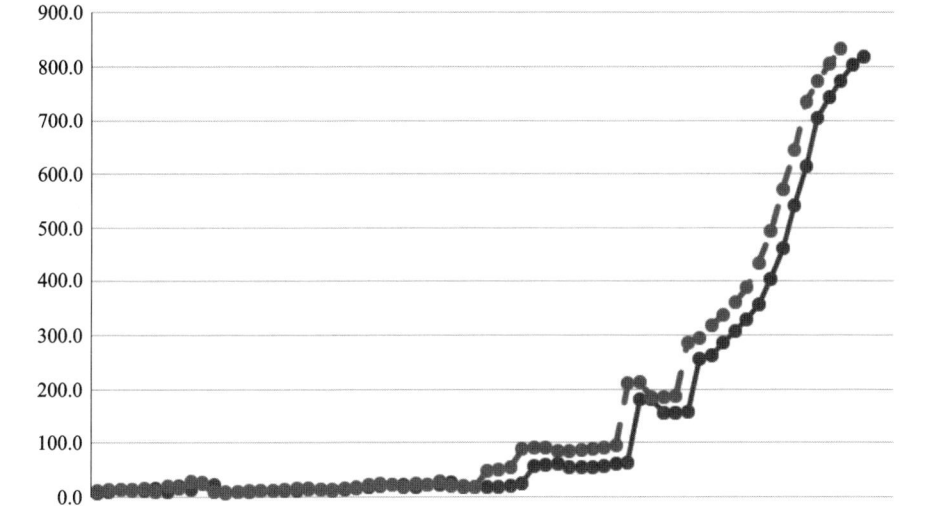

图 5—8　滞后二期情境下无外来人口调控政策调控方案

进京外来人口的规模累计减少了72.1万人,在二期滞后方案下,进京的外来人口规模累计减少了163.7万人,其中2000年后进京外来人口平均每年减少1.9万人,累计减少27.8万人。虽然外来人口调控政策没有改变北京市常住外来人口规模不断上升的趋势,但是从总量上减少了外来人口进京的规模。如果将产业调控等政策措施的影响考虑在内,政策措施能够减少进京的人数可能更多。

(三)微观定量分析——政策是否对留京意愿产生作用

衡量一个区域外来人口调控政策的作用效果,可以通过宏观政策在微观层面对个体行为的影响程度来评价政策的作用效果,也就是说,通过外来人口调控政策对外来人口产生的挤出效应,进而评价外来人口调控政策是否有效。本部分研究将利用倾向值分析方法,利用国家卫生与计划生育委员会流动人口2011年的动态监测数据,分析外来人口调控政策对流动人口产生的挤出效应。

我们的研究目的是分析外来人口调控政策是否会对流动人口产生挤出效应。研究对象为16~31岁的新生代流动人口。我们选择新生代流动人口作为研究对象,除了由于数据来源的限制之外,还由于新生代流动人口对未来的城市发展具有深远的影响。新生代流动人口将逐渐成为流动人口的主要组成部分,他们的流动行为将改变不同城市的发展面貌,进而影响着城镇化进程。

1. 研究方法

倾向值分析是近年来兴起,并逐渐广泛应用于因果关系研究中的实证分析。通过倾向值匹配的方法将调查数据(非实验数据)进行调整。倾向值分析的优势在于,通过倾向值匹配的方法对样本进行再抽样,以消除一次干预性试验可能带来的选择性偏差,探寻不同因素之间的因果关系。这种选择性偏差可能来源于多种因素,如研究者忽略了某些协变量,某些观测变量未被观测到等问题,而这些因素可能会对因变量产生影响。倾向值匹配就提供了便于研究者进行分析的技术。通过匹配的方法恰当地控制偏差,通过对非实验数据的随机化的机制对潜在偏差进行控制。

我们对外来人口调控政策对流动人口挤出效应的研究进行模型构建。假

设流动人口在城市的居留为 S，那么，

$$S=X_i^T\beta_x+\varepsilon_i \quad \text{if} \quad P_i=0 \qquad \text{式}（5—6）$$

$$S=X_i^T\beta_x+\gamma_P+\varepsilon_i \quad \text{if} \quad P_i=0 \qquad \text{式}（5—7）$$

其中 S 表示被访者在城市居留的意愿，X_i^T 为流动人口在城市居留意愿的自变量，ε_i 为误差项，P_i 为外来人口调控政策强度，$P_i=0$ 时，人口调控的政策强度较弱，$P_i=1$ 时，人口调控的政策强度较强。流动人口居留意愿的选择属于迁移决策中的一种。那么，流动人口是否决定在城市长期居留可能受多种因素的综合作用，如流动家庭的经济实力、社会融合能力、外来人口调控政策等。外来人口调控政策并非外生变量，而是会对家庭收入、社会融入等方面产生影响。在这种情况下，如果采取传统的多元回归模型，如 $S=X_i^T\beta_x+\gamma_P P_i+\varepsilon_i$，估计政策因素对居留意愿的影响，显然忽视了模型的多重共线性和选择性偏差问题。为了探寻外来人口调控政策与流动人口在城市居留意愿的因果关系，就需要将其他对居留意愿产生作用的因素剥离出来。通过倾向值匹配的分析方法，我们将被访者按照政策强度划分为干预组和控制组两类，即受政策作用强度较强者和受政策作用强度较弱者，使研究数据得到随机化。根据罗森鲍姆（Rosenbaum）和鲁宾（Rubin）在1983年的研究，我们将政策强度作为因变量，估计被访者受到政策干预的二元 logistic 回归。$P=\dfrac{1}{1+e^{-x_i\beta_i}}$，$P$ 为接受干预的条件概率（暴露在较强的外来人口调控政策下的概率）。同样地，我们的研究假设是基于倾向值匹配建立的假定，即 $(S_0, S_1) \perp P \perp X$，以及受政策作用的干预组和控制组之间接受干预的条件概率上存在重叠。

2. 研究数据

本研究采用国家卫计委流动人口 2011 年动态监测数据的调查数据。此次调查的调查方式坚持分层次、多阶段、成比例的随机抽样原则，在全国 31 个省（市、区）和新疆生产建设兵团进行流入地调查，范围涵盖了我国的东、中、西和东北地区。对 16～31 岁的人口进行了新生代流动人口的问卷调查，

获得新生代流动人口的样本量为59 457人，其中北京市的抽样人数为1 989人。从抽样方法、调查范围的广度、样本量的规模来看，本次调查的样本能够反映当时新生代流动人口的总体情况。

已有的许多研究表明，性别、年龄、婚姻状况（吴磊等，2007）、受教育程度（熊波等，2007；王春兰等，2007）、社会融合（刘传江，2004；王玉君，2013）、经济收入与城乡收入差距（尉建文，2008；Stark，1985）是影响流动人口是否选择在城市居留的重要因素，尽管在已有研究中，这些因素对居留意愿的影响方向上可能并不一致。但这些因素是促使我们选择混淆变量的研究基础。表5—10为研究变量和变量的描述性统计情况。

首先，因变量选择为流动者在城市的长期居留意愿，对应问卷中的问题"您未来是否打算一直留在本地"。选择该问题是由于，流动人口在城市的居留意愿反映了其对流入地外来人口调控政策的应对能力。如果被访者选择打算一直留在本地，说明外来人口调控政策对流动人口产生的挤出效应有限，被访者能够应对在流入地长期生活。反之，如果被访者选择"否"或"不知道"，说明被访者不愿意长期在流入地生活，亦即城市的外来人口调控政策产生作用，使被访者选择流出。

政策变量。政策变量选择流动者自身对政策强度的认知，对应问卷中的问题"您认为自己通过努力是否能够达到该标准（在流入地落户）"，也就是说政策强度对流动者产生的影响。编码"0=不能，或1~2年能达到标准"，此时外来人口调控政策对流动人口的挤出效应比较低，被访者做出一定的努力就能够达到落户标准。"1=3年及以上达到标准"，代表被访者认为外来人口调控政策对自身产生的挤出效应较强，落户的难度比较高。从调查情况来看，不愿意或不清楚是否在城市长期居住的新生代流动人口仍占多数，该比例约占60%，而愿意在城市长期居住的仅占40%。

经济因素。经济因素选取了两个变量，即流动家庭每月收入和每月支出。在数据处理时删除并替换了1%的极端值。新生代流动人口在城市的家庭平

均每月收入为 1 840.3 元，平均每月支出为 3 753.83 元。

社会因素。社会因素选取问卷中的问题"您认为通过自己的努力，自己和本地城市居民相比会处于什么地位"，表示被访者在城市的社会认同情况。重新编码"0= 上层或中上层"，"1= 中层"，"2= 中下层或下层"。60% 以上的新生代流动人口认为自身在城市中居于中层，其次认为社会地位较低，在城市中居于中下层的，该比例接近 22%。认为自身的社会地位较高，在城市中居于中上层的占 17.8%。

流动因素。流动因素选取三个指标：被访者是否为初次流动，流动距离和流入地类型。对应问卷中的问题"本次流动是否为您的第一次外出流动"，编码"0= 是"，"1= 否"，调查结果显示，初次流动的新生代流动人口比例更高，达到 68% 以上。"流动范围"编码为"0= 省内流动"，"1= 跨省流动"，省内流动的比例在半数以上，略高于跨省流动的新生代流动人口。对流入地类型进行了分类，根据第六次人口普查资料中城市的城镇人口规模，将本次调查的城市划分为特大城市（城镇人口 500 万人以上），大城市（城镇人口 300 万～500 万人）和中小城市（城镇人口 300 万人以下）三种类型。相应地，特大城市、大城市和中小城市代表着流入地的居留门槛由高到低的差异，特大城市的落户门槛最高，如北京、上海等地，多采取限制性的外来人口调控政策，其生活成本、生活压力也相对最大。大城市的落户门槛次之，近年来多采取积分制的户籍制度对外来人口进行有区别的准入，而中小城市的落户门槛最低，同时生活成本等对流动人口的压力也比较小。编码"0= 中小城市"，"1= 大城市"，"2= 特大城市"。

新生代流动人口的人口学因素，作为控制变量进入模型。其中包括年龄、性别、婚姻状况。其中年龄为连续变量，性别编码为"0= 男性"，"1= 女性"。婚姻状况编码为"0= 不在婚"，"1= 在婚"。由表 5—10 可见，新生代流动人口的平均年龄为 24.8 岁，女性比例高于男性，在婚人口比例高于不在婚人口比例。

表 5—10　样本描述

变量		N	百分比（%）或均值（标准差）
因变量	在流入地长期居留（否或不一定）	9 954	59.94
	是	6 653	40.06
政策变量	经过努力能够达到落户标准（2年及以下）	625	31.06
	3年及以上	1 387	68.94
经济因素	流动家庭每月收入	59 457	1 840.30　（1 210.25）
	流动家庭每月支出	59 457	3 753.84　（2 859.91）
社会因素	社会地位（上层、中上层）	2 819	17.8
	中层	9 541	60.25
	中下层	15 835	21.95
流动因素	初次流动（初次）	11 419	68.69
	非初次	5 205	31.31
	流动距离（省内流动）	29 772	50.14
	跨省流动	29 602	49.86
	流入地类型（中小城市）	26 763	45.01
	大城市	10 045	16.89
	特大城市	22 649	38.09
人口学变量	年龄	59 457	24.82　（4.12）
	性别（男性）	29 501	49.62
	女性	29 956	50.38
	婚姻（不在婚）	7 023	42.26
	在婚	9 595	57.74

表 5—11 中对不同外来人口调控政策强度下的变量进行差异性检验。t 检验的分析结果显示，流动人口是否在流入地长期居留，家庭每月的收入和支出，流入地类型，以及流动者的年龄和婚姻状况在不同人口调控强度下的差异是显著的（P<0.05）。而利用 wilcoxon 秩和检验的结果显示，流动人口的居留意愿，家庭的收支状况，流动者的年龄和婚姻状况的差异性同样是显著的（P<0.05）。如果将这些变量直接纳入多元回归模型，一方面无法将政策变量与居留意愿的因果关系剥离出来，难以分析政策变量的影响作用究竟有多大；

另一方面，样本资料显示，我们选取的指标与目标变量——人口调控的政策强度之间存在相关关系，如果直接纳入模型中将产生共线性问题，使模型的最终结果存在偏性的问题。为了解决上述问题，我们通过倾向值匹配的方式进行分析。

表 5—11　　　　　　　　　变量的分类检验结果

变量	弱政策 百分比（%）或 均值（标准差）	强政策 百分比（%）或 均值（标准差）	T检验	wilcoxon秩和检验
在流入地长期居留 （否或不一定）	27.87	72.13		
是	32.17	67.83	0.049	0.049
流动家庭每月收入①	2 758.57（1 638.307）	2 487.33（1 537.17）	0.000	0.000
流动家庭每月支出	5 702.88（4 356.69）	5 202.64（3 993.24）	0.013	0.018
社会地位 （上层、中上层）	27.22	72.78		
中层	32.15	67.85		
中下层	30.79	69.21	0.136	0.152
初次流动（初次）	31.82	68.18		
非初次	28.28	69.36	0.111	0.111
流动距离 （省内流动）	28.80	71.20		
跨省流动	31.53	68.47	0.221	0.221
流入地类型 （中小城市）	52.63	47.37		
大城市	26.56	73.44		
特大城市	30.61	69.39	0.006	0.820
年龄	26.09（3.56）	25.54（3.83）	0.003	0.006
性别（男性）	30.03	69.97		
女性	31.21	68.79	0.572	0.573
婚姻（不在婚）	27.25	72.75		
在婚	32.42	67.58	0.019	0.019

① 新生代流动人口的每月收入低于每月支出，可能是由于被访者出于隐瞒等因素，对调查员低报经济收入，高报支出情况，导致被访者的平均支出高于收入的情况。

3. 倾向值匹配

利用已知的研究变量，应用 logistic 模型可以预测个体在给定观测变量下接受干预的条件概率，具有相似的倾向值的两组成员是可以进行比较的。我们以政策变量作为因变量进行二元 logistic 回归，在这里略去模型的回归结果。在获得倾向值后，研究者可以通过倾向值来匹配干预组和控制组成员。在进行匹配之前，我们需要确认干预组和控制组成员之间的共同支持域的范围，对于不同的共同支持域范围将对应不同的匹配方法。如图 5—9、图 5—10 所示，强政策干预组（受到较强的外来人口调控政策影响的新生代流动人口）与控制组（受较弱外来人口调控政策影响的新生代流动人口）倾向值得分的共同支持域范围较广，适合选用贪婪匹配法。

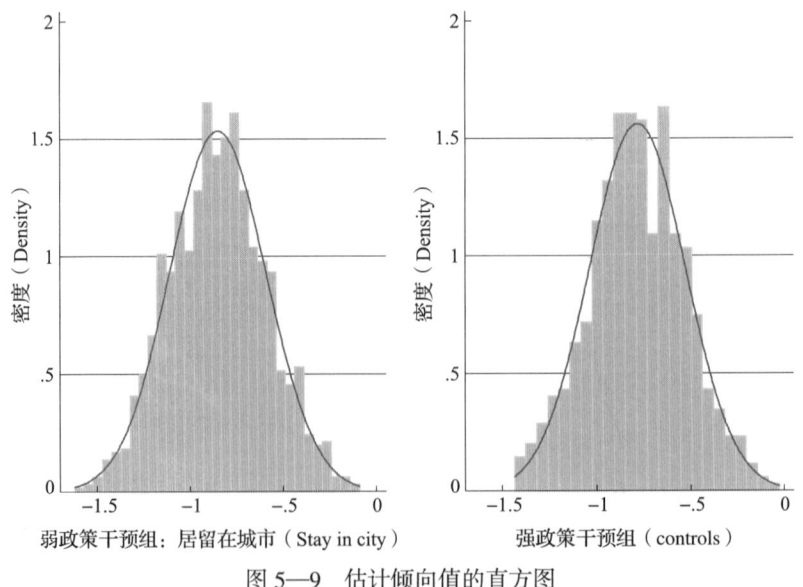

图 5—9 估计倾向值的直方图

为了分析原始样本中的数据是否通过匹配达到了平衡，我们进行了匹配后数据平衡的检验（见图 5—10，表 5—12）。其中，Runbin B 系数代表干预组和控制组的倾向值线性指标的标准差的差异，Rubin R 系数是指干预组与控制组的倾向值的方差之比。从数据匹配前和匹配后的结果来看，在不同的匹配方式下，干预组与控制组之间的偏误（Mean Bias，Med Bias）均有大幅度下降。

Rubin（2001年）对于数据平衡检验的建议是，数据平衡时系数B应小于25，R在0.25～2之间。从分析结果可见，除了卡尺内最近邻匹配（卡尺=0.017）的数据未能在匹配后达到平衡之外，其余匹配方法均使数据在配对后达到了平衡。

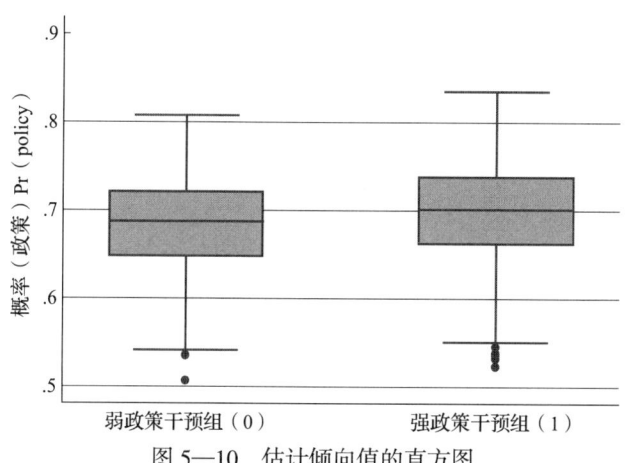

图5—10 估计倾向值的直方图

表5—12 模型匹配后数据的平衡检验

样本		可决系数（Ps R2）	对数比卡方值（LR chi2）	P值（p>chi2）	平均数偏误（MeanBias）	中位数偏误（Med Bias）	系数（B）	R值（R）	方差（%Var）
一对一匹配	未匹配	0.048	74.38	0.000	13.4	11.4	59.4*	0.71	20
	匹配	0.002	1.78	0.998	3.5	3.3	11.5	0.85	10
最近邻匹配	未匹配	0.048	74.38	0.000	13.4	11.4	59.4*	0.71	20
	匹配	0.003	2.13	0.995	3.6	3.4	12.6	0.83	0
半径匹配	未匹配	0.048	74.38	0.000	13.4	11.4	59.4*	0.71	20
	匹配	0.003	2.29	0.994	3.6	3.2	13.1	0.81	0
卡尺内最近邻匹配	未匹配	0.048	74.38	0.000	13.4	11.4	59.4*	0.71	20
	匹配	0.013	9.72	0.466	6.4	5.5	27.0*	0.97	0
核匹配	未匹配	0.048	74.38	0.000	13.4	11.4	59.4*	0.71	20
	匹配	0.002	1.25	1.000	2.2	2.2	9.7	1	0
局部线性回归匹配	未匹配	0.048	74.38	0.000	13.4	11.4	59.4*	0.71	20
	匹配	0.003	2.13	0.995	3.6	3.4	12.6	0.83	0
样条匹配	未匹配	0.048	74.38	0.000	13.4	11.4	59.4*	0.71	20
	匹配	0.002	1.78	0.998	3.5	3.3	11.5	0.85	10
马氏匹配	未匹配	0.048	74.38	0.000	13.4	11.4	59.4*	0.71	20
	匹配	0.004	3.31	0.973	3.3	2.6	15.7	1.23	0

注："*"表示t统计量在95%的概率下显著。

4. 模型结果分析

从匹配结果来看,在 8 种匹配方案中,一对一匹配、卡尺内最近邻匹配、局部线性回归匹配的平均处理效应 ATT 没有通过 T 检验,而最近邻匹配、半径匹配、样条匹配和马氏匹配的平均处理效应 ATT 均在 10% 的水平上显著(见表 5—13)。尽管在一些匹配方式下外来人口调控政策与流动人口的居留意愿具有一定的因果关系,但是这种因果关系并不稳健。数据分析结果显示,较强的外来人口调控政策会使新生代流动人口的居留意愿有 0.062 ~ 0.082 的下降(排除数据未平衡的卡尺内最近匹配的分析结果和不显著的分析结果)。这一系数即为外来人口调控政策的政策效应,表明城市外来人口调控政策对流动人口产生了向外的挤出效应。

表 5—13　　　　　　　倾向值分析结果

方案	匹配方法描述	干预组	控制组	ATT	T检验
一对一匹配	按照倾向值得分,进行有放回匹配,并且允许并列	268	1677	−0.082	−1.85
最近邻匹配	进行最近邻1对4匹配	268	1677	−0.082	−2.25
半径匹配	将倾向值得分进行卡尺=0.01的最近邻1对4匹配	268	1677	−0.081	−2.23
卡尺内最近邻匹配	将倾向值得分进行卡尺=0.017(0.25δ_{pscore}),最近邻1对4匹配	268	1677	−0.043	−1.14
核匹配	利用核函数估计用于配对(i, j)的权重	268	1677	−0.062	−1.88
局部线性回归匹配	运用局部线性回归来估计用于配对(i, j)的权重	268	1677	−0.054	−1.49
样条匹配	利用"三次样条"方法来估计用于配对(i, j)的权重	—	—	−0.058	P=0.061
马氏匹配	利用logistic回归模型中的协变量计算马氏距离	268	1677	−0.071	−1.94

① 样条匹配只汇报 P 值,不能获得 t 值。

通过对比倾向值匹配分析与 logistic 回归模型结果,我们发现,在一些倾向值匹配方法下,政策变量对流动人口居留意愿的影响效果虽然显著,但仅为回归模型中政策效果的 1/4 到 1/3 左右。也就是说,在回归模型中外来人口调控政策对流动人口居留意愿的影响效应被严重高估了。此外,logistic 回归模型中政策变量的影响效应是十分显著的(P<0.001),但是在倾向值匹配方法下,外来人口调控政策对流动人口居留意愿的影响效应尽管显著(P<0.1),但是这种因果关系并不稳健。因此,城市的外来人口调控政策对流动人口的居留意愿具有一定的影响效应,亦即政策对外来人口会产生"向外的推力",但很难推断这种因果关系具有稳健性。

与外来人口大量进入城市相比,大城市社会经济、公共服务与城市规划的发展程度依然落后,难以满足城市人口增长的需求。外来人口调控政策对于控制城市人口规模的意义不容忽视。一方面,大城市需要进一步完善公共服务建设,合理有序地对城市空间进行规划,调整产业布局,是未来城市发展的必经之路。但是同时,通过一定的外来人口调控政策,适度放缓外来人口进入的速度,调整进城务工人员的人力资本结构,也是在现实条件下的必要选择。

四、本章结论与讨论

通过本章分析得出的基本结论如下:首先,本章对北京市外来人口调控政策进行梳理后发现,北京市的外来人口调控政策呈现阶段性特征,从新中国成立初限制北京城市人口规模政策方案的初步提出,到 1979 年后逐步严格地控制人口机械增长。随着户籍制度的放松和外来人口的大量进入,在 1984 年后北京市开始系统地对外来人口进行严格管控,并在 2000 年后外来人口调控政策经历了从行政性限制措施向管理服务的方法思路转变的过程。

其次,为了分析北京市外来人口调控政策的效果,我们从宏观和微观两个层面进行了分析。利用 MARMA 模型分析了外来人口调控政策对常住外来人口规模的影响,结果发现,政策的影响作用显著,使每年进京的流动人口规模平均每年减少 1.1 万~2.6 万人,累计约减少了 72.1 万~164.7 万人进入北京。而从外来人口居留意愿的微观视角的倾向值分析研究发现,北京市外来人口调控政策对外来人口产生了挤出效应,尽管作用并不十分显著。可以说，北京市的外来人口调控政策没有改变外来人口进京的总体趋势，但是在一定程度上影响着外来人口的进入决策，减少了外来人口进入北京的规模。

北京市在进行城市规划时屡次设定上限，但是上限屡设屡破。与外来人口大量进入城市的速度相比，北京市社会经济、公共服务与城市规划的发展程度依然落后，难以满足城市人口增长的需求。外来人口调控政策对于控制北京市人口规模的意义不容忽视。一方面，北京市进一步完善公共服务建设，合理有序地对城市空间进行布局和规划，合理地调整产业布局是有必要的，也是未来城市发展的必经之路。但是同时，也需要通过一定的外来人口调控政策，适度放缓外来人口进入的速度，调整人员人力资本结构，也是在现实条件下的必要选择。当前的北京市外来人口调控政策并未产生良好的成效，这可能是由于政策导致的外来人口经济与心理成本与进入大城市对外来人口带来的收益相比，尚有差距。因此，如何有序地进行外来人口调控政策的顶层规划，建立更为完善的外来人口调控政策体系，也需要政策制定者进行谨慎规划。

尽管北京市的外来人口调控政策不断被提出，但是并未如决策者的预期那样使流入的人口大量减少。探析外来人口调控政策未能达到预期目标的原因，可能包括以下几个方面：

1. 城市化、产业集聚和经济发展的客观规律，使特大城市的存在具有合理性

城市化伴随着工业化的过程出现，并通过规模经济效应拉动经济增长，提升了第三产业对于经济增长的贡献率等趋势影响着经济的长期增长。城市化水平提升的来源之一是外来人口向城市的聚集。从北京城市人口规模的发展轨迹来看，自1984年国务院《关于农民工进入集镇落户问题的通知》打破了户籍制度的绝对二元分割开始，20世纪90年代，大量要素由农村向北京的城市地区转移，使北京的城市化率由1990年的60%上升到2014年的86.4%。由于北京市户籍人口的增长并不占主要部分，因此外来人口的进入成为北京市城市化水平提升的主要来源之一。从这个意义上来看，北京市的人口规模的增长，正是顺应了外来人口向城市地区不断集聚的城市化客观规律。从世界城市的发展愿景来看，北京市城市化水平（2014年城市化率为86.4%）还将继续提升。而在新的形式下，外来人口的家庭化迁居等行为，可能带来更多的人口进入北京市。

另外，特大城市的存在和发展有助于促进产业的集聚和多样化，促进经济发展。发展经济学的研究表明，城市化发展过程中的"规模收益"递增促进了经济增长（罗默，2009），城市经济学的研究也表明，企业在空间上的集聚产生的外部规模经济是城市存在的原因之一。一些学者的研究也表明，特大和超大城市多具有产业多样化的特征，产生雅各布斯外部经济性，为企业的发展创造外部条件，能够吸引人才，促进信息流和技术流的扩散，使城市经济得到发展。从这个意义上说，单纯强调限制城市的规模，违背了城市发展过程中的产业集聚和经济发展的规律，使得外来人口调控政策的作用有限。

2. 首都的政治中心功能引导经济发展，形成强大的城市集聚力，导致人口调控手段收效甚微

北京是我国的政治中心和文化中心，但经济中心依然是城市功能中不可或缺的部分。2005年的《北京城市总体规划》提出将北京建设成为"国家首都、国际城市、文化名城、宜居城市"，此后，北京市的城市发展中去工业化的色彩十分浓厚，并采取了首钢搬迁、制造业外迁等具体措施，总部经济、创业产业等进入发展规划。2014年2月25日，习近平总书记提出北京市的城市战略定位是"坚持和强化首都全国政治中心、文化中心、国际交往中心、科技创新中心的核心功能"。但是，北京特殊的政治地位，使其成为"不提经济的经济中心"（胡兆量，2007）。

北京是中国的政治中心，中央政府、外国驻华机构以及地方政府机构多集中在此，使北京成为国家管理功能的中心。一方面，政府管理部门拥有政策信息源和审批权，可以为企业的发展提供便利条件，大量的企业总部设在北京；另一方面，在社会主义市场经济体制的背景下，北京对我国的经济发展具有调控能力。第三次全国经济普查结果显示，2013 年，北京市总部工业企业实现工业总产值 12 554.5 亿元，占规模以上工业的比重为 72.3%。此外，中央资产总量达到 91.9 万亿元，占全部法人单位总资产的 75.3%。此外，北京的另一个城市功能是文化中心，自新中国成立以来集中了我国许多高等教育机构和科研院所，这与首都的政治地位具有一定的关系。约 28% 的国家重点实验室，33% 的国家工程研究中心，45% 的国家重大科学工程和 30% 的国家重点学科均设在北京。因此，这种科研创新能力，促进了许多与首都活动和产品研发关系密切的企业研发部门集中在北京。可见，这种由北京政治中心所产生的延续的经济效应，促进了企业和产业在北京地区集聚，带动外来人口的进入，使得北京市的人口规模不断膨胀。

3. 京津冀区域协同发展的政策效果有待进一步提高

新中国成立之初，我国政府决定将北京建设成生产性城市，并于 20 世纪的五六十年代兴办了大批的工业企业。1966 年以前，产业工人的规模达到 100 万人以上（杨连云等，2006）。在政府的干预下，北京市具有高度的发展特权和资源配置权，将周边地区的资源和人才吸引到北京，使得河北省的发展受到一定的局限。从京津冀区域整体来说，尽管河北省的地理区位良好，具备发展优势，但是河北省在招商引资、项目、人才等方面不具优势，更难以与周边的直辖市地区相比，这使河北省的发展受到了诸多局限，也难以吸引人口向河北流动。

制造业等第二产业吸纳了大量外来人口就业，因此通过产业转移来进行人口疏解是北京市近年来进行人口调控的重要措施，同时有助于促进京津冀区域产业协同发展。然而从改革的结果来看成效有限。由于缺乏整体的布局与协调规划，在北京市向外产业转移方面存在许多问题。一是制造业转移困难，企业出京意愿不强。对部分企业而言，将产能转移到北京之外的周边地区将增加额外的投资资本。此外，部分企业骨干留京意愿较强，如果企业因产业转移而离开北京，容易流失大批技术骨干和人才。二是对接地陷入规划困境。在产业转移过程中，对接地面临着地区产业布局、资源环境、人口规模等进行重新规划。此外，由于缺乏区域间的协调规划，由于一些新的产业园区的产业功能具有相似性，容易导致区域内部不同产业园区出现恶性竞争。上述问题的存在使得北京市内依然有一些大型的第二产业的制造业存在，吸纳了大量外来人口就业。

4. 流动人口的个体选择与城市需求产生矛盾

我国大规模的人口流动已经持续了 30 余年，人口流动的规模已经由 2000 年的 1.21 亿人上升到 2014 年的 2.53 亿人。北京市流动人口在全国流动人口中的比重不断上升，由 2000 年的 2.1% 上升到 2014 年的 3.2%。北京对于流动人口长期保持着吸引力，并且这种吸引力也在不断提升。新进入人口流动系统的流动人口也会选择进入北京。

流动人口为何选择北京而不是其他城市？进京是流动人口进行综合权衡的迁移决策之后的最终选择。调查结果显示，流动人口选择流入北京的首要原因是"有工作机会"。北京市具有一定的经济优势，能够提供较多的就业机会。其次，流动人口选择流入地的次要原因是"挣钱多"。北京市的经济收入水平也相对较高，具有经济收入的吸引力。以城镇建筑业就业人员的平均工资（私营企业）为例，2013 年北京建筑业私营就业人员的平均工资为 4.1 万元，而河北地区的建筑业平均工资仅为 2.9 万元，与北京相比工资差距十分明显。而经济较为发达的上海、江苏省的建筑业就业人员的平均收入为 3.2 万元和 3.7 万元，依然低于北京地区的收入水平。最后，流动人口选择进入北京的第三位原因是"可以开眼界、见世面"。对于新进入人口流动市场的 80 后、90 后的新生代流动人口，北京作为国际化的特大城市，视野更为开阔，在就业、创业等领域为外来人口提供了更为包容、平等的机会和平台。许多年轻人宁愿放弃家中稳定的工作机会而选择北漂，这种"首都情结"是吸引外来人口进京的另一个重要原因。上述经济因素和心理情结，吸引着外来人口不断进入北京，并试图在此长期居住。而随着流动人口在北京居留时间的不断延长，以及家庭化人口流动趋势的不断增强，他们仍愿意留下。但对于北京的自身发展来说，当前的城市发展规划难以满足日益增长的人口需求。

第六章

不同调控政策下北京人口增长的变动趋势模拟

改革开放以来，随着我国城市化进程的加快以及农村劳动生产率的提高，农村出现了大量剩余劳动力并大规模向城市转移，尤其是20世纪90年代中后期以来，巨大的民工潮成为我国人口变动史上一个重要且持续至今的现象。2014年《中国流动人口发展报告》数据显示，2013年我国流动人口数量达到2.45亿人，与2012年相比增加了900万人，这些流动的人口和劳动力，主要从中西部地区流向东部沿海地区，尤其是流入到以北京、上海、广州、深圳为代表的超大城市。大规模流动人口的涌入使得城市规模不断扩大，特大城市、超大城市数量快速增加，根据最新的城市规模划分标准[①]，目前我国人口规模超过1 000万人的超大城市有6个（上海、北京、重庆、广州、深圳和天津市），其人口规模还在继续扩大，但也有一些城市人口增速有所减缓，以北京为例，据《北京市2014年国民经济和社会发展统计公报》显示，2014年年底常住人口规模达到2 151.6万人，比2010年"六普"时的1 961.2万人增加了190.4万人，虽然仍以年均40万人左右的净增长幅度增长着，但2010年以后，人口规模年增量便有所下降，从2011年的56.7万人下降到2014年的37.2万人。导致北京市人口净增量由上升转为缓慢下降的原因是很多的，其

---

① 2014年10月，国务院下发了《关于调整城市规模的通知》。

中主要与北京市经济发展对外来劳动力的需求有所减少，以及我国整体的农村剩余劳动力供给逐年下降等有关，同时也与北京市政府采取的各种外来人口调控政策有密切的关系。那么，这种增速放缓是一个长期趋势吗？未来北京市的人口规模，尤其是外来人口规模的变动趋势将会发生怎样的变化？政府的各种调控政策对它们的变化将会产生怎样的影响？对于这些问题的分析，不仅是学术研究的需要，也是政府制定各种相关经济社会和环境政策的重要依据，具有非常重要的意义。本文主要以北京这一超大城市为例，通过对城市人口增长变化的原因及机制等分析，建立系统动态模型对未来的人口变动趋势进行政策模拟，以期为政府提供政策参考。

一、文献回顾与综述

人口未来增长趋势的预测和政策仿真模拟一直是学界研究的基本问题，对于政府制定规划以及相关政策具有重要的指导作用。近年来随着我国城市化进程的加快，人口迁移流动的规模不断增大并快速向大城市集聚，特大城市、超大城市的数量不断增多，在这样的大背景下，对城市人口、流动人口未来增长趋势的模拟逐渐成为国内学者以及政府关注的热点问题。通过文献梳理，主要有以下几个方面：

（一）城市人口规模未来增长趋势仿真模拟研究

城市人口规模的仿真模拟是城市规划的重要依据，程茂吉（2011）对南京城市人口规模进行了多方案、多角度的预测，对确定南京未来合理的建设用地规模、引导城市产业结构调整、引导城市和交通设施布局起到了十分重要的作用。牛慧恩等（2007）对人口规模预测在城市总体规划中的作用以及目前城市规划中人口规模预测存在的问题进行了探讨。

关于城市人口规模预测模拟的方法，学者们多数采用了综合增长法、劳动平衡法、logistic 曲线拟合法、马尔萨斯模型、灰色预测法、时间序列模型、资源环境承载法、系统动力学模拟以及基于 MAS 和 GIS 平台的城市人口模拟仿真方法等。具体来看，杨青生（2009）针对城市人口预测中信息不充分的特点，采用灰色系统理论建立了人口动态增长模型对广州市 2007—2016 年的城市人口进行了模拟预测；张海峰等（2013）以西宁市 2000—2011 年历年总人口为样本数据，分别构建了一元线性回归模型、马尔萨斯模型、logistic 模型及 GM（1，1）模型对西宁市未来城市人口规模进行预测模拟。陈图深、童玉芬等（2008）运用系统动力学的方法，模拟了不同方案下深圳市人口承载力，并据此从人口、资源环境、政策法律和产业结构等方面提出缓解深圳人口承载压力的政策建议。张作臣（2001）指出城市人口预测方法如综合平衡法、带眷系数法、劳动平衡法存在的问题，提出了用资源环境容量预测城市人口的方法；王纪武，韦亚平（2008）通过生态足迹定量分析，探讨生态安全目标下城市人口规模的研究途径，设计了基于生态足迹理论的城市人口规模预测模型对杭州市未来城市人口规模进行了模拟；张小琴等（2012）基于交通环境承载力对太原市城市人口容量进行预测；也有学者以 GIS 地理信息系统、Multi-agent 系统和随机过程为基础，建立人口增长的仿真模型进行模拟（危辉等，2007；袁良等，2008）。

（二）关于北京市人口增长趋势预测及政策模拟研究

1. 对北京市总人口增长政策模拟

有学者采用队列要素预测法分别以 2000 年和 2005 年为基年，通过对生育、死亡、迁移进行高中低方案设置，主要考察的是不同生育、迁移政策下未来 50 年北京市人口变动趋势（清华大学社会学系课题组，2012）。陈功等（2006）采用多状态模型，比较不同生育率、迁移率方案下 2000—2030 年北京市人口增长、老龄化和人力资本的变化，根据预测结果对北京市人口和城市规划提出政策建议。马小红（2004）采用国家计划生育委员会开发的中国人口预测软件（CPPS），利用北京市第五次人口普查数据，以 2000 年为基年对未来 50 年北京市常住人口、户籍人口、外来人口的变动趋势进行预测，进而针对北京市人口老龄化等问题提出思考与建议。张金明等（2013）基于马尔萨斯模型按照人口增长率的大小设置了高、中、低三个方案，认为在未来五年内,若北京市维持现有的人口调控政策,北京市人口数量仍然会处于一个平稳增长的阶段,但并不会打破现代化大都市的人口容纳力。崔玉杰等(2012)通过比较线性预测、灰预测、逻辑斯蒂预测的结果,选用近期预测最优的方法得出,如果不加以人口控制到2025年北京市人口将到达3000万人,远远超出北京市的承载力,不利于北京市持续发展,建议北京加强人口管理,适度引进高端人才,对劳务型人员加以控制等。

2. 对北京市流动人口增长趋势模拟

学者们采用的方法多样,如朱富言等(2008)、亓昕(1999)采用logistic曲线对北京市流动人口拟合,设置高、中、低方案对未来北京市外来人口规模进行模拟。李永浮等(2006)在logistic模型基础上,结合等维递补灰色预测理论,模拟了"十一五"期间北京流动人口的增长情况。任强、陆杰华(2006)采用多状态人口预测方法,模拟了在不同流动人口户籍转换率方案下,流动人口的规模和结构对未来北京人口规模、结构和老龄化的影响及其程度并初步探讨了对流动人口的调控思路。也有学者用系统动力学方法对北京市外来人口规模进行仿真模拟,如童玉芬(1999)通过建立北京市外来人口规模的动态仿真模型,通过对投资、技术和人口等几方面条件的变化,定量考察了北京市未来不同发展前提下外来人口的适度规模。童玉芬(2008)建立流动人口变动和奥运经济的关系,揭示奥运会举办对北京流动人口产生影响的机制,并定量测算不同方案下流动人口规模变动趋势。

总的来看,对于城市人口规模预测和仿真模拟更加侧重的是方法的研究,学者们不断引入新的方法或在原有方法上进行改进和结合,成果颇丰,大致可以分为四类,即基于资源环境承载力作为人口规模发展阈值的预测、给定以不同人口规模增长率为依据的模拟、以人口规模与社会经济之间的相关性为依据的模拟、以数理逻辑为依据的预测以及以系统论为基础的模拟等。不同的方法适用的条件不同,各有利弊。例如,数理模型如传统的人口学方法、马尔萨斯模型、logistic回归模型等比较适合于封闭人口的研究,但在一定程度上割裂了人口系统与社会经济、政策、资源环境系统的关系；社会经济相关分析法和资源环境容量法考虑到了社会经济、资源环境与人口的关系，但也仅仅是以一经济因素或某一资源来预测人口规模，具有一定的片面性。相比较而言，从系统的角度将人口、社会经济、资源环境纳入一个系统分析框架内对于城市特别是像北京这样的超大城市人口规模未来增长趋势进行预测和仿真模拟将更加全面。

虽然学者们对北京市未来人口增长进行了不少研究，为本研究奠定了很好的基础，但从目前的研究现状来看，还存在一定的不足：（1）多数学者关注的仅仅是生育政策的变动对人口的影响，而在一定程度上忽略了社会经济政策如产业政策、就业政策、户籍以及环境政策等的影响；（2）研究方法多数采用的是传统的人口学模拟方法，局限于人口系统本身，在一定程度上割裂了人口系统与社会经济、政策、资源环境系统的关系。

二、研究方法

北京人口增长受多种因素影响，其中涉及北京的经济发展和经济结构变动对劳动力的需求，科技进步、公共服务和资源环境以及一些关系到北京发展的相关政策等。此外，还与北京和其他省市的差距以及全国城市化发展阶段有关。这些因素相互联系、相互作用，共同构成一个非常复杂的系统。用一般的方法难以把握这一问题的动态变化和相互的复杂联系。而系统动力学的仿真方法可以把这样的复杂问题放在同一个系统中进行研究，同时具有能方便地处理非线性和存在时滞的问题、对数据要求不高、能充分考虑人的决策因素（适用于政策模拟）等特点，基于以上考虑本文选用系统动力学模型进行仿真模拟。

系统动力学（System Dynamics）是一种以系统论、信息反馈控制理论为基础，以计算机仿真技术为手段，研究复杂社会经济系统的定量方法。该方法是20世纪50年代由美国麻省理工学院的J·福瑞斯特教授发明的，最初应用于工业经济中，后来被广泛用于社会、经济和资源环境等多个领域。系统动力学模型本质上是带时滞的微分方程组,能方便地处理非线性和时变现象,并能做长期、动态、战略性的仿真分析与研究。这一研究方法较适用于分析系统的结构与动态行为,尤其适合于研究复杂、动态的系统问题,特别是对系统行为进行模拟,可以得到各种不同前提假设下的系统运行的结果,为决策者提供直观的决策后果,被称为社会经济学研究的实验室。

三、北京未来人口增长动态模拟模型构建

（一）系统分析框架

从系统的角度说,人口、资源、环境与经济、社会等相互联系与作用,共同构成一个复杂的巨系统。人口子系统正是在受到其他子系统的作用并且对其他子系统进行反馈的过程中完成自身的变化过程,因此,人口的变化及预测离不开社会、经济、环境子系统的作用与影响。

从人口子系统内部来看,人口规模的变动主要受到两个直接因素即自然增长和迁移变动的影响。自然增长包括出生率和死亡率两方面,主要受到人们的生育观、医疗条件和水平以及营养、生育政策的影响,对人口规模的影响是长期而缓慢的过程（人口生育政策的影响除外）。而迁移变动如果本身规模足够大,则对总人口规模的影响是即刻发生且剧烈的,北京正是如此,从20世纪90年代以来,外来人口新增量占总人口净增量的67%,个别年份甚至达到81%,可以说大量外来人口的流入成为总人口快速增长的主要原因,由此,外来人口变动的原因及机制就成为我们机制分析的主要对象。

根据北京市2012年来京人员就业状况抽样调查数据显示,北京市外来人口中75.21%是以就业为目的的。尽管近年来外来人口家庭化迁移的趋势较为明显,但也不能改变外来人口主体是就业者的现实。因此,北京对外来人口的劳动力需求就成为外来人口流入的重要途径,而就业岗位受到社会经济发展对外来人口劳动力需求和供给两方面对比结果的影响,其中外来人口劳动力供给主要受人口子系统本身变化的影响,而需求则受到经济发展引致需求的影响。由此我们可以知道,人口子系统主要由以下要素组成：人口总规模、

户籍人口、自然增长率、净迁入、外来人口总量等。经济子系统主要从经济总量及结构变动对劳动力需求的影响展开，同时考虑收入水平的地区差异对外来人口迁入的影响，因此该系统主要包括地区生产总值、经济增长率、各产业产值、劳动生产率及劳动力需求等。资源环境子系统为人口集聚与增长提供了直接的物质基础，同时也为经济发展提供了自然条件，这里主要考虑了北京市最主要的限制性条件即水资源的约束，基于此，该系统主要包括总供水量、多年平均地表地下水量、南水北调水量、再生水量、应急供水、生产耗水量、生活用水量、地表水利用率、地下水开采率等。系统的总体框架图及子系统之间的关系如图 6—1 所示。

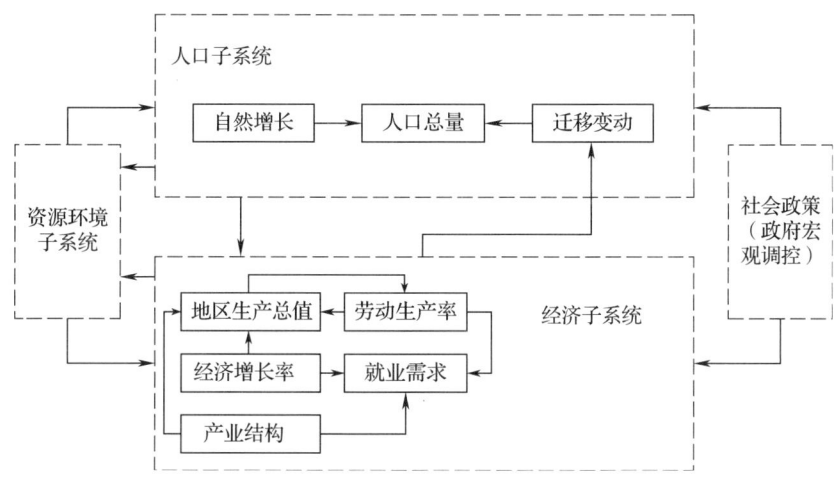

图 6—1　模型构建总体思路

（二）模型的因果关系分析

系统动力学模型中，主要变量的变化或系统的行为是由系统内存在的正负反馈环及其二者的耦合共同决定的。其中正反馈环是指环上任何一个因素的增加（减少）将会通过一系列的正负反馈传递作用，引起最初的因素进一步增加（减少）；而负反馈环则指环上任何一个因素的增加（减少）将会通过一系列的正负反馈传递作用，引起最初的因素进一步减少（增加），从而起到减震器的作用。本系统存在两个正反馈环和三个负反馈环（见图 6—2）。

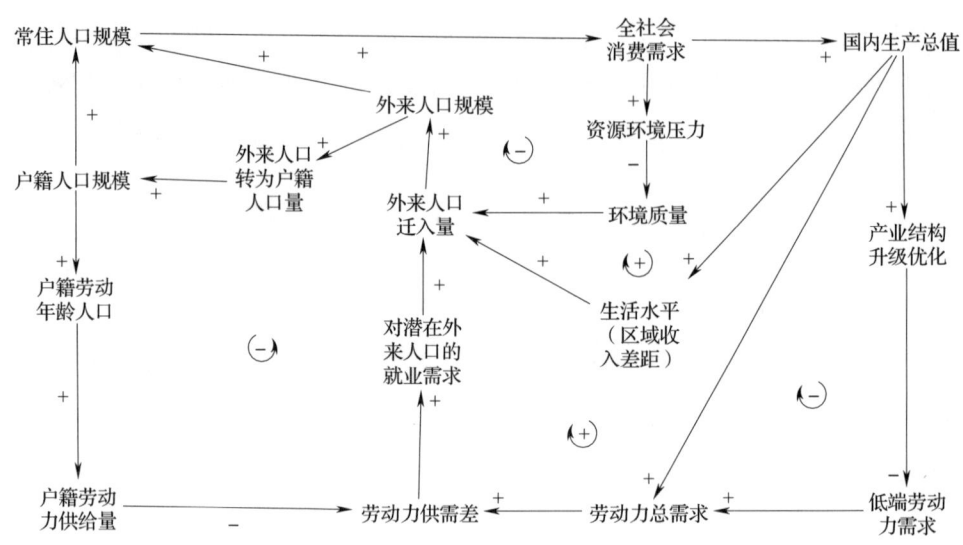

图6—2 北京人口增长基本变量因果关系图

其中正反馈环：

（1）随着人口总量的增加，全社会的消费需求增加，国内生产总值的增大，引致劳动力的需求增加，在劳动力供给不变的条件下，劳动力供需差增大，由此对潜在迁移者的就业需求增加，外来人口迁入量增加，最终常住人口总量增加。

（2）总人口增加，消费需求随之增加，从而导致地区生产总值增加，经济发展引起生活水平改善，对外来人口迁入的吸引力增强，从而引起总人口进一步增长。

反之亦然。该反馈回路将使北京市人口呈现无限增长或无限减少状态。

三个负反馈环：

（1）人口总量增加，全社会消费需求增加，地区生产总值增加，经济发展有利于产业升级优化，对低端劳动力需求减少，从而挤出一部分外来劳动力，最终导致人口总量减少。

（2）该反馈环存在于人口系统内部，假定在户籍制度逐渐放开的条件下，外来人口转为户籍人口的比重提高，户籍人口总量增加，户籍人口中劳动年龄人口总量增加，在保持劳动参与率不变的条件下，户籍劳动力供给提高，劳动力供求差减少，从而对潜在迁移者的就业需求减少，不利于外来人口的迁入，由此减少了常住人口总量；反之亦然。

（3）总人口增加，消费增加，资源环境压力增大，环境质量下降，人口迁入减少，导致总人口减少。

当然，上述这些正负反馈环只是诸多反馈环中的一些主要作用通道，并不是反馈环或者作用通道的全部，限于篇幅和研究的需要，其他反馈环不在此赘述。可以看到，北京人口在过去若干年主要受正反馈环作用的影响，因此人口呈现快速增长的态势，近五年负反馈环的作用有所增强，人口增长速度放缓，对于北京未来人口增长态势，如果负反馈环的作用强于正反馈环，那么人口将会呈现下降趋势。

（三）系统流程图

在上述因果关系分析基础上，通过进一步细化建立了北京市人口增长的系统流程图（见图6—3），其中地区生产总值、户籍人口总量以及外来人口总量等是状态变量；GDP年增长量、户籍人口自然增长量、净迁移增长量、外来人口年增量等是速率变量；各产业产值比重、各产业劳动生产率、各产业就业需求、劳动参与率、人均GDP因子、水资源承载力乘子以及总供水量等均为一些辅助变量或常量，三个子系统包含的各类变量详见表6—1。该系统模型涉及的方程和参数共60个，限于篇幅从略。

表6—1　　　　　　　　　　　系统变量

子系统	状态变量	速率变量	辅助变量
人口子系统	户籍人口总量	户籍人口自然增长量	常住人口总量
	外来人口总量	净迁移增长量	人口自然增长率
		外来人口年增长量	户籍劳动力供给
			外来劳动力供给
			户籍劳动力比重
			外来劳动力比重
			户籍劳动参与率
			带眷系数

续表

子系统	状态变量	速率变量	辅助变量
经济子系统	地区生产总值	GDP年增量	经济增长率
			各产业产值比重
			各产业产值
			各产业劳动生产率
			各产业劳动力需求
			人均GDP
资源环境子系统			总供水量
			地表水资源利用量
			地下水资源利用量
			南水北调水量
			应急供水量
			再生水量
			地表水可利用比重
			多年平均地表水资源量
			地下水开采率
			环境用水量
			生活用水量
			生产耗水量
			水资源承载力

注：状态变量是随时间变化的积累量，该变量的任何一时点的值，都等于其上一个时点的值与两个时点之间的变化量。速率变量指系统中状态变量变化的强度。

四、不同政策方案下北京市未来人口增长趋势仿真模拟

根据北京市未来发展规划以及实现人口、经济、社会、生态全面协调可持续发展、进入世界城市行列的目标，调整产业结构，减少技术含量低、高污染、高消耗产业的比重，从而实现产业转型升级，践行"科技、文化双轮驱动"的创新发展模式势在必行，另外，户籍制度等一系列阻碍北京发展的制度也亟待改革。基于此，本文主要通过调整经济增长目标、生产技术发展水平、产业结构、户籍制度开放度等进行政策模拟，考察不同政策导向对未来北京市人口增长趋势的影响。模拟起始时间为2010年，终止时间为2050年，步长为1年，数据来源于《北京统计年鉴》以及北京市第六次人口普查数据等。

第六章 不同调控政策下北京人口增长的变动趋势模拟

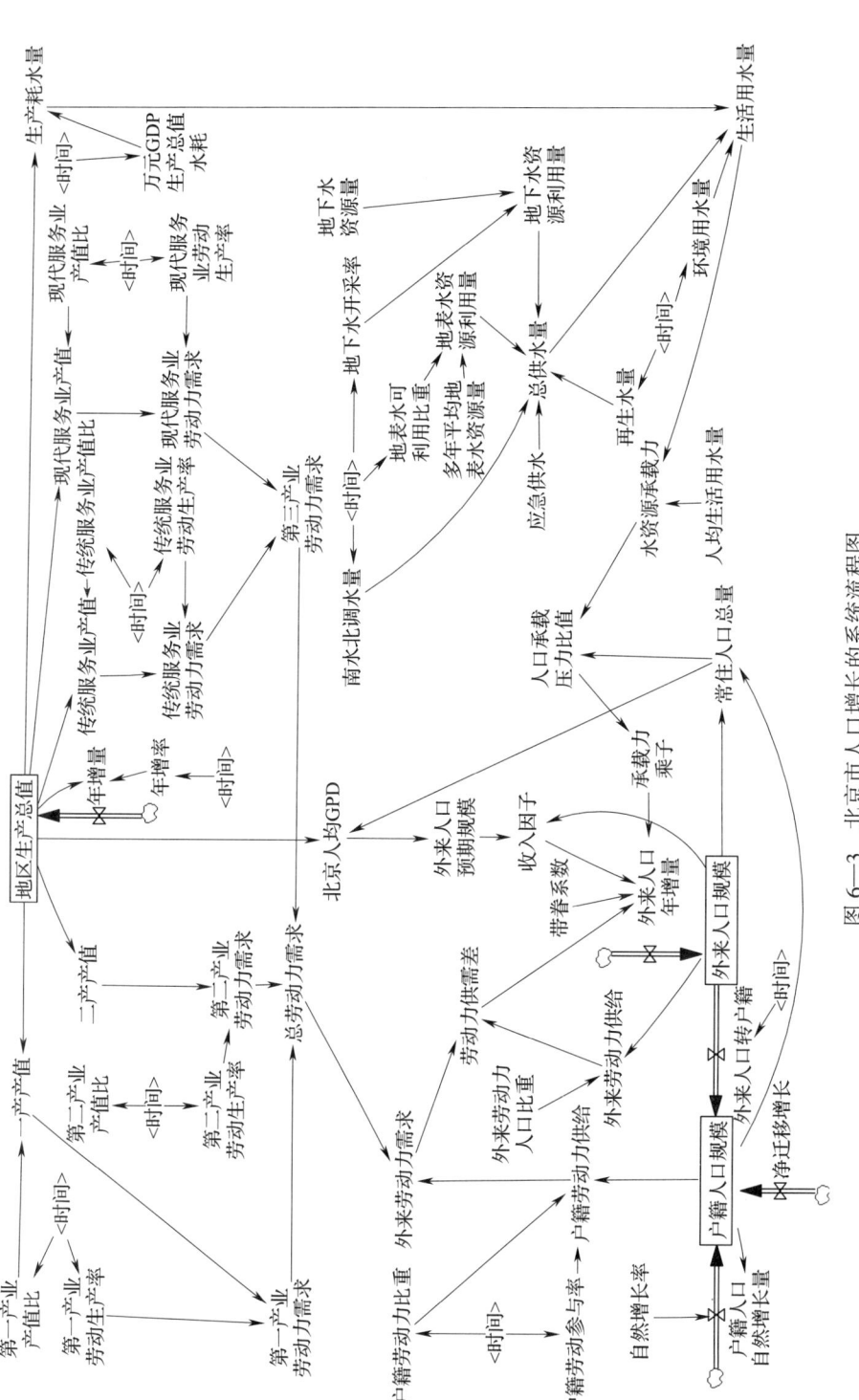

图 6-3 北京市人口增长的系统流程图

（一）方案设置

方案设置的参数，本文主要选取了影响外来人口规模的政策变量。这些政策参数主要包括：经济增长速度的变化、产业结构的状况及其变化、劳动生产率的变化（代表科技水平进步）、外来人口转为户籍人口的数量等。对上述政策参数的未来变化进行组合可以形成不同的方案。经过多次模式运行，选择如下六个方案进行对比分析（见表6—2）。

表6—2 方案设置

方案一 （基准方案）	假定各政策参数保持当前发展趋势： （1）地区生产总值：2020年以前保持8%的增长速度，之后有所下降，2020—2030年以7%的速度增长，2030年以后以6%的速度增长 （2）各产业劳动生产率：第一产业劳动生产率2015—2020年按平均增长率7.8%增长，2020年以后按5%增长；第二产业劳动生产率2015—2020年按5%增长，2020—2030年按4%增长，2030—2050年按2%增长；传统服务业劳动生产率2015—2020年按近年来1.6%的增长速度增长，2020年以后按2%增长；现代服务业劳动生产率2015—2020年按8%增长，2020—2030年按6%增长，2030—2050年按4%增长 （3）各产业产值比重：第一产业产值比重到2050年均保持0.8%；第二产业比重2015—2020年按历史趋势平均每年下降0.8个百分点下降，2020—2030年按0.4%下降，2030—2050年按0.2%下降；传统服务业2015年以后按历史趋势平均每年下降0.2个百分点下降；现代服务业产值比重2015—2030年按0.8%增长，2030—2050年按0.3%增长 （4）户籍开放度保持现状不变
方案二 （产业结构调整）	假定产业结构优化，即第一产业产值比重2020年以前保持0.8%，2030年调整为0.6%，到2050年调整为0.5%；第二产业2020年以前保持方案一的下降速度，2020—2030年按0.5%下降，2030—2050年按0.3%下降；传统服务业比重2015年以后按0.3%下降；现代服务业2015—2030年按0.82%增长，2030—2050年按0.605%增长，其他保持方案一的设定
方案三 （经济增长目标调整）	假定经济增长速度放缓，政府调整经济增长目标，地区生产总值年增长率从当前的7.7%下降到2020年的7%，到2030年下降为5%，2050年为3%，其他保持方案一的设定
方案四 （生产技术进步）	假定随着政府政策促进，劳动生产率提高速度加快，第一产业保持以当前平均增长率7.8%增长；第二产业2015—2020年按6%增长，2020—2030年按5%增长，2030—2050年按3%增长；传统服务业2015—2020年以前保持方案一的增长速度，2020年以后按4%的速度增长；现代服务业劳动生产率2015—2020年按9%增长，2020—2030年按8%增长，2030—2050年按5%的速度增长。其他保持方案一的设定

第六章 不同调控政策下北京人口增长的变动趋势模拟

续表

方案五 （户籍制度 调整）	假定户籍制度有所调整，逐步对外来人口放开落户指标，在目前户籍人口净迁入10万人的基础上，2020年对外来人口落户指标增加到5万人，之后每10年增加1万人，即到2050年外来人口转为户籍人口的数量增加到18万人，其他保持方案一的设定
方案六 （综合方案）	假定方案二、三、四、五同时调整

（二）动态模拟结果与分析

方案一模拟结果显示（见表6—3，图6—4），如果按照当前的经济增长速度、劳动生产率、产业结构变化趋势发展，到2020年北京市常住人口总量将达到2 306.3万人，到2030年将突破3 000万人，到2050年将达到4 890万人，接近5 000万人。外来人口将从2020年的885.9万人增长到2050年的2 934万人。这一结果预示着未来北京市人口压力巨大，政府进行政策调控势在必行。

表6—3　　　　　　不同方案下2010—2050年北京人口规模

（单位：万人）

方案	年份	2010	2020	2030	2040	2050
方案一 （基准方案）	常住人口总量	1 962.5	2 306.3	3 054.1	3 915.2	4 890.3
	外来人口规模	704.7	885.9	1 463.4	2 146.1	2 934.1
	户籍人口规模	1 257.8	1 420.3	1 590.7	1 769.2	1 956.2
方案二 （产业结构调整）	常住人口总量	1 962.5	2 288.6	2 903.7	3 578.5	4 245.9
	外来人口规模	704.7	868.3	1 313.0	1 809.3	2 289.7
	户籍人口规模	1 257.8	1 420.3	1 590.7	1 769.2	1 956.2
方案三 （经济增长目标 调整）	常住人口总量	1 962.5	2 271.4	2 715.7	2 956.3	3 136.7
	外来人口规模	704.7	851.1	1 125.0	1 187.2	1 180.4
	户籍人口规模	1 257.8	1 420.3	1 590.7	1 769.2	1 956.2
方案四 （生产技术进步）	常住人口总量	1 962.5	2 196.3	2 483.6	2 685.1	3 097.8
	外来人口规模	704.7	775.9	892.9	916.0	1 141.6
	户籍人口规模	1 257.8	1 420.3	1 590.7	1 769.2	1 956.2
方案五 （户籍制度调整）	常住人口总量	1 962.5	2 308.3	3 064.3	3 937.7	4 932.1
	外来人口规模	704.7	865.2	1 394.2	2 019.4	2 743.5
	户籍人口规模	1 257.8	1 443.1	1 670.2	1 918.3	2 188.6

215

续表

方案	年份	2010	2020	2030	2040	2050
方案六 （综合方案）	常住人口总量	1 962.5	2 144.6	2 059.4	1 918.3	2 188.6
	外来人口规模	704.7	701.5	389.3	0.0	0.0
	户籍人口规模	1257.8	1 443.1	1 670.2	1 918.3	2 188.6

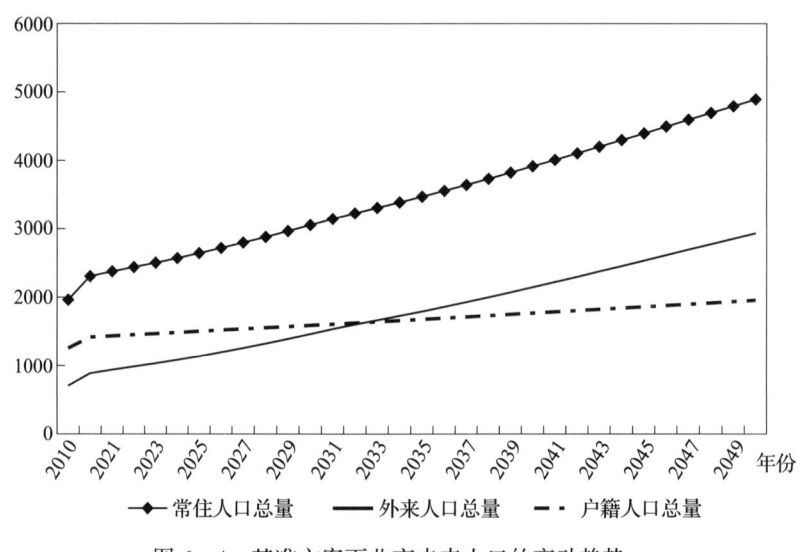

图6—4 基准方案下北京未来人口的变动趋势

方案二是产业结构调整的政策模拟（见表6—3，图6—5），结果显示，通过优化产业结构，即大幅度降低第一、第二产业以及传统服务业的产值比重，提高现代服务业产值比，实现产业结构升级在一定程度上减少了人口总量，与方案一相比，通过调整产业结构，常住人口总量2020年将减少17.7万人，2030年减少150.4万人，2040年减少336.7万人，2050年减少644.3万人，总人口规模下降主要是外来人口总量减少导致的，说明产业结构的调整对于外来人口具有一定的挤出效应，但从人口总规模来看，到2030年人口总量仍将接近3 000万人，说明单纯调整产业结构对调控人口的作用有限。

方案三是调整经济增长速度的政策模拟（见表6—3，图6—6），通过适当放缓经济增长速度有效地降低劳动力总需求，外来人口规模明显减少，从而常住人口总量增长明显放缓，但该方案的实施需要在保证经济发展质量的基础上，否则可能"牺牲"当前的经济发展，存在一定的风险。

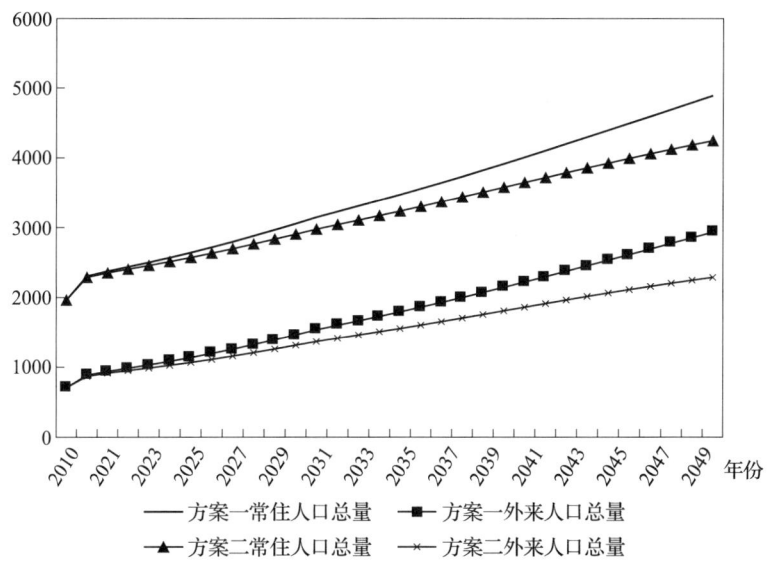

图6—5 产业结构调整对北京未来人口的影响

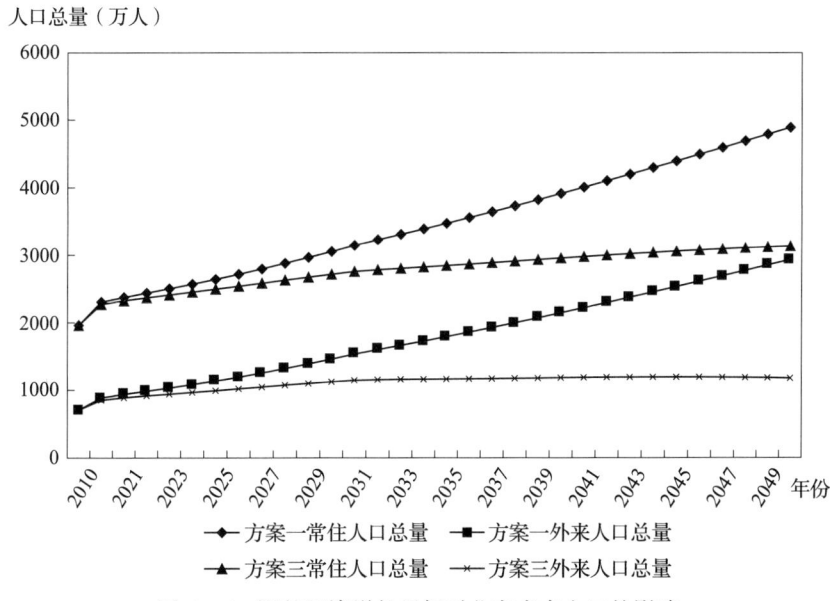

图6—6 调整经济增长目标对北京未来人口的影响

与方案三相比，方案四通过大力提高劳动生产率同样可以有效地控制人口的快速增长，而且效果更加明显。通过对比方案四和方案一的模拟结果，可以明显看到，通过提高劳动生产率常住人口总量2020年将减少110万人，2030年减少570万人，2040年减少1 230万人，2050年减少近1 800万人（见表6—3，图6—7）。

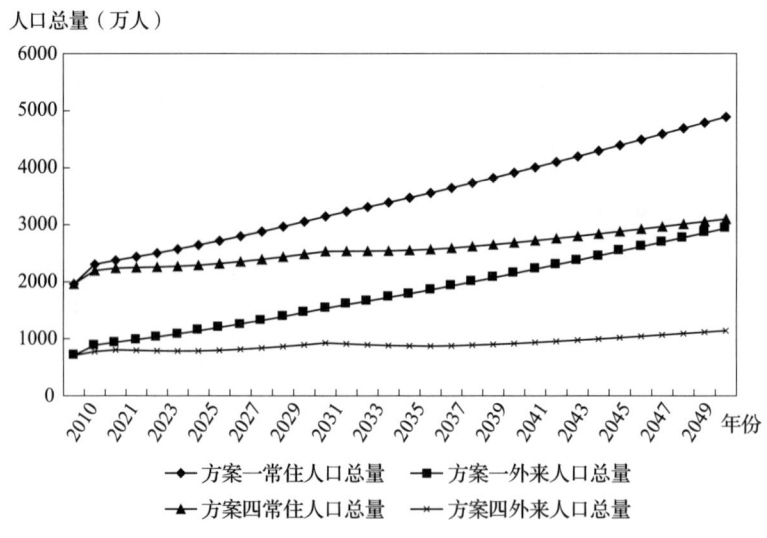

图6—7　生产技术进步对北京未来人口的影响

方案五通过调整户籍制度，增加外来人口转为户籍人口的指标，结果显示该政策的实施在一定程度上减少了外来人口规模，但对常住人口总量的减少并没有起到作用，说明单纯实施放开户籍制度的政策对调控人口是无效的（见表6—3，图6—8）。

从方案二到方案五是通过调整一种政策参数来考察其调控人口的效果（见图6—9），方案六将同时调整以上四种政策，结果显示四种政策的组合有效地起到了调控北京人口快速增长的作用，到2050年常住人口总量为2 188万人，基本维持了当前的人口总量，与方案一相比更是减少了2 700万人口（见图6—10）。

第六章 不同调控政策下北京人口增长的变动趋势模拟

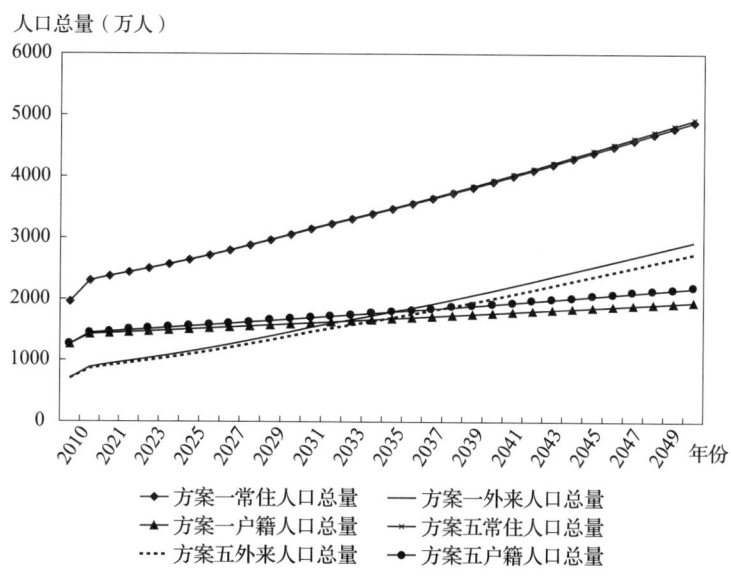

图 6—8 户籍制度调整对北京未来人口的影响

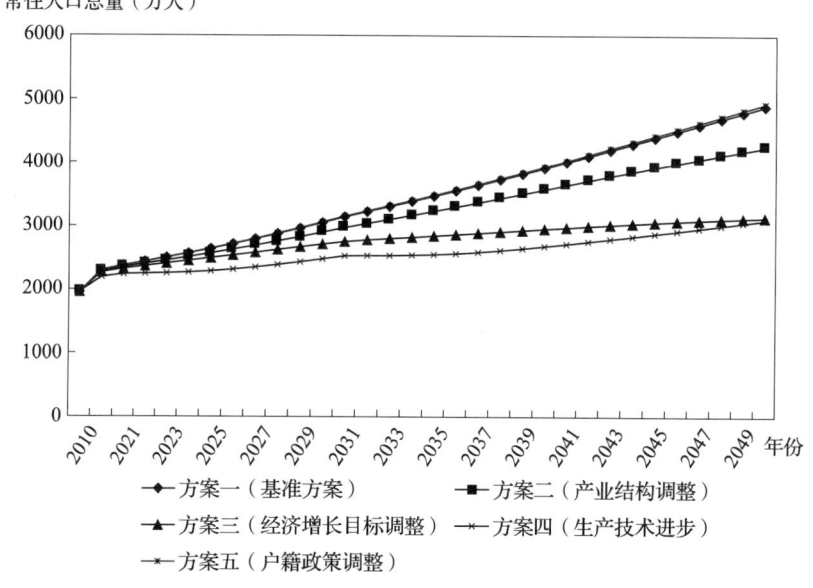

图 6—9 单个政策调整对北京未来人口影响对比

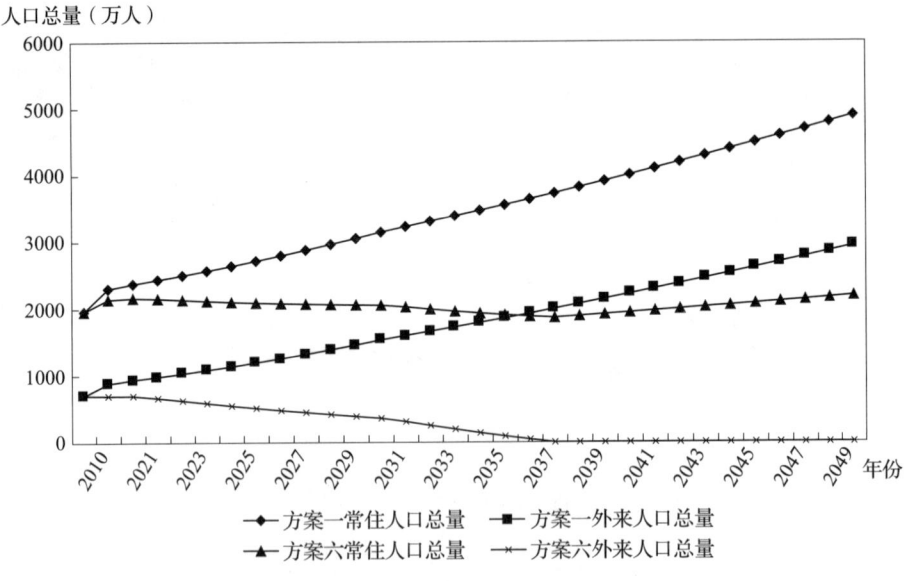

图6—10 综合政策调整对北京未来人口影响

五、本章结论与讨论

本章通过构建北京市人口增长的系统动力学模型，进行系统动态模拟，并通过设定不同的政策方案分析不同政策调整对人口调控的影响，根据模拟结果得到以下主要结论：

（1）如果保持当前的经济增长速度，并按当前的生产技术水平以及产业结构变化趋势发展，未来北京人口规模将持续快速增长，到2030年将突破3 000万人，2050年将接近5 000万人，城市面临巨大的人口压力。

（2）产业结构调整政策模拟的结果显示，单纯通过产业结构升级对调控人口作用有限。

（3）通过调整经济增长目标，适当放缓经济增长速度以及大力提高劳动生产率可以有效控制人口的快速增长，挤出了大量的低端劳动力，人口调控效果明显。

（4）户籍制度的适度放开在一定程度上减少了外来人口规模，但对常住人口总量的减少并没有起到作用，说明单纯实施放开户籍制度的政策对调控人口是无效的。

（5）通过对比一种政策调整与多种政策组合的模拟结果发现，多种调控政策并举才能更加有效地实现调控人口的预期效果。

如前所述，超大城市人口规模快速膨胀，伴生了一系列城市问题，由此调控人口成为政府亟待解决的问题。根据以上研究结果，可以得到以下启示：

北京作为首都，固然有其自身的人口增长规律和特征以及特殊的原因，但也有其他超大城市的共有规律和特征。通过对北京市人口增长的系统动态模拟，我们认为以下方面对其他超大城市是有启发的：首先，每个城市都应该有适合自身发展的功能定位，绝不能搞"大而全"和千城一面，尤其不能将城市经济增长速度和总量作为城市发展的主要目标甚至唯一目标，不顾后果地追求GDP。否则城市人口规模的无序扩大就很难避免，也很难治理。对于北京而言，发挥其政治、文化、国际交往以及科技创新中心的首都功能，大力发展现代服务业，提高劳动生产率，优化产业结构才有利于人口的有序发展。其次，政府在人口调控方面必须有所作为，但也不能对人口调控进行大包大揽，取代市场。政府要顺应经济和社会发展的规律，顺势而为，出台相应的综合性调控政策。只有这样，才能对人口调控起到更好的效果。

第七章
基本结论与对策建议

一、基本结论
（一）人口增长规律与特点

1. 北京市的人口从新中国成立以来经过了一个持续的增长过程，但是进入 20 世纪末以来，北京市常住人口开始了高位的加速增长过程，2008 年、2009 年和 2010 年，北京市年净增幅度达到 95 万人、89 万人和 101 万人。进入 21 世纪以后，北京市的人口增长虽然依然在高位运行，但是增长幅度和速度均出现了逐年下降，2014 年平均每年净增长下降到 36 万人。与全国其他超大城市以及 20 世纪末以前的人口增长相比，目前北京市人口增长速度依然是很高的。

2. 流动人口的增长远远高于户籍人口，年增长速度是户籍人口的 8 倍之多，但近年来二者的增幅趋于接近。2014 年常住半年以上的流动人口和户籍人口的年增长幅度分别是 20.8 万人和 16 万人，增长速度分别是 1.59% 和 1.99%。

3. 从各区县人口增长比较看，城市功能拓展区和发展新区人口增长最多。近年来中心城区和生态涵养发展区人口增量有所增加，城市功能拓展区和发展新区的人口增量、增速均明显下降。

4. 北京市劳动年龄人口迅速增长成为人口增长的最主要部分，近年来增幅依然继续扩大，但增速已经明显放缓。老年人和少儿人口增幅和增速均呈现上升，但增速也有所趋缓。

5. 城镇人口稳定增长，农村人口不断萎缩。

6. 接受过高等教育的人口增长最为迅速，中、初等教育水平人口增速不断放缓甚至减少。

（二）人口增长的机制与内因

1. 从个人微观方面说，每个流入北京市的人都是在追求个人利益最大化的过程中进行的选择。

2. 从宏观角度而言，正是因为北京在经济方面与周边乃至国内大多数省区存在着巨大的发展差距，同时北京作为首都，具有突出的优势地位和条件，降低了北京的生活成本和劳动力工作搜寻成本。而较高的教育和医疗水平，现代化的城市建设提供的基础公共服务设施均大大提高了当地居民的总体福利水平，进而使得人口迁移的人力资本投资回报率大幅提高。追求个人及家庭效用最大化的迁移个体权衡得失后更倾向于迁入北京，这都必然成为北京市吸引大量人口迁入的主要动因。

3. 采用对数线性模型，对影响北京市常住人口规模变动的主要因素进行了实证检验。结果证实，在其他条件不变的情况下，北京与全国的人均国内生产总值之差和北京市就业机会、每万人口拥有执业医师数、地方财政支出占国内生产总值的比例均对北京市的常住总人口产生显著的促进作用。

4. 采用二元 Logistic 回归模型，从微观角度对北京市流入人口的迁移选择动因进一步进行实证检验，研究证明，从个人特征上说，女性、年龄较轻的、其他民族、受教育程度较高的、初婚的、流入时长较长的、商业服务类职业、上个月收入较高的、住房性质为单位/雇主提供免费住房的、未在流入地建立健康档案的流动人口相对来说更愿意流入北京。

（三）人口调控政策评价

1. 首先，本章对北京市人口调控政策进行梳理后发现，北京市的人口调控政策呈现阶段性特征，从新中国成立初限制北京城市人口规模政策方案的初步提出，到 1979 年后逐步严格地控制人口机械增长。随着户籍制度的放松和外来人口的大量进入，1984 年后北京市开始系统的对外来人口进行严格管控，并在 2000 年后人口调控政策经历了从行政性限制措施向管理服务的方法思路转变的过程。

2. 采用 MARMA 方法对北京市人口政策调控效果进行评价，结果显示，北京市的人口调控政策效果是明显存在的。如果从政策实施效果的累积效应来看，考察 1949—2014 年的时期范围内，通过国家层面和北京层面人口调控政策措施的出台和实施，外来人口进京的规模有所减少，在一期滞后方案下，进京流动人口的规模累计减少了 72.1 万人，在二期滞后方案下，进京的流动人口规模累计减少了 163.7 万人，其中 2000 年后进京流动人口平均每年减少 1.9 万人，累计减少 27.8 万人。虽然人口调控政策没有改变北京市常住外来人口规模不断上升的趋势，但是从总量上减少了流动人口进京的规模。

3. 采用倾向值分析方法，利用国家卫生与计划生育委员会流动人口动态监测 2011 年的数据，分析人口调控政策对流动人口产生的挤出效应。通过对比倾向值匹配分析发现，政策变量对流动人口居留意愿的影响效果虽然显著，但仅为回归模型中政策效果的 1/4 到 1/3 左右，在回归模型中人口调控政策对流动人口居留意愿的影响效应可能被严重高估了。那么，城市外来人口调控政策对流动人口的居留意愿具有一定的影响效应，也就是说，政策对外来人口会产生"向外的推力"，但是这种影响可能并不如预期的那样强。综合本章两种量化方法的结果来看，北京市人口调控政策使外来人口规模在一定程度上减少，但不会像北京市人口调控政策的政策设定预期的那样产生强烈的政策效果。

（四）未来人口增长趋势的政策模拟

通过构建北京市人口增长的系统动力学模型进行系统动态模拟，并通过设定不同的政策方案分析不同政策调整对人口调控的影响，根据模拟结果得到以下主要结论：

1. 如果保持当前的经济增长速度，并按当前的生产技术水平以及产业结构变化趋势发展，未来北京人口规模将持续快速增长，到2030年将突破3 000万人，2050年将接近5 000万人，城市面临巨大的人口压力。

2. 产业结构调整政策模拟的结果显示，单纯通过产业结构升级对调控人口作用有限。

3. 通过调整经济增长目标，适当放缓经济增长速度以及大力提高劳动生产率可以有效控制人口的快速增长，挤出了大量的低端劳动力，人口调控效果明显。

4. 户籍制度的适度放开在一定程度上减少了外来人口规模，但对常住人口总量的减少并没有起到作用，说明单纯实施放开户籍制度的政策对调控人口是无效的。

5. 通过对比一种政策调整与多种政策组合的模拟结果发现，多种调控政策并举才能更加有效地实现调控人口的预期效果。

二、人口调控对策与建议

（一）调控总体思路

为了将北京市的人口控制在一个适度的规模，以应对未来相当长时期的人口超载压力局面，促进北京市人口经济与资源环境的协调发展，从全方位改善城市发展质量，提高人们生活水平，将北京市建设成一个物质文化发达、环境质量优良、社会进步、与国际化大都市相媲美的城市，制定出各项调控政策来调整和规划北京市未来人口发展。

指导思想：把握城市人口发展规律，保持人口增量继续下降的良好势头，区别不同人群进行分类调控，通过明确政府职责、转变发展方式、内部空间优化、外部区域分流等手段，顺势利导，逐步形成规模适度、结构优化、分布合理、管理严格，与城市可持续发展和城市功能相适应的人口发展格局。

（二）调控对策与建议

1. 科学把握城市发展规律

（1）组织科学公关，全面把握首都人口增长的规律性用以指导调控实践。

城市人口的发展都是有一定规律可循的，而且在国际上关于特大城市人口发展既有实践经验，同时也有众多的理论和实证研究。就首都而言，作为一个特殊的特大城市，其发展受到全国人口发展形势和规律、城市化发展水平进展、农村劳动力转移潜力、国家经济发展水平和阶段、城市经济社会发展对劳动力的需求以及各种政策的影响，是有规律可循的。调控政策对北京市的人口影响机制和效果，也是可以进行分析和检验的。因此，在对人口进行调控政策制定的时候，一定要深刻认识和了解首都人口发展的态势和走势，对未来人口发展做出科学的判断，对调控政策的后果做到心中有数，才能使未来人口政策调控政策的制定产生预期的效果，实现首都人口调控的目的。

（2）必须重视从宏观和整体上进行人口的超前规划并加以立法保证。

要从前瞻性和可持续性发展视野出发，高度重视首都的城市规划，通过城市的规划来引导经济社会的布局和人口的合理疏解，并且通过立法以保证规划的顺利实施。结合城市发展规律，把握首都发展的阶段性特征，在新时期首都城市战略定位上进一步统一认识，紧紧围绕全国政治中心、文化中心、国际交往中心、科技创新中心的首都核心功能，确定战略重点，调整战略布局，划定城市开发边界和生态红线，实现首都可持续发展。

①要将首都北京放在整个国家区域发展和城市化发展的大背景下进行全局规划，而不是仅仅盯着京津冀。将缩小中国中西部和城乡发展差距作为最终解决人口问题的重要途径，从根本上减少人口向北京的持续流入。

②在进行首都城市功能疏解规划时，必须要重视人口、经济、资源和环境的充分匹配，要给未来的人口和经济发展流出足够的生态空间，从一开始就要进行高端科学规划设计。要注意充分发挥产业政策对流动人口的引导和配置作用，走高端产业发展之路。

③在规划中，要逐渐从消极地强调控制城市规模，逐渐转变为重视城市功能的空间布局，积极引导城市和区域结构的调整以及合理的功能配置。

2. 转变人口调控的思路和主体，明确政府在人口调控中的地位和作用，

积极发挥市场在人口调控中的作用

人口的调控要从以行政调控为主进一步转向以经济手段调控为主,辅之以依法调控,坚决摈弃过去那些简单依靠行政手段直接干预的思路,形成以国家立法规范、社会经济调控为主的调控新格局。改变过去政府包办一切的思路,政府主要职能是提供公平的环境,制定公正的法律并加以执行。切忌用行政的手段强行干预人口的流入和流出。要明确政府职能定位,转变思路,顺应市场经济的规律,主要通过产业和市场经济的手段来调整人口。

(1)要通过产业规划和空间引导来进行人口的调控。产业结构高端不高是造成北京市外来人口不断涌入的主要经济原因,需要从源头上减少低端行业对流动人口的就业需求。重点优化全市三次产业结构,抑制低效益的传统服务业的再集聚;工业项目选择突出高端化、服务化、集聚化、融合化、低碳化,清理一般性产业项目。大力发展现代服务业、高新技术产业、现代制造业,减少第三产业中的低端产业的无序扩展和资金投入,提高第三产业内在的层次和品质,这样就会在提高对劳动力素质要求的同时减少对劳动力数量的需求,达到人口调控治本的目的。

(2)要通过基础设施和公共服务先行的方式,引导人口向首都以外地区转移,同时要通过有意识地改变首都城市区域内和整个京津冀都市圈内不同地方的生活与发展成本,逐步减少政府在水、电、气、交通、教育、文化、环保等方面的补贴,从而影响不同层次的人群在目的地的选择。

3. 在人口调控模式上,要改变以往单一的人口规模调控模式,采用空间、结构共同调控的新模式

要对首都人口进行分人群、分区域的区别化调控,不搞一刀切。如文中分析反映,北京市外来人口和户籍人口、不同区域人口和不同年龄人口的增长情况各有不同,应该针对这些情况进行有重点的调控。

(1)适当改变长期以来将人口调控中心放在流动人口而忽视户籍人口增长的观念,对户籍人口的无序增长也要进行适当的控制。从流动人口和户籍

人口的增长来看，目前北京市户籍人口增长已经超过流动人口增长。未来将主要通过法律和政策，限制户籍人口规模。同时对户籍转入实行一定的门槛，优先吸引具有较高素质人群的户籍迁入，而对于一般素质的人员需要进行适当限制。

（2）从不同年龄段人群增长来说，还是要重点对劳动年龄人口的增长进行重点调控。劳动年龄人口不仅是人口的重要组成部分，而且其增长主要与经济发展和结构对劳动力的需求有关。因此需要从产业结构升级方面减少对劳动力人口规模的吸引尤其是对低端外来劳动力的吸纳。

4. 加快京津冀一体化建设，以跨区域联动发展为契机，引导新增人口在更大范围合理布局，减少首都人口压力

充分抓住首都经济圈建设和京津冀一体化契机，以"大首都"视角，在更大范围内优化与疏解首都城市功能，实现功能再配置。加快京津冀区域交通一体化和产业对接，推动教育、医疗等公共资源在区域内共建共享。通过非首都核心功能的调整疏解，有效控制人口规模、缓解资源和环境压力。

通过产业链协作、产业转移园和科技园区共建等方式，引导部分与首都功能不相适应的产业或产业链环节向周边区域转移。同时加快首都与周边基础设施一体化建设，推动中心城部分交通枢纽外迁，开建五环辅线并推动中心城部分交通枢纽外迁。同时要以公共服务资源重新配置带动人口布局优化。推进中心城优质医疗资源疏解，将部分优质医疗资源向郊区县或北京周边地区疏解。

通过完善区域交通体系，加大经济、教育、文化等资源共享，提高一体化发展水平，减缓周边区域人口向北京集聚的压力，引导部分首都人口向津冀周边区域有序流动，构建新型网络化都市圈格局。

参 考 文 献

一、英文文献(姓氏首字母排序)

[1] Bloom D. Stark O. et al. The New Economics of Labor Migration. [J]. American Economic Review, 1985, 75(2): 173-78.

[2] Cebula R. J. /R. M. K., Vedder RK. Some Determinants of Interstate Migration of Blacks, 1965-1970 [J]. Mpra Paper, 1972, 11(4): 500-505.

[3] Cohen J. E. How Many People Can the Earth Support? W. W. Norton & Co, New York, 1995a.

[4] Cohen J. E. Population growth and Earth's human carrying capacity [J]. Science 269, 1995b: 341-346.

[5] Courchene T. J. Interprovincial Migration and Economic Adjustment [J]. Canadian Journal of Economics, 1970, 3(4): 550-576.

[6] Ehrlich P. R. Holdrens J P. The impact of population growth [J]. Science, 1971, 171: 1212-1217.

[7] Hsin-i Wua, Amit Chakraborty, et al. Formulating variable carrying capacity by exploring a resource dynamics-based feedback mechanism underlying the population growth models [J]. Ecological complexity, 2009(6): 403-412.

[8] Irmi Seidl, Clem A. Tisdell. Carrying capacity reconsidered: from Malthus'population theory to cultural carrying capacity [J]. Ecological Economics, 1999(31): 395-408.

［9］Klaus Jaeger, Wolfgang Kuhle. The optimum growth rate for population reconsidered［J］. Journal of Population Economics, 2009, Vol. 22（1）, pp. 23–41.

［10］Lee E. A Theory of Migration. Demography［J］. Demography, 1966, 3（1）: 47–57.

［11］Lewis W. A. Economic Development With Unlimited Supplies of Labor［J］. Manchester School, 1954, 22（2）: 139–191.

［12］Lutz W. World Population Trends: Global and Regional Interactions between Population and Environment: Rethinking the DEBATE. Edited by L. Arizpe, P. Stone and D Major. New York: Social Science Research Council(SSRC), 1992.

［13］Ranis G. Fei J. C. H. A Theory of Economic Development［J］. American Economic Review, 1961, 51（4）: 533–565.

［14］Rogers A. Migration urbanization and spatial population dynamics［J］. Boulder Colo, 1984.

［15］Schultz T. P. Investment in women's human capital［M］. University of Chicago Press, 1995: 346.

［16］Todaro M. P. A Model for Labor Migration and Urban Unemployment in Less Developed Countries.［J］. American Economic Review, 1969, 59: 138–148.

［17］Wolfgang Lutz, Alexia Prskawetz, Warren Sanderson. Population and environment——Methods of Analysis［J］. Population Council, New York, Population and Development Review, a Supplement to VOL. 28, 2002.

［18］Wolfgang Lutz, Mahendra, Shah, Richard E. Bilsborrow, et al. Population Belongs on the Johannesburg Agenda［J］. Global Change and Human Health, 2002, Vol. 3（1）.

［19］York R, Rose E. A., Dietz T. STIRPAT, IPAT and IMPACT: analytic tools for unpacking the driving forces of environmental impacts［J］. Ecological Economics, 2003:（46）: 351—365.

二、中文

1. 中文图书

［1］保罗·艾里奇,安妮·艾里奇. 人口爆炸［M］. 钱力译. 北京:新华出版社,2000.

［2］陈解,陈爱民. 中国城市化——实证分析与对策研究［M］. 厦门:厦门大学出版社,2002.

［3］德内拉·梅多斯,乔根·兰德斯,丹尼斯·梅多斯. 增长的极限［M］. 李涛,王智勇译. 北京:机械工业出版社,2013.

［4］关信平. 社会政策概论［M］. 北京:高等教育出版社,2009.

［5］刘庆龙. 中国社会政策［M］. 郑州:河南人民出版社,2002.

［6］马尔萨斯. 人口原理［M］. 朱泱等译. 北京:商务印书馆,1992.

［7］世界环境与发展委员会. 我们共同的未来［M］. 王之佳等译. 长春:吉林人民出版社,1997.

［8］威廉·福格特. 生存之路［M］. 北京:商务印书馆,1981.

［9］何盛明,刘西乾,沈云. 财经大辞典（上卷）［M］. 北京:中国财政经济出版社,1990.

2. 中文论文

［1］《人口研究》编辑部. 应不应该建立"人口准入制度"?［J］. 人口研究,2005,29（6）:30-42.

［2］《人口研究》编辑部. 特大城市如何调控人口规模?［J］. 人口研究,2011,35（1）:29-43.

［3］安慧. 改革开放以来北京市人口发展状况综述［C］. // 科学发展:文化软实力与民族复兴——纪念中华人民共和国成立60周年. 2009.

［4］包书月，张宝秀. 北京市流动人口空间分布特征及变化趋势研究［J］. 首都师范大学学报，2012（2）：74-78.

［5］蔡昉. 人口迁移和流动的成因、趋势与政策［J］. 中国人口科学，1995（6）：8-16.

［6］蔡昉，王德文. 作为市场化的人口流动——第五次全国人口普查数据分析［J］. 中国人口科学，2003（5）：11-19.

［7］蔡寅寅，孙斌栋. 城市人口空间分散与经济增长——基于特大城市的实证分析［J］. 城市观察，2013（5）：94-101.

［8］蔡之兵，张可云. 北京为什么越来越大？［J］. 北京社会科学，2014（3）：86-91.

［9］曾嵘，魏一鸣，范英，李之杰. 北京市人口、资源、环境与经济协调发展分析与评价指标体系［J］. 中国管理科学，2000（S）：310-317.

［10］陈功，曹桂英，刘玉博等. 北京市未来人口发展趋势预测——利用多状态模型对未来人口、人力资本和城市化水平的预测分析［J］. 人口与发展，2006，12（4）：29-41.

［11］陈红蕾，文飞翔. 土地政策评价的数学模型研究［J］. 时代金融，2006（5）.

［12］陈佳鹏，黄匡时. 特大城市的人口调控：东京经验及其启发［J］. 中国人口资源与环境，2014，24（8）：57-62.

［13］陈剑. 北京人口增长：原因与对策［J］. 中国发展观察，2012（1）：26-29.

［14］陈强强，孙小花，王生林，杨双喜. 基于STIRPAT模型分析社会经济因素对甘肃省环境压力的影响［J］. 西北人口，2009（6）：58-61.

［15］陈图深，童玉芬等. 深圳市人口承载力分析及对策研究［J］. 西北人口，2008（3）：27-37.

［16］陈卫，庄亚儿. 社会政策对人口趋势影响的检验与评估［J］. 市场

与人口分析，2004（4）：1-8.

［17］陈欣欣，黄祖辉. 经济发达地区就地转移劳动力向城市迁移的影响因素分析——基于浙江省农户意愿的调查分析［J］. 中国农村经济，2003（5）：33-39.

［18］陈兴鹏，宋迎昌. 北京市经济、人口集聚与扩散机制的研究［J］. 地理学与国土研究，1995（4）：25-28.

［19］陈一平. 中国人口政策评价性分析与选择——可持续发展的框架［J］. 南京社会科学，2001（3）.

［20］陈正. 人口生育政策的评价方法研究［J］. 人口学刊，2000（5）：001.

［21］程茂吉. 南京市人口规模预测与空间分布引导研究［J］. 城市发展研究，2011（8）：68-74.

［22］慈勤英. 人口政策的规范性及价值导向——基于社会主义核心价值观建设的思考. 湖北大学学报，2011（5）.

［23］崔承印. 对北京人口规模的反思与认识［J］. 北京规划建设，2006（5）：67-69.

［24］崔玉杰，丁绍芳，刘炳兴. 基于 R 的北京市人口变化预测分析［A］. Proceedings of International Conference on Engineering and Business Management［C］. 上海：IEEE，2012：2535-2537.

［25］丁佳俊，王积田. 地方政府政策评价指标建立的 SWOT 分析. 中国城市经济，2011（17）.

［26］丁金宏. 论城市爆炸与人口调控［J］. 前进论坛，2011（2）：33-36.

［27］董光器. 五十七年光辉历程——建国以来北京城市规划的发展［J］. 北京规划建设，2006（5）：13-16.

［28］段成荣，邹湘江. 北京人口规模调控研究：人口流动受益者的责任

重构［J］．2012·学术前沿论丛——科学发展：深化改革与改善民生（上），2012．

［29］段学军，陈雯，许刚，孙伟．经济——生态导向的城市人口空间分布优化——以无锡市区为例［J］．长江流域资源与环境，2008（5）：679-687．

［30］冯海燕，张昕，李光永，穆乃君，陈瑾．北京市水资源承载力系统动力学模拟［J］．中国农业大学学报，2006（6）：106-110．

［31］冯健，周一星．1990年代北京市人口空间分布的最新变化［J］．城市规划，2003（5）：55-63．

［32］冯健，周一星．近20年来北京都市区人口增长与分布［J］．地理学报，2003（6）：903-916．

［33］冯立天，马瀛通．50年来中国生育政策演变之历史轨迹［J］．人口与经济，1999（2）：3-12．

［34］冯晓英．城市人口规模调控政策的回顾与反思——以北京市为例［J］．人口研究，2005（5）：40-47．

［35］高向东，孙文慧，郑敏．上海城市人口郊区化的经济因素分析［J］．中国人口·资源与环境，2006（3）：62-65．

［36］顾朝林，C·克斯特洛德．北京社会极化与空间分异研究［J］．地理学报，1997（5）：3-11．

［37］关小克，汤怀志，薛剑，李乐．北京市中心城区功能疏解与国土空间利用战略——国际大都市的经验启示［J］．中国国土资源经济，2015（2）：27-30．

［38］关信平．中国流动人口问题的实质及相关政策分析［J］．国家行政学院学报，2014（5）：70-76．

［39］高寿仙．明代北京城市人口数额研究［J］．海淀走读大学学报，2003（4）：32-36+94．

［40］郭敏，饶烨，于伟，宋金平．北京都市区人口空间发展的新特征与启示［J］．城市发展研究，2013（6）：111-116．

［41］郭艳红．基于均方差分析法的北京市土地资源承载力评价［J］．资源与产业，2011（6）：62-66．

［42］韩本毅．影响城市人口规模的机制及实证［J］．当代经济科学，2010，32（2）：84-89

［43］何承耕．闽东南经济、人口空间集聚和扩散的动力因素分析［J］．福建地理，1996（2）：22-28．

［44］何强、吕光明，基于IPAT模型的生态环境影响分析——以北京市为例［J］．中央财经大学学报，2008（12）．

［45］洪英芳．关于我国贫困地区人口政策实施效果的人口经济分析［J］．人口学刊，1993（6）．

［46］侯文若．中国人口政策评估［J］．人口研究，1988（6）：51-52．

［47］胡静．陈银蓉．湖北省土地政策评价模型的政策变量分析［J］．统计与决策，2007（19）．

［48］胡静．统筹城乡户籍制度改革的政策评级及制度完善［J］．现代商业，2012（6）．

［49］胡兆量．北京城市功能综合化的深层原因［J］．城市问题，2007（10）．

［50］黄晨熹．城市外来人口宏观调控政策研究之新视角［J］．华东师范大学学报：哲学社会科学版，2007，39（1）：78-83．

［51］黄匡时．改革开放以来北京市流动人口研究回顾与展望［J］．北京社会科学，2008（5）：72-79．

［52］黄敏敏，魏樊．影响福州市人口空间变动的因素分析［J］．规划师，2006（9）：60-62．

［53］黄荣清．1980年代以来北京市城市化过程中人口分布的变化［J］．

人口研究，2005（5）：19-26.

［54］黄荣清. 从人口动态看中国中心城市的发展［J］. 中国人口科学，2007（6）：25-32. 95.

［55］黄荣清，段成荣，陆杰华等. 北京人口规模控制［J］. 人口与经济，2011（3）：005.

［56］黄婷婷，朱洁萍，张蕾. 北京市人口、经济和资源环境协调发展状况评价［J］. 吉林工商学院学报，2014（3）：5-10.

［57］贾鹏. 武汉市人口郊区化的驱动机制研究［J］. 华中农业大学学报，2008（4）：50-54.

［58］蒋丽，吴缚龙. 2000—2010年广州人口空间分布变动与多中心城市空间结构演化测度［J］. 热带地理，2013（2）：147-155.

［59］蒋同明. 特大城市人口规模调控的对策与思考——以深圳市为例［J］. 中国经贸导刊，2013（23）：54-56.

［60］匡文慧，杜国明. 北京城市人口空间分布特征的GIS分析［J］. 地球信息科学学报，2011（4）：506-512.

［61］赖德胜，孟大虎，李长安，田永坡. 中国就业政策评价：1998—2008. 北京师范大学学报，2011（3）.

［62］李春亭，王健. 利用数据包络方法评价计划生育服务机构相对效率. 中国卫生政策研究，2009（1）.

［63］李国平，陈秀欣. 京津冀都市圈人口增长特征及其解释［J］. 地理研究，2009（1）：191-202.

［64］李华，申稳稳，俞书伟. 关于山东经济发展与人口—资源—环境协调度评价［J］. 东岳论丛，2008（3）：75-79.

［65］李树茁. 中国80年代的区域经济发展和人口迁移研究［J］. 人口与经济，1994（3）：3-8.

［66］李通屏，郭继远. 中国人口转变与人口政策的演变［J］. 市场与人

口分析, 2007. 13（1）：42-48.

[67] 李永浮, 鲁奇, 周成虎. 2010年北京市流动人口预测[J]. 地理研究, 2006（1）：131-140.

[68] 李志刚, 吴缚龙. 转型期上海社会空间分异研究[J]. 地理学报, 2006（2）：199-211.

[69] 梁昊光, 汪小勤, 北京人口、资源、环境与城市发展的硬约束与突破[J]. 首都经济贸易大学学报, 2008（1）.

[70] 林斐. 1978—2008：影响人口流动的发展政策评价[J]. 发展研究, 2009（6）.

[71] 林志远. 北京市总人口增长趋势分析[J]. 北京观察, 2007（2）.

[72] 刘传江, 周玲. 社会资本与农民工的城市融合[J]. 人口研究, 2004（9）.

[73] 刘登伟, 封志明, 延军平. 秦岭南北地区人口增长对水资源影响的比较研究[J]. 干旱区资源与环境, 2005（S1）：147-151.

[74] 刘洁, 苏杨, 魏方欣. 基于区域人口承载力的超大城市人口规模调控研究[J]. 中国软科学, 2013（10）：147-156.

[75] 刘淑英. 人口与能源[J]. 人口与经济, 1985（2）：27-31.

[76] 刘祥, 王茂军, 蔡嘉斌, 贺梦晨. 2000—2010年北京都市区外来人口的空间结构研究[J]. 城市发展研究, 2013（10）：86-93.

[77] 刘扬, 陈劭锋. 基于IPAT方程的典型发达国家经济增长与碳排放关系研究[J]. 生态经济, 2009（11）：28-30.

[78] 刘渝琳, 韩加强, 陈媛. 再论中国实行人口控制的经济学分析[J]. 西北人口, 2003（4）：24-27.

[79] 刘志. 国外城市轨道交通经济研究简要回顾[J]. 城市交通, 2009（2）：1-6. 32.

[80] 刘志. 北京人口调控的战略要点[J]. 前线, 2013（2）：59-61.

［81］柳劲松. 基于 Topsis 法的农村基本公共服务能力地区差异评价——来自 31 个省市农村地区的实证［J］. 安徽农业科学，2009（10）.

［82］陆杰华，李月. 特大城市人口规模调控的理论与实践探讨——以北京为例［J］. 上海行政学院学报，2014（1）：13-22.

［83］罗源昆，王大伟，刘洁，等. 大城市的人口只能主要靠行政手段调控吗？——基于区域人口承载力研究［J］. 人口与经济，2013（1）：52-60.

［84］马小红，侯亚非. 北京市未来 50 年人口变动趋势预测研究［J］. 市场与人口分析，2004（2）：46-62.

［85］孟晓晨，吴静，沈凡卜. 职住平衡的研究回顾及观点综述［J］. 城市发展研究，2009（6）：23-28、35.

［86］明立群，朱慧娟. 中国计划生育投入——产出的初步理论分析［J］. 人口与计划生育，2000（1）.

［87］牟宇峰，孙伟，袁丰. 南京近 30 年人口空间格局演变与机制研究［J］. 长江流域资源与环境，2013（8）：979-988.

［88］穆光宗. 人口增长与文明转型［N］. 学习时报，2005-12-12.

［89］倪娜，易成栋，高菠阳. 2000—2010 年北京市人口空间分布与变动研究［J］. 城市发展研究，2012（6）：32-38.

［90］年炜. 北京市人口增长的经济因素分析［J］. 商界论坛，2013（11）：193-194.

［91］宁凌，汪亮，廖泽芳. 基于 DEA 的高技术产业政策评价研究——以广东省为例［J］. 国家行政学院学报，2011（2）.

［92］牛慧恩，阎川，韩娇. 关于城市人口规模预测问题的讨论［A］//. 和谐城市规划——2007 中国城市规划年会论文集［C］. 黑龙江：黑龙江科学技术出版社，2007：403-406.

［93］浦湛，谭玉刚. 中国大都市中心城区人口分布形态研究——以北京市为例［J］. 太平洋学报，2011（9）：55-63.

[94]亓昕．北京未来流动人口预测方法探讨及发展趋势［J］．人口与经济，1999（3）：52-56．

[95]钱善刚．中西部地区大城市人口增长途径研究［J］．特区经济，2007（9）：159-161．

[96]钱少刚，曾昭俊．中国城市人口增长的决定因素分析［J］．中国人口科学．2004（5）：22-31．

[97]清华大学社会学系课题组．北京市人口预测研究［J］．北京规划建设，2012（4）：69-75

[98]任强、陆杰华．北京市未来流动人口发展趋势及调控思路［J］．人口研究，2006（4）：77-82．

[99]任远，张放．城市化阶段和大城市地区不同区域人口空间变动——以上海静安区、浦东新区和南汇区为例［J］．人口学刊，2006（4）：35-39．

[100]沈建法，王桂新．90年代上海中心城人口分布及其变动趋势的模型研究［J］．中国人口科学，2000（5）：45-52．

[101]施昌奎．缓解北京人口资源环境压力的公共服务发展思考［J］．城市管理与科技，2014（6）：28-31．

[102]石红溶．北京人口调控的原则与对策研究［J］．未来与发展，2012（10）：60-63．

[103]首都社会经济发展研究所课题组．怎样破解北京城市人口过度聚集压力难题［J］．前线，2011（2）：51-53．

[104]宋金平，王恩儒，张文新，彭萍．北京住宅郊区化与就业空间错位［J］．地理学报，2007（4）：387-396．

[105]苏明城，张向前．海峡西岸经济区人口资源环境经济社会协调发展研究［J］．科技管理研究，2008（12）：203-206．

[106]孙斌栋，刘学良．欧洲混合居住政策效应的研究述评及启示［J］．国际城市规划，2010（5）：96-102．

［107］孙铁山，李国平，卢明华. 京津冀都市圈人口集聚与扩散及其影响因素——基于区域密度函数的实证研究［J］. 地理学报，2009（8）：956-966.

［108］孙伟. 大都市区人口空间配置优化方法研究——以无锡市区为例［J］. 长江流域资源与环境，2014（1）：10-17.

［109］汤兆云. 新时期中国人口政策研究综述［J］. 怀化学院学报，2004，23（1）：20-23.

［110］汤兆云. 20世纪60年代中国人口政策评价［J］. 江苏行政学院学报，2004（2）.

［111］唐代盛，邓力源. 中国奖扶政策对计生家庭经济影响的实证分析——来自西部微观家庭的调查［J］. 天府新论，2013（4）.

［112］陶涛，杨凡. 计划生育政策的人口效应［J］. 人口研究，2011（1）.

［113］田雪原. 新中国60年人口政策回顾与展望［J］. 学习论坛，2010（2）：64-66.

［114］童玉芬. 北京市外来人口适度规模的定量研究［J］. 人口与经济，1999（6）：25-32.

［115］童玉芬. 中国西北地区人口增长对土地退化的驱动作用分析［J］. 人口研究，2006（30）.

［116］童玉芬. 关于人口对环境作用机制的理论思考［J］. 人口与经济，2007（1）：1-4.

［117］童玉芬. 奥运活动对北京流动人口影响的定性定量分析［J］. 人口研究，2008（1）：76-82.

［118］童玉芬. 北京市水资源人口承载力的动态模拟与分析［J］. 中国人口，资源与环境，2010（9）：42-47.

［119］童玉芬，刘广俊. 基于可能—满意度方法的城市人口承载力研

究——以北京为例［J］．吉林大学社会科学学报，2011（1）：152-157．

［120］童玉芬，李铮．人口因素在北京市水资源压力中的驱动作用分析［J］．人口学刊，2012（5）．

［121］童玉芬，刘长安．北京市人口、经济和环境关系的协调度评价［J］．人口与发展，2013a（1）：44-51．

［122］童玉芬，韩茜．人口变动在大城市碳排放中的作用与影响——以北京市为例［J］．北京社会科学，2013b（2）．

［123］童玉芬，王莹莹．中国城市人口与雾霾：相互作用机制路径分析［J］．北京社会科学，2014（5）：4-10．

［124］王朝华．实现北京土地资源合理利用的对策建议［J］．经济论坛，2014（10）：12-14．

［125］王春兰，杨上广．大城市人口空间重构及其区位冲突问题初探——以上海为例［J］．华东师范大学学报，2007（1）：73-77．

［126］王春兰．大城市人口空间演变及城郊关系演进［J］．城市问题，2010（6）：7-11．

［127］王春兰，杨上广．大城市人口总量变动分析及启示［J］．学习与实践，2012（9）：28-34．

［128］王春兰，杨上广．大城市人口空间演变及管理转型响应研究——基于上海的实证分析［J］．社会科学，2012（12）：71-81．

［129］王方兵，吴瑞君．基于经济视角的上海市人口容量发展趋势分析［J］．人口与社会，2014，30（3）：15-19．

［130］王放．对北京市郊区化过程的进一步分析——基于"北京大都市区"概念的讨论［J］．人口与发展，2012（5）：67-75．

［131］王桂新．我国省际人口迁移迁出选择选择过程的年龄模式及其特征［J］．人口研究，1994（2）．

［132］王桂新．中国区域经济发展水平及差异与人口迁移关系之研究

[J]．人口与经济，1997（1）：50-56．

［133］王桂新．我国大城市病及大城市人口规模控制的治本之道——兼谈北京市的人口规模控制［J］．探索与争鸣，2011（7）：50-53．

［134］王纪武，韦亚平．基于生态足迹分析的城市规模预测——杭州城市人口规模研究［J］．浙江大学学报，2008（9）：1520-1525．

［135］王建军，周晓唯．人口、能源消耗、碳排放与经济增长关系实证分析［J］．统计与决策，2013（23）：144-147．

［136］王金营．北京市经济持续增长下的城—近郊人口分布合理性研究［J］．北京行政学院学报，2004（2）：28-32．

［137］王金营．中国计划生育政策的人口效果评估［J］．中国人口科学，2007（5）：23-32．

［138］王静文，毛其智，党安荣．北京城市的演变模型——基于句法的城市空间与功能模式演进的探讨［J］．城市规划学刊，2008（3）：82-88．

［139］王均．1900～1937年北京城市人口研究［J］．地域研究与开发，1996（1）：86-90．

［140］王俊祥，吕红平．健全和完善人口宏观调控体系［J］．人口与计划生育，1999（6）．

［141］王立猛，何康林．基于STIRPAT模型的环境压力空间差异分析——以能源消费为例［J］．环境科学学报，2008，28（5）．

［142］王平权．农村至城镇迁移人口行为对生育行为影响的几点认识［J］．人口学刊．1996，（1）．

［143］王桥．中国户籍改革与人口信息化管理［J］．当代经济管理，2014，36（12）：57-64．

［144］王钦池．中国人口政策长期存在的必要性及其改革预期［J］．改革，2014（4）：35-45．

［145］王文杰．对科学管理首都人口资源环境的思考与建议［J］．调研

世界，2014（8）：8-10. 19.

［146］王学义. 对中国人口控制政策的社会资本阐释［J］. 社会科学研究，2006（4）：122-127.

［147］王玉君. 农民工城市定居意愿研究——基于十二个城市问卷调查的实证分析［J］. 人口研究，2013（7）.

［148］王裕雄，肖海峰. 实证数学规划模型在农业政策分析中的应用［J］. 农业技术经济，2012（7）.

［149］王正环，樊斌，李常青，叶飞文. 基于IPAT模型的福建环境效率定量测评［J］. 发展研究，2007（6）.

［150］危辉，白宇. 一种基于MAS和GIS平台的城市人口变迁模拟仿真方法［J］. 智能系统学报，2009（1）：44-58.

［151］韦小丽，朱宇. 福州市流动人口空间分布及形成机制［J］. 福建师范大学学报，2007（6）：155-160.

［152］尉建文. 农民工留城意愿及影响因素——以北京市为例. 北京工业大学学报，2008（2）.

［153］魏保义，张卫红，张晓昕. 建设世界城市：北京市水资源的安全保障［J］. 北京规划建设，2010（6）：35-38.

［154］魏立华，闫小培. 转型期中国城市社会空间演进动力及其模式研究——以广州市为例［J］. 地理与地理信息科学，2006（1）：67-72.

［155］魏一鸣，曾嵘，范英，蔡宪唐，徐伟宣，傅小锋. 北京市人口、资源、环境与经济协调发展的多目标规划模型［J］. 系统工程理论与实践，2002（2）：74-83.

［156］邬沧萍，谢楠. 1980-2010：中国人口政策三十年回顾与展望［J］. 甘肃社会科学，2011（1）：2.

［157］吴磊，朱冠楠. 进城务工农民定居决策的影响因素分析——以南京市为例［J］. 华中农业大学学报，2007（6）.

243

[158] 吴群刚. 北京市人口规模现状与调控 [J]. 城市问题, 2009 (4): 2-5.

[159] 吴文钰, 马西亚. 多中心城市人口模型及模拟: 以上海为例 [J]. 现代城市研究, 2006 (12): 39-44.

[160] 吴忠观, 肖立见. 中国 1971~1990 年计划生育投入产出效益评估研究. 人口与计划生育, 1994 (3).

[161] 肖周燕, 刘文, 苏杨. 从北京的人口数量变化看人口承载力 [J]. 红旗文稿, 2011 (6): 31-32.

[162] 肖周燕, 人口素质、经济增长与 CO_2 排放关联分析 [J]. 干旱区资源与环境, 2013 (6).

[163] 肖周燕. 基于城市功能定位的人口规模调控方式新探 [J]. 人口与计划生育, 2013 (12): 22-24.

[164] 谢守红, 宁越敏. 广州市人口郊区化研究——兼与北京、上海的比较 [J]. 地域研究与开发, 2006 (3): 116-119.

[165] 熊波, 石人炳. 农民工定居城市意愿影响因素——基于武汉市的实证分析 [J]. 南方人口, 2007 (2): 52-57.

[166] 徐卞融, 吴晓. 基于"居住—就业"视角的南京市流动人口空间分异研究 [J]. 规划师, 2010 (7): 113-120.

[167] 徐新鹏, 尹新哲, 马大来. 基于层次分析法的统筹城乡户籍制度改革政策评价的应用研究 [J]. 西北人口, 2013 (4).

[168] 许抄军, 罗能生. 中国的城市化与人口迁移 [J]. 统计研究, 2008 (2): 46-51.

[169] 薛枫. 北京市非户籍常住人口调控政策研究 [J]. 祖国, 2014 (4): 102-103.

[170] 严飞. 基于模糊多准则决策方法的产业集群政策评价 [J]. 经济问题, 2012 (2).

[171]杨存,高羽,陈功,郑晓瑛.公共政策评价核心指标体系构建的理论及方法[J].中国卫生经济,2011(8).

[172]杨东峰,熊国平.我国大城市空间增长机制的实证研究及政策建议——经济发展·人口增长·道路交通·土地资源[J].城市规划学刊,2008(1):51-56.

[173]杨舸.国际大都市与北京市人口疏解政策评述及借鉴[J].西北人口,2013(3):43-48.

[174]杨舸.我国流动人口空间格局及流场分析[J].中国青年研究,2013(4):29-35.

[175]杨光辉,丁安安.最低工资与人口调控的关系及深圳实践[J].人口与经济,2012(6):65-69.

[176]杨静,孙文生.河北省人口、资源环境与经济协调发展评价研究[J].湖北农业科学,2011,21:4524-4527.

[177]杨卡.中国超大城市人口集聚态势及其机制研究——以北京、上海为例[J].现代经济探讨,2014(3):017.

[178]杨连云,石亚碧.京津冀区域协调发展的战略思考[J].河北学刊,2006(7).

[179]杨青生.基于灰色系统理论的广州市人口预测[J].统计与决策,2009(11):49-51.

[180]杨上广.大城市社会空间结构演变的动力机制研究[J].社会科学,2005,10:65-72.

[181]杨伟杰,裴玉龙,徐秋实.模糊数学在城市交通政策评价中的应用[J].公路,2003(4).

[182]姚华松,许学强,薛德升.广州流动人口空间分布变化特征及原因分析[J].经济地理,2010(1):40-46.

[183]姚腾霄.论经济、人口、资源、环境之间的协调发展[J].社会

科学家，2013（11）：55-58.

[184] 姚永玲，王帅. 北京市城市公共服务与人口空间分布[J]. 人口与经济，2014（5）：62-68、75.

[185] 尹德挺. 北京市流动人口的空间流动和职业流动[J]. 北京社会科学，2007（4）：92-97.

[186] 尹德挺. 人口有序管理的国际经验与中国实践——基于流动人口服务管理的视角[J]. 人口与经济，2012（2）：18-24.

[187] 尹德挺，闫萍，杜鹃. 北京人口发展研究报告（2013）[J]. 新视野，2013（6）.

[188] 于立. 对我国能源需求的研究[J]. 统计研究，1993（1）：27-31.

[189] 于丽敏，王国顺. 如何建立我国农民工政策评价体系[J]. 经济纵横，2009（4）.

[190] 于学军，郭维明. 国外人口政策法规概观[J]. 人口学刊，2000（2）：45-49.

[191] 余瑞林，刘承良，杨振. 武汉城市圈人口分布的时空格局[J]. 长江流域资源与环境，2012（9）：1087-1092.

[192] 俞路，张善余. 近年来北京市人口分布变动的空间特征分析[J]. 北京社会科学，2006（1）：7-12.

[193] 俞路，张善余，韩贵峰. 上海市人口分布变动的空间特征分析[J]. 中国人口.资源与环境，2006（5）：83-87.

[194] 俞志坚，熊志敏，钱同惠. 人口—能源—经济多目标递推规划仿真模型[J]. 武汉交通科技大学学报，1997（5）：84-88.

[195] 袁蕾，杨波. 北京市人口空间分布及演变——基于新城发展视角的研究[J]. 北京社会科学，2014（3）：92-98.

[196] 袁良，危辉等. 基于多主体系统和GIS的城市人口增长仿真方法

[J].计算机工程,2008(10):266-268.

[197]岳天祥,王英安,张倩,刘乃功,唐文祥.北京市人口空间分布的未来情景模拟分析[J].地球信息科学,2008(4):479-488.

[198]翟文侠,黄贤金.我国耕地保护政策运行效果分析[J].中国土地科学,2003(4).

[199]翟振武.20世纪50年代中国人口政策的回顾与再评价[J].中国人口科学,2000(1).

[200]张纯,曹广忠.北京市人口老龄化的空间特征及影响因素[J].城市发展研究,2007(2):56-61.

[201]张纯元.中国人口生育政策的演变历程[J].市场与人口分析,2000(1):47-54.

[202]张尔薇,李力.2001~2010年北京人口空间分布特征与机制研究[J].北京规划建设,2012(5):13-18.

[203]张海峰等.基于多模型的西宁市人口规模预测[J].干旱区地理,2013(5):955-962.

[204]张金明,李骞.基于马尔萨斯模型的北京市人口预测[J].特区经济,2013(7):63-65.

[205]张娟.人口、资源、环境的可持续发展初探[J].科技信息,2009(3):777.

[206]张可云,康光荣.区域政策评价的内涵与难点[J].求索,2012(7).

[207]张梅珠.后暂住证时代北京流动人口管理政策特点及评价[J].北京社会科学,2013(4):116-122.

[208]张宁,方琳娜,周杰,宋金平,江君.北京城市边缘区空间扩展特征及驱动机制[J].地理研究,2010(3):471-480.

[209]张萍萍,赵文吉.基于RS与GIS的北京区域生态环境综合评价研

究,首都师范大学学报,2008,29(4).

[210]张强,周晓津.我国大城市人口规模估算与调控路径选择[J].西部论坛,2014(2):1-16.

[211]张思彤.中国城市增长特征及影响因素的计量分析[D].长春:吉林大学,2010.

[212]张涛,李波,卜永祥,伍超明.制造业、土地成本与中国城市发展——中国城市化决定因素的面板数据模型[J].金融研究,2007(3):10-24.

[213]张文新.北京市人口分布与服务设施分布的协调性分析[J].北京社会科学,2004(1):78-84.

[214]张先兵.北京市流动人口发展趋势及调控管理研究[J].现代管理科学,2013(5):38-41.

[215]张小琴,范东旭.基于交通环境承载力的城市人口容量预测研究——以太原市为例[J].科学技术与工程,2012(9):2229-2232.

[216]张艳奇.中国城市增长模式及其影响因素研究[D].北京:清华大学,2008.

[217]张耀军,任正委.基于地理加权回归的山区人口分布影响因素实证研究——以贵州省毕节地区为例[J].人口研究,2012(4):53-63.

[218]张耀军,刘沁,韩雪.北京城市人口空间分布变动研究[J].人口研究,2013(6):52-61.

[219]张翼.中国人口控制政策的历史变化与改革趋势[J].广州大学学报,2006,5(8):16-22.

[220]张真理.北京市流动人口规模调控:历史与反思[J].法制与社会:旬刊,2009(29):232-233.

[221]张正军,苏勇春.中国农村社会养老保险制度变迁与政策评价[J].社会保障研究,2011(6).

[222] 张志良. 甘肃人口增长对能源与环境的压力及其对策[J]. 干旱区资源与环境, 1990（2）: 41-48.

[223] 张作臣. 论城市人口预测和城市资源与环境容量的关系[J]. 广州大学学报, 2001（5）: 81-91.

[224] 赵卜文, 张泽一. 北京总部经济的现状与问题探讨[J]. 改革与战略, 2014（11）.

[225] 赵峰. 北京人口资源环境的矛盾、困境及对策[J]. 北京规划建设, 2011（6）: 26-30.

[226] 赵弘, 张西玲. 首都经济新增长点的选择与培育[J]. 北京市经济管理干部学院学报, 2009, 24（2）: 3-8.

[227] 赵弘, 李柏峰. 促进首都经济与人口资源环境协调发展的战略思考[J]. 北京市经济管理干部学院学报, 2014（1）: 15-20.

[228] 赵建华. 河南省人口增长对城乡生态环境的影响与对策分析[J]. 中国人口科学, 1997（4）: 51-56、29.

[229] 赵秀池. 北京市优质公共资源配置与人口疏解研究[J]. 人口研究, 2011（4）: 76-85.

[230] 赵燕霞, 刘黎. 北京人口调控举措的选择——来自国外特大型城市的经验借鉴[J]. 北京市经济管理干部学院学报, 2014（1）: 21-26.

[231] 郑文兵, 丁仁船. 制约中国中西部地区大城市人口增长的因素分析[J]. 人口与发展, 2007, 13（5）: 17-23.

[232] 钟少颖. 中国城镇人口增长的阶段性影响因素[J]. 首都经济贸易大学学报, 2013（2）: 22-29.

[233] 周春山, 罗彦, 陈素素. 近20年来广州市人口增长与分布的时空间演化分析[J]. 地理科学, 2004（6）: 641-647.

[234] 周光礼, 张文静. 国家精品课程建设七年回望——一个政策评价框架的初步运用[J]. 高等工程教育研究, 2010（1）.

[235] 周海春, 许江萍. 城市适度人口规模研究[J]. 数量经济技术经济研究, 2001 (11): 9-12.

[236] 周加来, 黎永生. 城市规模的动态分析[J]. 财贸研究, 1999 (1): 17-20.

[237] 周进. 新中国成立以来北京城市规划与人口发展[J]. 北京学研究文集 2008（上）, 2008.

[238] 周永军. 基于 DDEPM 方法的北京水资源短缺预测[J]. 统计与决策, 2015 (3): 62-64.

[239] 朱富言, 李东. 北京市流动人口数量变动趋势分析[J]. 西北人口, 2008 (4): 85-87.

[240] 朱海伦. 东部地区工业化中后期农村劳动力转移政策评价与发展趋势研究——以浙江省为例[J]. 农业经济问题, 2008 (10).

[241] 朱良, 张文新. 北京城市郊区化对郊区生态环境的影响与对策[J]. 环境保护, 2004 (1): 30-32.

[242] 朱宇. 1990 年代上海市人口和就业变化的空间格局和国际对比[J]. 经济地理, 2004 (6): 806-811.

[243] 朱志胜, 纪韶. "二阶段"框架下农村劳动力流向多元化的微观机制研究[J]. 企业经济, 2013, 32 (10): 167-170.

[244] 诸大建. 从国际大都市的空间形态看上海的人口与发展[J]. 城市规划汇刊, 2003 (4): 30-33+95.

后　　记

本书撰写和出版受到北京市属高等学校创新团队建设与教师职业发展计划项目（项目号：IDHT20130523）和北京市哲学社会科学规划项目"北京市的人口增长和调控对策研究"（项目号：12SHB001）的共同资助，在此表示感谢。本书的研究目的是探索北京市人口增长的动态特点，深入分析影响人口规模变动的原因机制、影响因素以及人口增长的后果，探索宏观政策在北京市人口规模调控方面的影响和作用，并对北京市人口未来变动进行政策模拟。以期为政府的人口调控政策提供学术上的支持和参考依据，同时也为同行研究提供研究参考。

为确保本书的严谨性和科学性，本成果经过多次研讨并修改后得以完成。童玉芬负责本书的研究设计、框架安排，参与本书主要章节的撰写并负责各章节内容的指导及统稿；盛亦男参与本书主要章节的写作，协助进行全书各章节的指导和修改，并承担了本书的修订、统稿工作。参与本书写作的其他人员主要为首都经济贸易大学人口经济研究所的部分老师以及博硕士研究生。具体包括（按照姓氏笔画排序）：方志（参与第1章、第4章），马艳林（参与第1章、第3章），王静文（参与第1章、第2章），王莹莹（参与第6章），李玉梅（参与第1章、第2章），沈亚男（参与第1章、第3章），邱杨（参与第 1 章，第 3 章）、武玉（参与第 1 章）、张静（参与第 2 章）、贾曼丽（参与第 1 章、第 5 章）。此外，刘晖和任振雷负责部分文字的校对和参考文献的梳理工作。

本书对北京市人口调控问题的研究，立足于国内特大城市的人口发展和政策经验，为北京市及我国其他大城市的人口增长变动与城市发展提供了理论参考。由于作者的水平和能力有限，难免在一些方面存在纰漏，敬请读者指正。

童玉芬

2015 年 12 月